Muḥyīddīn Ibn ʿArabī
Suha Taji-Farouki

Und behüte mich auf dem Weg zu Dir
al-Dawr al-aʿlā

Muḥyīddīn Ibn ʿArabī

Und behüte mich auf dem Weg zu Dir

al-Dawr al-aʿlā

Das mächtige Schutzgebet des größten Sufi-Meisters übertragen, kommentiert und herausgegeben von

Suha Taji-Farouki

Aus dem Englischen
von Robert Cathomas und
Helga Jacobsen

Chalice Verlag

Die Originalausgabe erschien
2006 bei Anqa Publishing, Oxford
unter dem Titel *A Prayer for Spiritual Elevation and Protection*
al-Dawr al-aʿlā (Ḥizb al-wiqāya)

Deutsche Erstausgabe

Buchgestaltung: Robert Cathomas
Herstellung: BoD – Books on Demand GmbH
Printed in Germany

ISBN 978-3-942914-42-0

Inhalt

Gott allein gehören die schönsten Namen,
also ruft Ihn damit an.

Koran 7:180

Bei Gottes vollkommenen Worten suche ich Zuflucht
vor dem Übel unter dem, was Er erschaffen hat.

Ausspruch des
Propheten MOHAMMED

Wer immer dieses Gebet rezitiert, wird gleich
der Sonne und dem Mond unter den Sternen sein.

MUḤAMMAD AL-DĀMŪNĪ:
al-Durr at-thamīn li-scharḥ
Dawr al-aʿlā li-sīdī Muḥyī al-Dīn

Dank

Die Autorin bedankt sich beim Institute of Ismaili Studies, London, für dessen großzügige Unterstützung dieser Arbeit, bei den Mitarbeiterinnen und Mitarbeitern der Süleymaniye-Bibliothek, Istanbul, für deren Hilfe und Gastfreundschaft und bei all jenen, die sich Zeit für Interviews und Gespräche nahmen. Ebensolcher Dank geht an Stephen Hirtenstein und Michael Tiernan.

Vorwort

von Michel Chodkiewicz

GEBOREN IN SPANIEN UND GESTORBEN IN SYRIEN, IST Muḥyīddīn Ibn ʿArabī (1165–1240), so wie der im Lichtvers des Korans erwähnte »gesegnete Baum«, »weder aus dem Westen noch aus dem Osten«, denn er gehört zu beiden gleichermaßen. Anerkannt als der spirituelle Meister *par excellence,* als der *schaykh al-akbar,* ist er seit bald acht Jahrhunderten von Andalusien bis nach China eine Inspirationsquelle und ein fixer Bezugspunkt für die muslimische mystische Tradition. Im christlichen Europa hingegen, das seit dem Mittelalter so viele arabische Autoren eifrig studierte, blieb er lange Zeit unbemerkt. Erst gegen Ende des neunzehnten Jahrhunderts entdeckte es ein paar wenige seiner Hunderten von Büchern, die er uns hinterlassen hat, und auch dann noch blieb das Interesse an ihm zunächst auf die engen Zirkel einiger Orientalisten beschränkt.

Im Gegensatz dazu stieg in den letzten Jahrzehnten des zwanzigsten Jahrhunderts die Zahl an Übersetzungen, kritischen Ausgaben, Studien und Kommentaren seiner Werke deutlich an. Noch überraschender ist die Tatsache, dass deren Leserschaft um Kreise angewachsen ist, die sich im Grunde nicht besonders zur islamischen Kultur hingezogen fühlten und keine spezifische Motivation zu haben schienen, sich für Schriften von derartig einschüchterndem Tiefgang zu interessieren. Zweifellos müssen diese Leserinnen und Leser gespürt haben, dass eine akademische Herangehensweise, die ihren Fokus auf die Lehrautorität legt, welche Ibn ʿArabī auf den Sufismus ausgeübt hat, lediglich einen Aspekt dieser Persönlichkeit beleuchtet. Als bedeutende Figur vom Status eines Heiligen ist der *schaykh al-akbar* nicht nur ein Lesemeister; ebenso und viel eher noch ist er ein Lebemeister, weil er uns nicht nur zu denken lehrt, sondern zu leben.

Betrachten wir uns zum Beispiel die Fürsorge, die er im fünfhundertsechzigsten (und abschließenden) Kapitel seiner »Mekkanischen Eröffnungen« (*al-Futūḥāt al-Makkiyya*) an den Tag legt. Hier, am Ende von Tausenden von Seiten, auf denen er in einer

Sprache von äußerster technischer Präzision eine schwindelerregende Metaphysik entwickelt hat, summiert er in einfachsten Worten die Verhaltensregeln, welche, wie er uns sagt, sowohl dem oder der Reisenden (*sālik*) als auch dem oder der an der eigenen Station Angekommenen (*wāṣil*) von Nutzen sein können. Gemäß ihm – wie laut jedem spirituellen Meister, der einen solchen Titel verdient – muss das Wissen der Heiligen von unserem ganzen Wesen Besitz ergreifen; es richtet sich nicht allein an unseren Verstand.

Nicht zuletzt aus diesem Grund finden sich im immensen akbarischen [das heißt, auf Ibn ʿArabī zurückgehenden] Korpus neben zahlreichen gelehrten Abhandlungen auch einige eher kürzere Texte, die auf den ersten Blick unter das Genre einfacher Erbauungsliteratur zu fallen scheinen. In Tat und Wahrheit jedoch ist es ganz anders. Diese vom Meister an den Schüler weitergegebenen Gebete (*ṣalawāt, aḥzāb* oder *awrād*) stellen viel mehr dar als fromme Litaneien. Sie sind inspirierte Anrufungen, von denen jede um eine Gruppe von Göttlichen Namen herum aufgebaut ist. Jeder dieser Namen birgt seine eigenen Geheimnisse und Kräfte und muss während der Rezitation an einem ganz bestimmten Punkt angerufen werden, um seine Wirkung zu entfalten. Diese Wirkung hat nichts mit Magie zu tun. Sie setzt voraus, dass gewisse Bedingungen erfüllt sind, deren wichtigste in der Reinheit der Absicht liegt. Zudem widerspiegelt die Mannigfaltigkeit der Formen und Anwendungsweisen dieser Gebete – ob sie regelmäßig oder gelegentlich, zu bestimmten oder beliebigen Zeiten gesprochen, allein oder in Gruppen rezitiert werden und so weiter – die Verschiedenheit individueller oder gemeinschaftlicher Situationen und innerer Neigungen.

Eines dieser Gebete, *al-Dawr al-aʿlā* (auch bekannt als das *Ḥizb al-wiqāya*), steht im Zentrum dieses Buches. Ich sage »im Zentrum«, weil sich darum herum viele wichtige Informationen finden. Suha Taji-Farouki begnügt sich nicht mit einer äußerst exakten Wiedergabe, Transliteration und Übersetzung des Wortlauts. Indem sie ihre akribische Untersuchung schriftlicher Quellen mit geduldiger Feldarbeit kombiniert hat, erzählt sie hier zum ersten Mal die lange Geschichte dieses Gebets und identifiziert jede einzelne Persönlichkeit in dessen Überlieferungskette. Vor allem aber zeigt sie anhand vieler Aussagen und eigener Beobachtungen auf, dass der Gebrauch des *Dawr* bis heute in höchst unterschiedlichen Milieus lebendig geblieben ist. Mit ebenso großem Wissen wie Einfühlungsvermögen dokumentiert sie damit die unverminderte Gültigkeit der Lehren Ibn 'Arabīs.

Paris 2006

Michel Chodkiewicz (geboren 1929) ist ein französischer Philosoph und einer der führenden westlichen Ibn-'Arabī-Experten. Er leitete über zehn Jahre lang den Verlag Éditions du Seuil und war Studiendirektor an der École des hautes études en sciences sociales, der französischen Elite-Hochschule für Sozialwissenschaften in Paris, wo er zum Thema Sufismus lehrte. Aus seiner Feder stammen maßgebliche wissenschaftliche Werke über Ibn 'Arabī und dessen Lehre, darunter *The Seal of the Saints: Prophethood and Sainthood in the Doctrine of Ibn 'Arabī* oder *An Ocean Without Shore: Ibn Arabī, the Book, and the Law*, sowie eine Teilübersetzung von dessen Hauptwerk, den »Mekkanische Eröffnungen« (*al-Futūḥāt al-Makkiyya*). Michel Chodkiewicz ist der Vater von Claude Addas, selber eine weltweit anerkannte Expertin für Ibn 'Arabīs Leben und Werk.

Einführung

HEUTE VERZEICHNEN WIR EINE WACHSENDE ZAHL KRITIscher Ausgaben, Übersetzungen und Analysen der Werke Ibn ʻArabīs, und dennoch wurde den spezifisch liturgischen oder erbaulichen Dimensionen seiner Schriften bisher relativ wenig Aufmerksamkeit gezollt.[1] Die bisher größte Sammlung von ihm zugeschriebenen Gebeten findet sich in der umfassenden Kollektion sunnitischer Erbauungstexte *Madschmūʻat al-aḥzāb*[2] des dem Naqschbandīya-Khalidīya-Sufi-Orden nahestehenden Ahmed Ziya'üddin Gümüşhanevi (gestorben 1894). Zwar wurden seither einige wenige dieser Gebete in verschiedenen Publikationen aufgegriffen, von denen sich zumindest einige als kritische Editionen gerieren, doch legen deren Herausgeber häufig wenig bis gar keine Informationen über die von ihnen benutzten Manuskripte vor,[3] sodass es in einigen Fällen schwierig ist, deren Quellen oder Genauigkeit zu verifizieren. Eine kritische Sammlung und Edition all dieser Gebete, die deren Titel und Texte klären, Fragen der Zuordnung adressieren und die traditionellen begleitenden Kommentare erschließen würde, steht noch immer aus.

1. Zwei Ausnahmen lassen sich anführen. Zum einen RYAD ATLAGH: «À propos de *Daʻwat asmā' Allāh al-ḥusnā,* attribuée à Ibn ʻArabī» in *Bulletin d'études orientales,* LI 1999, Seiten 41–107, der hier eine kritische Ausgabe und Diskussion des im Titel genannten Gebets vorlegt mit einer langen Abhandlung über Ibn ʻArabīs allgemeine Ansichten zum Thema Beten und über die diesbezügliche Stellung der Göttlichen Namen. Zum anderen MUḤYĪDDĪN IBN ʻARABĪ: *Die sieben Tage des Herzens – Des größten Sufi-Meisters Morgen- und Abendgebete für jeden Tag der Woche,* Xanten: Chalice Verlag, 2019, in welchem die Übersetzer und Kommentatoren Pablo Beneito und Stephen Hirtenstein eine eingehende Erläuterung der Tages- und Nachtgebete Ibn ʻArabīs geben. Auf diese Publikation wird im Folgenden als *Awrād* Bezug genommen.

2. Siehe ZIYA'ÜDDIN GÜMÜŞHANEVI: *Madschmūʻat al-aḥzāb,* Istanbul, undatiert, 3 Bände, Seiten 2–83.

3. Zum Beispiel *Madschmūʻ ṣalawāt wa awrād sīdī Muḥyī al-Dīn Ibn ʻArabī raḍiya Allāhu ʻanhu,* zusammengestellt von Muḥammad Ibrahim Muḥammad Salim, unbekannter Erscheinungsort, 2000, welches eine Gruppe von *ṣalawāt* (Ritualgebeten) sowie die *Awrād* umfasst. Salim ist auch Autor von *Ta'yīd al-ṣufiya fī'l-madschmūʻa al-Ḥatimīya,* in dem er ebenfalls einige dieser Gebete präsentiert.

Als bescheidener Beitrag zu dieser Aufgabe (und unter Berücksichtigung der relativ spärlichen Studien über muslimische und Sufi-Gebete sowie Erbauungstexte im Allgemeinen) widmet sich diese Arbeit einem einzigen kurzen Gebet, dessen voller Titel lautet: *al-Dawr al-aʿlā al-muqarrib ilā kulli maqām al-aʿlā* (das erhabenste Gebet [wörtlich: Drehen] zur Annäherung an jede Stufe des Allerhöchsten), häufig abgekürzt zu *al-Dawr al-aʿlā* (das erhabenste Gebet) oder zu *Dawr al-aʿlā* (Gebet des Allerhöchsten) und auch bekannt als *Ḥizb al-wiqāya* (Schutzgebet).[4] Wie es auch bei ande-

4. Hinsichtlich des Begriffs *ḥizb* (Plural: *aḥzāb*), der im Laufe der Zeit für jede Gruppe von über die Pflichtgebete hinausgehenden Gebetsformeln verwendet wurde, und seiner Beziehung zum Ausdruck *wird* (Plural: *awrād*), mit welchem er häufig austauschbar ist (siehe zum Beispiel das im Anhang erwähnte Manuskript MI, Blatt 62b, das vom *al-wird al-musammā bi'l-dawr al-aʿlā,* dem »*Wird,* genannt...«, spricht; oder das Manuskript Genel 43, Blatt 29b, wo das Gebet eingeleitet wird mit *hādhihi al-awrād al-musammā bi'l-dawr al-aʿlā,* »Dies sind die *awrād,* genannt...«), vergleiche CONSTANCE E. PADWICK: *Muslim Devotions: A Study of Prayer-Manuals in Common Use,* Oxford 1996, Seiten 20–25; sowie Stichwort *ḥizb* in *Encyclopedia of Islam,* 2. Ausgabe [nachfolgend *EoI*], Band 3, Seiten 513–514, und Stichwort *wird* in *EoI,* Band 11, Seiten 209–210. Zu diesen und weiteren für liturgische Texte üblicherweise verwendeten Ausdrücken (wie zum Beispiel *duʿā'* und *ḥirz*) siehe auch RICHARD J.A. MCGREGOR: "A Sufi Legacy in Tunis: Prayer and Shadhiliyya" in *International Journal of Middle East Studies* [nachfolgend *IJMES*], 29 1997, Seiten 263–267; sowie Stichwort *duʿā'* in *EoI,* Band 2, Seiten 617–618.

Der Begriff *dawr* (Plural: *adwār*), der eigentlich eine Drehung oder ein Umkehren bedeutet, scheint nicht so häufig für »Gebet« verwendet zu werden wie *ḥizb* oder *wird;* tatsächlich kennt die Autorin bis heute keinen weiteren Fall. In den hier zugrunde liegenden Quellen wird der Ausdruck *dawr* sowohl für unser Gebet als Ganzes gebraucht wie auch für dessen einzelne Verse. So nennen einige Kopien, etwa MK, jeden Vers des Gebets *dawr* und nummerieren sie als *al-dawr al-awwal, al-dawr al-thānī* und so weiter. MD führt auf den Seiten 6–7 die Bedeutung des Begriffs im Titel des Gebets wie folgt aus:

> Dieses Gebet hat man *al-Dawr al-aʿlā* genannt, weil [...] es sich um den Namen Gottes des Allererhabensten ›dreht‹ (*yadūru ʿalā*), von Dem alle Dinge ausgehen und in Dem sie wieder enden, [...] und weil seine Geheimnisse sich um denjenigen herumdrehen (*tadūru maʿa*), der es Tag und Nacht liest, im Geheimen wie in der Öffentlichkeit, im Wachen wie im Schlafen, in Gesundheit wie in Krankheit, in schweren und in guten Zeiten, in diesem Leben wie im Jenseits und im *barzakh* [das heißt: im Isthmus der Zwischenwelt]. [...] [Es ist] das »höchsterhabene« *dawr* aufgrund der reichlichen Hilfe und der vielen Geheimnisse, die es enthält.

Der von McGregor im oben genannten Aufsatz (auf Seite 266) unternommene Versuch, den Begriff *dawr* auf das Gebet anzuwenden, entsprang dessen Geren ihm zugeschriebenen Gebeten der Fall ist, taucht dieses nicht in Ibn ʿArabīs bibliografischen Verzeichnissen (weder in den *fihris* noch in den *idschāzas*) auf und wird in keinem seiner weiteren Werke erwähnt. Jedoch schreibt ein heutiger Sufi-Scheich und Experte für die Lehren Ibn ʿArabīs: »Unter den Menschen des Weges Gottes (*ahl ṭarīq Allāh*) besteht Übereinstimmung dahingehend, dass es dem *schaykh al-akbar* zugerechnet werden kann.«[5] Die große Mehrzahl der für diese Arbeit herangezogenen Manuskriptkopien schreiben das Gebet explizit Ibn ʿArabī zu, entweder im Titel oder mittels einer Überlieferungskette. Von denjenigen, die dies nicht tun, nennt keine irgendeinen anderen Autor. Als Folge dieser Tatsache und aufgrund seines in der Vergangenheit wie auch heute noch weit verbreiteten Gebrauchs stellt dieses Gebet ein wichtiges Element eines jeden zukünftig zu unternehmenden Projekts zur Klärung und Abgrenzung der spezifisch liturgischen Dimensionen des Korpus von Ibn ʿArabīs Schaffen dar.

Die hier vorliegende Studie untersucht drei hauptsächliche Aspekte des Gebets. Kapitel 1 legt zunächst eine Übersetzung vor, den vollständigen arabischen Text, basierend auf einer kritischen Evaluation der herangezogenen Manuskripte, sowie eine Transliteration. Kapitel 2 untersucht Auffassungen und Verständnis der Eigenschaften des Gebets sowie Empfehlungen hinsichtlich seines Gebrauchs. Dabei werden wir Aspekte seiner Komposition erörtern wie auch sein inneres Zusammenspiel in der Anrufung Göttlicher Namen, seinen spezifischen Bittgebetscharakter und seine koranischen Zitate.[6] Kapitel 3 widmet sich der heutigen Bekanntheit des

brauch im Zusammenhang mit religiösen Feierlichkeiten im heutigen Ägypten, wo *dawr* einen Gesang bezeichnet, der einer volkstümlichen Dichtung entlehnt ist und einen choralähnlichen Refrain beinhaltet; diese Ansicht ist jedoch nicht aufrechtzuerhalten. Schließlich muss noch angemerkt werden, dass das Manuskript Yazma Bağislar 2934, Blatt 39 b, das Gebet als *Ḥizb al-dawr al-aʿlā* bezeichnet.

Bezüglich der relativen Vernachlässigung von Sufi-Gebetstexten und -rezitationen vonseiten der Wissenschaft siehe ebenfalls McGregors Aufsatz (Seite 255). Im Übrigen ist es bemerkenswert, dass bislang noch keine Folgestudie zur oben erwähnten klassischen Arbeit von Padwick gewagt wurde.

5. Maḥmūd Maḥmūd al-Ghurāb: *al-Ṭarīq ilā Allāh: al-shaykh waʾl-murīd min kalām al-shaykh al-akbar*, Damaskus 1991, Seite 194 Anmerkung 1.

6. Anmerkung der Übersetzer: Für die deutsche Wiedergabe der Koranstellen wurden im Allgemeinen die Übersetzungen von Rudi Paret (1966, KP), von Nadeem Elyas und Frank Bubenheim (ab 1980, KE), von Adel Theodor Khoury (1987, KK), von Mirza Tahir Ahmad (1989, KT) sowie von Max Henning und Wilfried Hofmann (1998, KH) herangezogen.

Gebets, indem seine Verbreitung und sein Gebrauch anhand von Beispielen aus unterschiedlichen Gebieten aufgezeigt werden. Kapitel 4 untersucht seine historischen Dimensionen auf Basis von Manuskriptkopien aus den letzten vier Jahrhunderten und beleuchtet Facetten der Präsentation und Überlieferung des Gebets. Ein abschließender Anhang beschreibt die verwendeten Manuskripte und deren Überlieferungsketten.

I

Übersetzung, arabischer Text und Transliteration des *Dawr al-aʿlā*

الدَّوْرُ الاَعْلَى
المُقَرِّبُ اِلَى كُلِّ مَقَامِ الاَعْلَى

Al-Dawr al-aʿlā
al-muqarrib ilā kulli maqām al-aʿlā

للشيخ محي الدين محمد بن علي بن العربي

بسم الله الرحمن الرحيم

تحقيق سهى التاجي الفاروقي

ÜBERSETZUNG

Die erhabenste Hinwendung über alle Stufen in die Nähe des Allerhöchsten

von Scheich Muḥyīddīn Muḥammad bin ʿAlī bin Ibn al-ʿArabī

präsentiert von Suha Taji-Farouki

بِسْمِ اللّهِ الرَّحْمانِ الرَّحِيمِ

Bismi-llāhi-r-Raḥmāni-r-Raḥīm

١ اللّهُمَّ يَا حَيُّ يَا قَيُّومُ بِكَ تَحَصَّنْتُ فَاحْمِنِي بِحِمَايَةِ كِفَايَةِ وِقَايَةِ حَقِيقَةِ بُرْهَانِ حِرْزِ أَمَانِ بِسْمِ اللّهِ

1 Allāhumma yā Ḥayy yā Qayyūm, bika taḥaṣṣantu fa-ḥminī bi-ḥimāyati kifāyati wiqāyati ḥaqīqati burhāni ḥirzi amāni *bismi-llāh*

٢ وَأَدْخِلْنِي يَا أَوَّلُ يَا آخِرُ مَكْنُونَ غَيْبِ سِرٍّ دَائِرَةِ كَنْزِ مَاشَاءَ اللّهُ لاَقُوَّةَ الاَّ بِاللّهِ

2 wa-adkhilnī yā Awwal yā Ākhir, maknūna ghaybi sirri dā'irati kanzi *mā schā'a-llāh lā qūwata illā bi-llāh*

Im Namen Gottes, des Allerbarmherzigsten, des Allergnädigsten:

1 Oh Gott! Oh Du, der Du der Ewiglebendige bist, der Selbst-Beständige! In Dir errichte ich meine Festung. Beschirme mich mit dem Schutzschild, dem fürsorglichen Genügen und dem Geleit, mit der Wirklichkeit und dem Beweis, mit dem Bollwerk und der Sicherheit des [Verses]: *im Namen von Gott.*[1]

2 Gewähre mir Einlass, oh Du, der Du der Erste und der Letzte bist, in den verborgenen Bereich des unerkennbaren, geheimen und weiten Schatzes von dem, *was Gott will! Es gibt keine Macht außer bei Gott.*[2]

1. Jede Sure des Korans, außer Sure 9, wird eingeleitet mit »Im Namen Gottes, des Allerbarmherzigsten und Allergnädigsten«, und wie alle anderen Gebete beginnt auch das *Dawr* damit. Diese Wendung wie auch ihre Kurzform (*basmala,* »Im Namen Gottes«) sind in muslimischen mündlichen oder schriftlichen Äußerungen weit verbreitet. Zu ihrer Verwendung als Widmung vor einer Handlung, ihrer Eigenschaft als Anrufungsformel und ihrem populären Gebrauch als Amulett (*ḥirz;* ihre Beschreibung als solches in diesem Vers ist bemerkenswert) siehe PADWICK: *Muslim Devotions,* Seiten 94ff.

2. Koranvers 18:39 KP: »›Warum hast du denn, als du in deinen Garten gingst, nicht gesagt: »[Nur] was Gott will [geschieht]. Es gibt keine Macht außer bei Gott«? [Und] wenn du meinst, dass ich weniger Vermögen und Kinder habe als du...‹« Das ist ein Ausschnitt aus der Parabel von zwei Männern, von denen der eine damit prahlt, dass ihm größerer Reichtum und mehr Stärke gegeben sei, und erklärt, er glaube nicht, sein Garten werde jemals vergehen, noch dass die Auferstehung [KP: »Stunde des Gerichts«; KH: »die Stunde«] eintreten werde. Angesichts dieser Haltung fragt ihn sein Begleiter, weshalb er Gottes Großzügigkeit und Macht nicht anerkenne, denn Er könne seine Reichtümer vernichten und seinen Garten »kahl« machen, was dann auch geschah.

Neben dem *basmala* sind in der muslimischen Ausdrucksweise weitere Anrufungsformeln verbreitet, etwa das *mā schā'a Allāh* und das *lā qūwata illā bi'llāh* (sowie dessen ausführlichere Form *lā ḥawla wa lā qūwata illā bi'llāh,* kurz *ḥawqala* genannt). Man beachte, dass das *ḥawqala* auch als ein Schatz (*kanz*) beschrieben ist im Sonntagmorgengebet der *Awrād,* wo es ebenfalls mit dem Unerkennbaren (*min khazā'in al-ghayb*) verbunden wird; siehe MUḤYĪDDĪN IBN 'ARABĪ: *Wird,* übersetzt und kommentiert von Pablo Beneito und Stephen Hirtenstein, Oxford 1988, Seite 7.

٣ وَاَسْبِلْ عَلَيَّ يَا حَلِيمُ يَا سَتَّارُ كَنَفَ سِتْرِ حِجَابِ صِيَانَةِ نَجَاةِ وَاعْتَصِمُوا بِحَبْلِ اللَّهِ

3 wa-asbil ʿalayya yā Ḥalīm yā Sattār, kanafa sitri ḥidschābi ṣiyānati nadschāti *wa-ʿtaṣimū bi-ḥabli-llāh*

٤ وَابْنِ يَا مُحِيطُ يَا قَادِرُ عَلَيَّ سُورَ اَمَانِ اِحَاطَةِ مَجْدِ سُرَادِقِ عِزِّ[3] عَظَمَةِ ذَلِكَ خَيْرٌ[4] ذَلِكَ مِنْ آيَاتِ اللَّهِ

4 wa-bni yā Muḥīṭ yā Qādir ʿalayya sūra amāni iḥāṭati madschdi surādiqi ʿizzi ʿaẓamati *dhālika khayrun; dhālika min āyāti-llāh*

٥ وَاَعِذْنِي يَا رَقِيبُ يَا مُجِيبُ وَاحْرُسْنِي فِي نَفْسِي وَدِينِي وَاَهْلِي وَوَلَدِي وَدَارِي وَمَالِي[5] بِكَلَاءَةِ اِعَاذَةِ اِغَاثَةِ[6] وَلَيْسَ بِضَارِّهِمْ شَيْئاً[7] اِلَّا بِاِذْنِ اللَّهِ

5 wa-aʿidhnī yā Raqīb yā Mudschīb, wa-ḥrusni fī nafsī wa-dīnī wa-ahlī wa-waladī wa-dārī wa-mālī, bi-kalā'ati iʿādhati ighāthati *wa-laysa bi-ḍārrihim schay'an illā bi-idhni-llāh*

3. Das Wort fehlt in MA. MB lässt es ebenfalls weg, gibt aber eine Alternative.
4. MD lässt ذالك خير weg, gibt aber eine Alternative.
5. Die Reihenfolge der vier letzten Wörter variiert, einige lassen داري oder مالي weg.
6. MD, ME und MM fügen اعانة hinzu.
7. MD: وما هم بضارّين به من احد (Koran 2:102).

3 Entfalte über mir, oh Du, der Du Milde [vor Tadel] wählst und der Du beschützend verhüllst,[8] die beschirmenden Flügel, den verbergenden Schleier und das Bewahrende und Erlösende des *Festhaltens an der Verbindung mit Gott.*[9]

4 Errichte um mich herum, oh Du, der Allumfassende,[10] der Allermächtigste, die sichere, umschließende Mauer, den prächtigen Baldachin, die Macht und die Herrlichkeit des *Besseren, was ein Zeichen ist von Gott.*[11]

5 Stelle mich unter Deinen Schutz, oh Du, der Du der [für alle Bedürfnisse] Aufmerksame und der [auf alle Bitten] Antwortende bist. Erhalte meine Seele und meinen Glauben, meine Familie und meine Kinder, mein Haus und meinen Besitz durch die Wachsamkeit, Fürsorge, zeitige

8. *Al-Sattār* ist keiner der neunundneunzig Namen, doch kommt er in Bittgebeten und in der Erbauungsliteratur vor. Beispielsweise findet er sich im Mittwochmorgengebet der *Awrād* in den Worten *anta Sattār al-ʿuyūb* (»Du bist Der, Der die Fehler verhüllt«) und ruft Gott durch diese Eigenschaft an (*ya Sattār*); siehe IBN ʿARABĪ: *Wird,* Seite 32.

9. Koranvers 3:103 KP: »Und haltet allesamt fest an der Verbindung [?] mit Gott und teilt euch nicht [in verschiedene Gruppen]! Und gedenkt der Gnade, die Gott euch erwiesen hat! [Damals] als ihr Feinde waret und Er zwischen euren Herzen Freundschaft stiftete, worauf ihr – durch Seine Gnade – Brüder wurdet. Und [damals, als ihr] euch [aufgrund eures Unglaubens] am Rand einer Grube des Höllenfeuers befandet und Er euch dann davor rettete. So macht Gott euch Seine Verse [wörtlich: Zeichen] klar. Vielleicht würdet ihr euch rechtleiten lassen«; bzw. KK: »Und haltet allesamt am Seil Gottes fest...« Der Vers ist an jene gerichtet, die zum Glauben gelangt sind.

10. Der Name *al-Muḥīṭ* findet sich auf der alternativen Version der Liste der neunundneunzig, basierend auf der Autorität von Abū Huraya, und der Ausdruck *muḥīṭ* erscheint mehrfach im Koran mit Bezug auf das Göttliche, zum Beispiel in 2:19, 3:120, 4:108 (KP: »Gott umfasst alles«), 4:126 (KK: »Gott umfasst alle Dinge«), 8:47, 41:45 und 85:20.

11. Koranvers 7:26 KK: »Oh Kinder Adams, Wir haben auf euch Kleidung hinabgesandt, die eure Blöße bedeckt, und auch Prunkgewänder. Aber die Kleidung der Gottesfurcht (*libās al-taqwā*), die ist besser. Das gehört zu den Zeichen Gottes, auf dass sie es bedenken.«

٦ وَقِنِي يَا مَانِعُ يَا دَافِعُ[12] بِأَسْمَائِكَ[13] وَآيَاتِكَ وَكَلِمَاتِكَ شَرَّ الشَّيْطَانِ
وَالسُّلْطَانِ فَإِنْ ظَالِمٌ أَوْ جَبَّارٌ بَغَى عَلَيَّ أَخَذَتْهُ غَاشِيَةٌ مِنْ عَذَابِ اللّٰهِ

6 wa-qinī yā Mānīʿ yā Dāfiʿ bi-asmāʾik wa-āyātik wa-kalimātik scharra-sch-schayṭāni wa-s-sulṭān, fa-in ẓālimun aw dschabbār baghā ʿalayya akhadhathu *ghāschiyatun min ʿadhābi-llāh*

٧ وَنَجِّنِي يَا مُذِلُّ يَا مُنْتَقِمُ مِنْ عَبِيدِكَ الظَّلَمَةِ[14] الْبَاغِينَ عَلَيَّ وَأَعْوَانِهِمْ
فَإِنْ هَمَّ لِي مِنْهُمْ أَحَدٌ[15] بِسُوءٍ خَذَلَهُ اللّٰهُ[16] وَخَتَمَ عَلَى سَمْعِهِ وَقَلْبِهِ وَجَعَلَ
عَلَى بَصَرِهِ غِشَاوَةً فَمَنْ يَهْدِيهِ مِنْ بَعْدِ اللّٰهِ

7 wa-nadschdschinī yā Mudhill yā Muntaqim min ʿabīdika-ẓ-ẓalama al-bāghīn ʿalayya wa aʿwānihim, fa-in hamma lī minhum aḥadun bi-sūʾ khadhalahu-llāh *wa-khatama ʿalā samʿihi wa-qalbihi wa-dschaʿala ʿalā baṣarihi ghischāwatan fa-man yahdīhi min baʿdi-llāh*

12. mE, mG, mH, mI, mJ und mM: نافع; mC: رافع; mH fügt يا باريء hinzu.
13. mB und mC: بِحَقِّ اسماءك.
14. mD, mE, mF, mG, mH, mK und mM: الظالمين.
15. mA, mD, mE, mG, mL und mM: احد منهم.
16. mG und mH: أخذ له الله (mH gibt خذله الله als Alternative).

Hilfe und Unterstützung, sodass *er [Satan] ihnen nichts anhaben kann, es sei denn mit der Erlaubnis von Gott.*[17]

6 Schirme mich ab, oh Du, der Du [vor Verdorbenheit] beschützt und [alles Böse][18] durch Deine Namen, Verse und Worte zurückschlägst, von den Übeln des Satans und der Mächtigen, auf dass ein Unterdrücker oder Tyrann, so er mir Unrecht tut, heimgesucht werde von *einer alles zudeckenden Strafe von Gott.*[19]

7 Erlöse mich, oh Du, Erniedriger [jener, die sich über Dich zu erheben suchen] und [kompromissloser] Vergelter, von Deinen frevelhaften Sklaven, die mir schaden, und ihren Lakaien, sodass Gott, wenn einer von ihnen mir

17. Koranvers 58:10 KP: »Das heimliche Gespräch [das die Heuchler miteinander führen] ist [von niemand anders als] vom Satan [inspiriert]. [Er bringt es auf] um die Gläubigen traurig zu machen. Er kann ihnen aber [in Wirklichkeit] nichts anhaben [wörtlich: keinen Schaden zufügen], es sei denn mit Gottes Erlaubnis. Auf Gott sollen die Gläubigen [immer] vertrauen.« Vers 58:9 fordert die Gläubigen auf, sich nicht im Geheimen sündhaft, feindlich und dem Propheten gegenüber ungehorsam zu besprechen, sondern fromm und gottesfürchtig.

Die Wurzel von *ʿawadha,* die so viel bedeutet wie »Schutz und Zuflucht suchen« bei Gott, wird natürlich stets verwendet im Sinne der Schutzsuche gegen Satan, wie etwa in der Formel *aʿūdhu biʾllāh min al-schayṭān al-radschīm.* Über Zufluchtnehmen und Schutzsuchen (*taʿawwudh*) im muslimischen Gebet siehe PADWICK: *Muslim Devotions,* Kapitel 6.

18. *Al-Dāfiʿ* ist keiner der neunundneunzig Namen, wird jedoch in Bittgebeten und in der Erbauungsliteratur verwendet (zum Beispiel in *yā Dāfiʿ al-balāʾ:* »oh Du, der Du das Unglück abweist«). Das Dienstagmorgengebet in den *Awrād* enthält: *idfaʿ ʿannī kayd al-ḥāsidīn* (»Vertreibe von mir die Intrigen des Neiders und die Bosheiten des Verstockten!«), und das Mittwochmorgengebet ruft Gott durch diese Eigenschaft (*yā Dāfiʿ*) an; siehe IBN ʿARABĪ: *Wird,* Seiten 25 und 32.

19. Koranvers 12:107 KP: »Sind sie denn sicher, dass [nicht] plötzlich die Stunde [des Gerichts] über sie kommt, während sie nichts [Böses] ahnen?« Den Zusammenhang bringt Vers 12:106 KP: »Und die meisten von ihnen glauben nicht an Gott, ohne [Ihm gleichzeitig andere Götter] beizugesellen.« *Ghāschiya* bezieht sich insbesondere auf die Auferstehung (welche die gesamte Menschheit ›abdeckt‹ und umfasst) oder auf das Höllenfeuer (welches die Gesichter der Ungläubigen überziehen wird).

Dieser Vers des Gebets ist der erste von mehreren, in denen verwünschende Aspekte ausgedrückt werden und durch die der Bittsteller um Schaden für jene ersucht, die solchen gerechterweise verdient haben.

٨ وَاكْفِنِي يَا قَابِضُ يَا قَهَّارُ خَدِيعَةَ مَكْرِهِمْ وَارْدُدْهُمْ عَنِّي مَذْمُومِينَ مَذْؤُومِينَ مَدْحُورِينَ بِتَخْسِيرِ تَغْيِيرِ تَدْمِيرِ[20] فَمَا كَانَ لَهُ مِنْ فِئَةٍ يَنْصُرُونَهُ مِنْ دُونِ اللّٰهِ

8 wa-kfinī yā Qābiḍ yā Qahhār khadīʿata makrihim, wa-rdudhum ʿannī madhmūmīn madhʾūmīn madḥūrīn bi-takhsīri taghyīri tadmīri *fa-mā kāna lahu min fiʾatin yanṣurūnahu min dūni-llāh*

٩ وَاَذِقْنِي يَا سُبُّوحُ يَا قُدُّوسُ لَذَّةَ مُنَاجَاةِ اَقْبِلْ وَلا تَخَفْ اِنَّكَ مِنَ الآمِنِينَ فِي كَنَفِ[21] اللّٰهِ

9 wa-adhiqnī yā Subbūḥ yā Quddūs ladhdhata munādschāti *aqbil wa-lā takhaf; innaka mina-l-āminīna* fī kanafi-llāh

20. Die Wörterkette variiert; einige schreiben تحسير / تجسير anstelle von oder zusätzlich zu تخسير und geben تكدير anstelle von oder zusätzlich zu تدمير.

21. mE und mI: بفضل und am Rand في كنف الله بفضل الله / في كنف. mF, mG und mK: الله بفضل. mH lässt den Satz weg und macht direkt weiter mit من الامنين bis zum Vers 10, womit es die Verse 9 und 10 in einem einzelnen Vers zusammenzieht. Man beachte, dass der Koranvers mit الامنين endet.

übelwill, ihn im Stich lässt *und ihm das Gehör und das Herz versiegelt und über sein Augenlicht eine Hülle legt. Wer könnte ihn dann noch rechtleiten zu Gott?*[22]

8 Beschütze mich, oh Du, der Du ergreifst und überwältigst, vor ihrem hinterhältigen Betrug. Schlage sie vor mir in die Flucht, getadelt, verabscheut und verworfen durch das Schädliche, Verderbliche und Zerstörende in [dem Vers]: *Und er hatte keine Schar, die ihm hätte helfen können, außer Gott.*[23]

9 Lasse mich kosten, oh Du, der Ewigverherrlichte und Gepriesene,[24] der Allerreinste und Heilige, das süße Entzücken und das vertraute Gespräch – *Komm her und hab keine Angst! Denn du bist wahrlich einer von denen, die in Sicherheit sind*[25] – unter dem Obdach von Gott.

22. Koranvers 45:23 KP: »Was meinst du wohl von einem, der seine [persönliche] Neigung sich zu seinem Gott gemacht [wörtlich: genommen] hat und den Gott mit Bedacht [wörtlich: aufgrund von Wissen] irregeführt und dem Er das Gehör und das Herz versiegelt und über dessen Geist Er eine Hülle gelegt hat? Wer könnte ihn rechtleiten, nachdem Gott [als Führer auf den rechten Weg] ausgefallen ist? Wollt ihr euch denn nicht mahnen lassen?« Der zitierte Teil dieses Koranverses im Gebet bildet den zweiten Teil eines Konditionalsatzes (und weist damit in die Zukunft), während er im Koran etwas Vergangenes beschreibt.

23. Koranvers 28:81 KP: »Da ließen Wir ihn und seine Behausung in die Erde versinken. Und er hatte nun keine Schar [von Anhängern], die ihm außer Gott hätte helfen können. Und er fand keine Hilfe.« Das bezieht sich auf Qārūn, einen aus dem Volk des Moses, dem Gott große Schätze gegeben hatte, doch der gegenüber seinem Volk prahlerisch und überheblich geworden war. Das Gebet fängt die Bedeutung von Qārūns Vernichtung ein sowohl für den Bittsteller als auch für jene, die ihn schlecht behandelt haben. Qārūn wird häufig mit dem biblischen Korach identifiziert, was jedoch mehrfach infrage gestellt wurde; siehe MUHAMMAD ASAD: *The Message of the Qur'an*, Bristol 2003, Seite 672 Anmerkung 84.

Man beachte das Vorkommen des Ausdrucks »verabscheut und verworfen [KP, bzw. KK: verstoßen]« (*madh'ūman madḥūran*) im Koranvers 7:18, gerichtet an Iblīs nach dessen Ausweisung aus dem Paradies.

24. *Al-Subbūḥ* ist keiner der neunundneunzig Namen. Er erscheint als Paar mit dem Namen al-Quddus im Mittwochabendgebet der *Awrād;* siehe IBN ʿARABĪ: *Wird,* Seite 29; sowie IBN ʿARABĪ: *Die sieben Tage des Herzens.*

25. Koranvers 28:31 KP (der beginnt mit einer Fortsetzung der Göttlichen Ansprache aus dem brennenden Busch an Moses): »Und [weiter wurde ihm zuge-

١٠ وَاذِقْهُمْ يَا ضَارُّ يَا مُمِيتُ نَكَالَ وَبَالِ زَوَالِ فَقُطِعَ دَابِرُ الْقَوْمِ الَّذِينَ
ظَلَمُوا وَالْحَمْدُ لِلَّهِ

10 wa-adhiqhum yā Ḍārr yā Mumīt nakāla wabāli zawāli *fa-quṭiʿa dābiru-l-qawmi-lladhīna ẓalamū; wa-l-ḥamdu li-llāh*

١١ وَآمِنِّي يَا سَلَامُ يَا مُؤْمِنُ[26] صَوْلَةَ جَوْلَةِ دَوْلَةِ الأَعْدَاءِ بِغَايَةِ بِدَايَةِ آيَةِ
لَهُمُ الْبُشْرَى فِي الْحَيَاةِ الدُّنْيَا وَفِي الآخِرَةِ لَاتَبْدِيلَ لِكَلِمَاتِ اللَّهِ

11 wa-āminnī yā Salām yā Muʾmin ṣawlata dschawlati dawlati-l-aʿdāʾi bi-ghāyati bidāyati āyati *lahumu-l-buschrā fi-l-ḥayāti-d-dunyā wa-fi-l-ākhira; lā tabdīla li-kalimāti-llāh*

١٢ وَتَوِّجْنِي يَا عَظِيمُ يَا مُعِزُّ بِتَاجِ مَهَابَةِ كِبْرِيَاءِ جَلَالِ[27] سُلْطَانِ مَلَكُوتِ
عِزِّ عَظَمَةِ[28] وَلَا يَحْزُنْكَ قَوْلُهُمْ اِنَّ الْعِزَّةَ لِلَّهِ

12 wa-tawwidschnī yā ʿAẓīm yā Muʿizz, bi-tādschi kibriyāʾi dschalāli sulṭāni malakūti ʿizzi ʿaẓamati *wa-lā yaḥzunka qawluhum; inna-l-ʿizzata li-llāh*

rufen]: ›Wirf deinen Stock!‹ Als er nun sah, dass er in Bewegung geriet, wie wenn er ein Dschinn wäre, kehrte er den Rücken [um zu fliehen], ohne sich [noch einmal] umzuwenden. [Da rief es ihm zu:] ›Mose! Komm her und hab keine Angst! Dir wird nichts geschehen [wörtlich: Du bist (einer) von denen, die in Sicherheit sind].‹«

26. mE fügt am Rand يا مُهَيْمِنُ als Alternative hinzu.

27. mC: جمال. mG, mH und mM lassen das Wort weg.

28. mK fügt hinzu: جبروت . Einige ändern die Reihenfolge zu: ملكوت سلطان.

29. Beginn des Koranverses 6:45, der endet mit kK: »… dem Herrn der Welten!«; bzw. kP: »… dem Herrn der Menschen in aller Welt!« Er steht am Ende einer Koranpassage, in welcher dem Propheten erklärt wird, wie bereits vor ihm Botschafter zu Völkern gesandt worden waren, wie diese vergessen hatten, wozu

10 Und lasse sie schmecken, oh Du, der Du Schaden zufügst und das Leben hinwegnimmst, die abschreckende Strafe, die üblen Folgen und die Vernichtung: *So wurde der letzte Rest der Leute, die Unrecht taten, ausgemerzt. Lob sei Gott.*[29]

11 Behüte mich, oh Du, der vollkommene Friede und der Gewährer von Sicherheit, vor den plötzlichen Ausfällen der feindlichen Kräfte durch den Sinn des Versanfangs: *Für sie gilt die frohe Botschaft im diesseitigen Leben und im Jenseits. Nicht abändern kann man die Worte von Gott.*[30]

12 Kröne mich, oh Du, der erhabene Großartige, der Eine, Der zur Ehre erhebt, mit der Krone der ehrfurchtgebietenden Größe, der majestätischen Herrschaft, der Souveränität, der Macht und der Herrlichkeit des [Verses]: *Das, was sie sagen, braucht dich nicht traurig zu machen. Wahrlich, Ehre und Ruhm gehören Gott.*[31]

sie sie ermahnt hatten, und wie diese schließlich gepackt und beschämt wurden. Die Aufeinanderfolge der Verse 9 und 10 des *Dawr* ist beachtenswert. In Vers 9 ersucht der Betende um das, was ihm wünschenswert und förderlich ist; in Vers 10 bitte er um Schädliches für seine Feinde. Vom Göttlichen (durch den Namen *al-Nāfi'*) verliehene Wohltaten drehen sich gemäß Ibn 'Arabī um die Versorgung mit Angenehmem oder Entzückendem (*ladhdha,* wie in Vers 9 erwähnt), während die Namen *al-Nāfi'* und *al-Ḍārr* ein Gegensatzpaar bilden; siehe Muḥyīddīn Ibn 'Arabī: *Kitāb kaschf al-ma'na 'an asmā' Allāh al-ḥusnā,* übersetzt und herausgegeben von Pablo Beneito, Murcia 1997, Seite 178.

30. Koranvers 10:64 KP: »Für sie gilt die frohe Botschaft im diesseitigen Leben und im Jenseits. Die Worte Gottes kann man nicht abändern [wörtlich: (gegen etwas anderes) austauschen]. [Was Gott verheißen hat, geht in Erfüllung.] Das ist [dann] die große Glückseligkeit«; bzw. KK: »... Das ist der großartige Erfolg.« Die vorangehenden Verse 10:62–63 KP liefern den Zusammenhang: »Die Freunde Gottes brauchen doch [wegen des Gerichts] keine Angst zu haben, und sie werden [nach der Abrechnung am Jüngsten Tag] nicht traurig sein, [sie] die [ihr Leben lang] geglaubt haben und gottesfürchtig waren.«

31. Koranvers 10:65 KP: »Das, was sie [das heißt: die Ungläubigen] sagen, braucht dich nicht traurig zu machen. Alle Macht kommt [nur] Gott zu. Er ist Der, Der [alles] hört und weiß.« Der Vers ist an Mohammed adressiert und bezieht sich auf die Polytheisten.

١٣ وَٱلْبِسْنِي يَا جَلِيلُ يَا كَبِيرُ خِلْعَةَ اِجْلَالِ اِكْمَالِ[32] اِقْبَالِ فَلَمَّا رَأَيْنَهُ
اَكْبَرْنَهُ وَقَطَّعْنَ اَيْدِيَهُنَّ وَقُلْنَ حَاشَ لِلَّهِ

13 wa-albisnī yā Dschalīl yā Kabīr, khilʿata idschlāli ikmāli iqbāli *fa-lammā raʾaynahu akbarnahu wa-qaṭṭaʿna aydiyahunna wa-qulna ḥāscha li-llāh*

١٤ وَٱلْقِ يَا عَزِيزُ يَا وَدُودُ عَلَيَّ مَحَبَّةً مِنْكَ فَتَنْقَادَ وَتَخْضَعَ[33] لِي بِهَا
قُلُوبُ[34] عِبَادِكَ بِالْمَحَبَّةِ وَالمَعَزَّةِ وَالمَوَدَّةِ مِنْ تَعْطِيفِ تَلْطِيفِ[35] تَأْلِيفِ
يُحِبُّونَهُمْ كَحُبِّ اللّٰهِ وَالَّذِينَ آمَنُوا أَشَدُّ حُبّاً لِلّٰهِ

14 wa-alqi yā ʿAzīz yā Wadūd ʿalayya maḥabbatan minka fa-tanqāda wa-takhḍaʿa lī biha qulūbu ʿibādika bi-l-maḥabba wa-l-maʿazza wa-l-mawadda, min taʿṭīfi talṭīfi taʾlīfi *yuḥibbūnahum ka-ḥubbi-llāh; wa-lladhīna āmanū aschaddu ḥubban li-llāh*

١٥ وَأَظْهِرْ عَلَيَّ يَا ظَاهِرُ يَا بَاطِنُ آثَارَ أَسْرَارِ أَنْوَارِ يُحِبُّهُمْ وَيُحِبُّونَهُ
اَذِلَّةٍ عَلَى الْمُؤْمِنِينَ اَعِزَّةٍ عَلَى الكَافِرِينَ يُجَاهِدُونَ فِي سَبِيلِ اللّٰهِ

15 wa-aẓhir ʿalayya yā Ẓāhir yā Bāṭin āthāra asrāri anwāri *yuḥibbuhum wa-yuḥibbūnahu adhillatin ʿala-l-muʾminīn aʿizzatin ʿala-l-kāfirīn yudschāhidūna fī sabīli-llāh*

32. Einige schreiben stattdessen: جلال und كمال; andere fügen جمال hinzu und ändern die Reihenfolge.

33. MA: حتّى تنقاد وتخضع.

34. MG, MH, MI, MJ, ML und MM lassen das Wort weg.

35. MF, MG, MH, MI, MJ und MK lassen das Wort weg.

36. Koranvers 12:31 KP: »Als die Frau [wörtlich: sie] nun von ihrem hinterhältigen Gerede [wörtlich: von ihren Ränken] hörte, sandte sie zu ihnen [um sie einzuladen] und bereitete ihnen ein Gelage. Und sie gab einer jeden von ihnen ein [Obst]messer und sagte [zu Josef]: ›Komm zu ihnen heraus!‹ Als sie ihn nun sahen, fanden sie ihn groß[artig], und sie schnitten sich [vor Staunen mit dem Messer] in

13 Kleide mich, oh Du, der Du eifrig bist in wohlwollender Majestät und unvergleichlich in Deiner Größe, mit dem Gewand, welches das ehrwürdige Aussehen verleiht, die vollkommene Makellosigkeit und den achtsamen Eifer von jenem, *den sie, als sie ihn sahen, so großartig fanden, dass sie sich in die Hand schnitten und sagten: »Bewahre uns Gott!«*[36]

14 Überschütte mich, oh Du, der gefühlvoll Erhabene, der beständig Liebende, mit Deiner Liebe, sodass durch sie die Herzen Deiner Diener zu mir geführt werden und sich mir liebevoll, zugeneigt und unentwegt fügen aufgrund der sättigenden Liebe, der Herzerweichung und dem liebevollen Einswerden in [dem Vers]: *Sie erweisen jenen dieselbe Liebe wie Ihm. Die Gläubigen jedoch sind leidenschaftlicher in ihrer Liebe zu Gott.*[37]

15 Zeichne mich, oh Du, der Offenbare und der Verborgene, mit den Spuren der leuchtenden Geheimnisse derjenigen, *die Er liebt, und die Ihn lieben, die sich den Gläubigen gegenüber umgänglich zeigen, den Ungläubigen gegenüber aber kraftvoll auftreten und die sich abmühen auf dem Weg zu Gott.*[38]

die Hand und sagten: ›Gott bewahre! Das ist kein Mensch. Das ist nichts [anderes] als ein edler Engel.‹« Siehe weiter unten (Seite 70) für die Diskussion des betreffenden koranischen Kontextes.

37. Koranvers 2:165 KP: »Und unter den Menschen gibt es welche, die sich außer Gott [andere als] Seinesgleichen [zu Göttern] nehmen, indem sie ihnen dieselbe Liebe erweisen wie Ihm. Doch die Gläubigen lieben Gott mehr. Wenn doch die Frevler angesichts der Strafe [die sie dereinst zu erwarten haben] sehen würden, dass alle Macht Gott zukommt und dass Er schwere Strafen verhängt!«

38. Koranvers 5:54 KK: »Oh ihr, die glaubt, wenn einer von euch von seiner Religion abfällt, so wird Gott [anstelle der Abgefallenen] Leute bringen, die Er liebt und die Ihn lieben, die den Gläubigen gegenüber sich umgänglich zeigen, den Ungläubigen gegenüber aber mit Kraft auftreten, die sich auf dem Weg Gottes einsetzen und den Tadel des Tadelnden nicht fürchten. Das ist die Huld Gottes; Er lässt sie zukommen, wem Er will. Gott umfasst und weiß alles«; bzw. KH: »... demütig vor den Gläubigen, stolz wider die Ungläubigen, streitend in Gottes Weg...«

١٦ وَوَجِّهِ اللّهُمَّ يَا صَمَدُ يا نُورُ وَجْهِي بِصَفَاءِ جَمَالِ أُنْسِ اِشْرَاقِ[39]
فَاِنْ حَاجُّوكَ فَقُلْ اَسْلَمْتُ وَجْهِيَ لِلّهِ

16 wa-wadschdschihi-llāhumma yā Ṣamad yā Nūr wadschhī bi-ṣafā'i dschamāli unsi ischrāqi *fa-in ḥādschdschūka fa-qul aslamtu wadschhī li-llāh*

١٧ وَجمِّلْنِي يَا بَدِيعَ السَّمَاوَاتِ وَالاَرْضِ يَا ذَا الجَلَالِ وَالاِكْرَامِ
بِالفَصَاحَةِ وَالبَلَاغَةِ وَالبَرَاعَةِ[40] وَاحْلُلْ عُقْدَةً مِنْ لِسَانِي يَفْقَهُوا قَوْلِي
بِرَأْفَةِ رَحْمَةِ[41] رِقَّةِ ثُمَّ تَلِينُ جُلُودُهُمْ وَقُلُوبُهُمْ اِلَى ذِكْرِ اللّهِ

17 wa-dschammilnī yā Badīʿa-s-samāwāti wa-l-arḍ, yā Dha-l-Dschalāli wa-l-Ikrām, bi-l-faṣāḥa wa-l-balāgha wa-l-barāʿa *wa-ḥlul ʿuqdatan min lisānī, yafqahū qawlī* bi-ra'fati raḥmati riqqati *thumma talīnu dschulūduhum wa-qulūbuhum ilā dhikri-llāh*

39. Einige fügen dieser Kette hinzu: ضياء oder وفاء oder بهجة oder جلال .

40. MB, MC, MD und MF: والبراعة والبلاغة .

41. MB und MD lassen das Wort weg.

42. Koranvers 3:20 KP: »Und wenn sie [das heißt: die Ungläubigen unter den Leuten der Schrift] mit dir [über den Inhalt der Offenbarung] streiten, dann sag: ›Ich ergebe mich [wörtlich: mein Angesicht] Gott, [ich] und wer mir folgt!‹ Und sag zu denen, die die Schrift erhalten haben, und zu den Heiden: ›Wollt ihr [jetzt]

16 Wende mein Antlitz, oh Gott, Du ewige Zuflucht und reinstes Licht, in der völligen Reinheit, Schönheit, Vertrautheit und dem Glanz des [Verses]: *Und wenn sie mit dir streiten, dann sag: »Ich ergebe mich Gott.«*[42]

17 Schmücke mich, oh Du, der Du die Himmel und die Erde [in Schönheit] erschaffst,[43] der Du höchste Herrlichkeit besitzt und edelste Großzügigkeit, mit dem makellosen Ausdruck, der überragenden Redegewandtheit und dem unübertrefflichen Geschick, und *löse den Knoten von meiner Zunge, damit die Leute verstehen, was ich sage,*[44] durch die freundliche und gütige Sanftheit, *worauf dann ihre Haut und ihr Herz weich werden in der Erinnerung an Gott.*[45]

den Islam annehmen?‹ Wenn sie ihn dann annehmen, sind sie rechtgeleitet. Wenn sie sich aber abwenden, so hast du nur die Botschaft auszurichten [und bist für ihren Unglauben nicht verantwortlich]. Gott durchschaut die Menschen [wörtlich: die Diener] wohl.« (Es sei darauf hingewiesen, dass *wadschh,* wörtlich das »Gesicht«, im weiteren Sinne auch den »eigenen Willen« oder das »eigene Selbst« bezeichnet.) Der vorangehende Koranvers 3:19 bezieht sich auf Dispute zwischen dem Propheten und den Leuten der Schrift: »Die Religion bei Gott ist der Islam. Diejenigen, denen das Buch zugekommen ist, sind erst uneins geworden, nachdem das Wissen zu ihnen gekommen war; dies aus ungerechter Auflehnung untereinander. Wenn aber jemand die Zeichen Gottes verleugnet – siehe, Gott ist schnell im Abrechnen« (KK).

43. *Al-Badīʿ* (der Erschaffer, einer der neunundneunzig Namen) erscheint so wie hier zweimal im Koran (6:101 und 2:117).

44. Koranverse 20:27–28. Dies ist Teil eines von Moses geäußerten Bittgebets als Antwort auf den Befehl Gottes, er solle den sündigen Pharao aufsuchen.

Man beachte die Ähnlichkeit dieser Stelle des *Dawr* mit einer Bitte, die in einem Gebet auftaucht, das der Prophet dem ʿAlī beibrachte, um ihm beim Auswendiglernen des Korans zu helfen: *Al-lāhumma badīʿ al-samāwāti wa'l-arḍ dhā'l-dschalāli wa'l-ikrām [...] as'aluka bi-dschalālika [...] an tuṭliqa bi-hi lisānī [...]* Für den vollen Text und Details zum Hadith siehe A.H. Farid: *Prayers of Muhammad,* Lahore 1999, Seite 227.

45. Koranvers 39:23 KK: »Gott hat die beste Botschaft herabgesandt, ein Buch mit gleichartigen, sich wiederholenden Versen, vor dem die Haut derer, die ihren Herrn fürchten, erschauert. Dann werden ihre Haut und ihr Herz weich und neigen sich dem Gedenken Gottes zu. Das ist die Rechtleitung Gottes. Er leitet damit recht, wen Er will. Und wen Gott irreführt, der hat niemanden, der ihn rechtleiten könnte.«

١٨ وَقَلِّدْنِي يَا شَدِيدَ الْبَطْشِ يَا جَبَّارُ بِسَيْفِ الْهَيْبَةِ[46] وَالشِّدَّةِ وَالْقُوَّةِ
وَالْمَنَعَةِ مِنْ بَأْسِ جَبَرُوتِ عِزَّةِ وَمَا النَّصْرُ إِلاَّ مِنْ عِنْدِ اللّٰهِ

18 wa-qallidnī yā Schadīda-l-baṭsch yā Dschabbār bi-sayfi-l-hayba wa-sch-schidda wa-l-qūwa wa-l-manaʿa, min baʾsi dschabarūti ʿizzati *wa-ma-n-naṣru illā min ʿindi-llāh*

١٩ وَأَدِمْ عَلَيَّ يَا بَاسِطُ يَا فَتَّاحُ بَهْجَةَ مَسَرَّةِ رَبِّ اشْرَحْ لِي صَدْرِي
وَيَسِّرْ لِي أَمْرِي بِلَطَائِفِ عَوَاطِفِ[47] أَلَمْ نَشْرَحْ لَكَ صَدْرَكَ وَبِأَشَائِرِ
بِشَائِرِ[48] وَيَوْمَئِذٍ يَفْرَحُ الْمُؤْمِنُونَ بِنَصْرِ اللّٰهِ

19 wa-adim ʿalayya yā Bāsiṭ yā Fattāḥ, bahdschata masarrat rabbi-schraḥ lī sadrī, wa-yassir lī amrī *bi-laṭāʾifi ʿawāṭifi a-lam naschraḥ laka ṣadrak wa-bi-aschāʾiri baschāʾiri wa-yawmaʾidhin yafraḥu-l-muʾminūna bi-naṣril-llāh*

46. MG und MH lassen das Wort weg.
47. MH und MI fügen hinzu: عوارف.
48. MC lässt das Wort weg. MD: وبيشارة اشارة (mit der Alternative وباشائر بشائر).
49. Die ist keiner der neunundneunzig Namen. In Koranvers 85:12 KP heißt es: »Dein Herr packt [wenn Er straft?] heftig zu (*inna baṭscha rabbika la-schadīd*)«). Siehe ebenfalls Koranvers 44:16.

18 Gürte mich, oh Du, der Du am heftigsten anstürmst[49] und alles bezwingst, mit dem Schwert ehrfurchtgebietender Eindringlichkeit und unbezwingbarer Kraft aus der ruhmvollen Stärke, Allmacht und Gewalt, denn *der Sieg kommt allein von Gott.*[50]

19 Schenke mir immer, oh Du, der Du zum Sieg hin weitest und öffnest, freudiges Entzücken und, *Herr, weite meine Brust und mache es mir leicht*[51] durch die feinen Empfindungen und vertrauten Gefühle in [dem Vers]: *Haben Wir dir nicht deine Brust geweitet?,*[52] und durch die beglückende Fülle und frohe Botschaft *an jenem Tag, wenn sich die Gläubigen erfreuen werden, an der Hilfe von Gott.*[53]

50. Koranvers 3:126 KP: »Gott machte es [das heißt: diese Ankündigung] nur zu dem Zweck, euch eine frohe Botschaft zukommen zu lassen und dass ihr euch dadurch ganz sicher fühlen solltet. Der Sieg kommt von Gott allein, dem Mächtigen und Weisen.« Der koranische Kontext ist die Schlacht bei Uhud; der unmittelbare Bezug ist die Erinnerung daran, dass Gottes Hilfe bevorstehe, so wie es in Badr der Fall gewesen war (unter den Streitkräften des Propheten waren zwei Clans kurz davor, den Mut zu verlieren und zu desertieren). Zur Schlacht von Badr siehe auch Koranvers 8:10.

51. Koranverse 20:25–26; Teil des von Moses gesprochenen Bittgebets, als er von Gott aufgefordert wurde, den sündhaften Pharao zu besuchen; fortgesetzt in den Koranversen, die sich weiter oben in Vers 17 des *Dawr* finden.

52. Der Eröffnungsvers der 94. Sure *al-Inschirāḥ,* die in schwierigen Zeiten rezitiert wird. Offenbart kurz nach der 93. Sure, während der Frühzeit seiner Mission und einer Phase von schweren Prüfungen für den Propheten, versicherte sie ihn der anhaltenden Hilfe von Gott. Die hier gemachte Gegenüberstellung dieses Koranverses mit 20:25, der Moses' Bitte um »Herzweitung« zitiert, ist bemerkenswert.

53. Aus den Koranversen 30:2–5 KP: »Die Byzantiner sind besiegt worden im nächstliegenden Gebiet [das heißt: in Syrien oder Palästina, dem unmittelbar an Arabien angrenzenden Kulturland]. Aber sie werden, nachdem sie besiegt worden sind, [ihrerseits] siegen in etlichen Jahren. Gott steht die Entscheidung zu. [So war es] von jeher und [so wird es auch] künftig [immer sein] [wörtlich: vorher und nachher]. An jenem Tag [wenn den Byzantinern der Sieg zufällt] werden die Gläubigen sich darüber freuen, dass Gott geholfen hat. Er hilft, wem Er will. Und Er ist der Mächtige und Barmherzige.« Der Ausdruck »an jenem Tag« wird als Vorhersage verstanden auf die Schlacht bei Badr, die acht bis neun Jahre später stattfand und bei der sich die Muslime über ihren entscheidenden Sieg über die Ungläubigen aus dem Stamm der Quraisch freuten. (Er bezieht sich ebenso auf die Siege des byzantinischen Kaisers Herakleios über die Perser, mit denen die Schlacht bei Badr zusammenfiel.)

٢٠ وَاَنْزِلْ اللّٰهُمَّ يَا لَطِيفُ يَا رَؤُوفُ بِقَلْبِي الايمَانَ وَالاطْمِينَانَ
وَالسَّكِينَةَ[54] لِاَكُونَ مِنَ الَّذِينَ اٰمَنُوا وَتَطْمَئِنُّ قُلُوبُهُمْ بِذِكْرِ اللّٰهِ

20 wa-anzil allāhumma yā Laṭīf yā Ra'ūf bi-qalbī-l-īmān wa-l-iṭmīnān wa-s-sakīna, li-akūna mina-*lladhīna āmanū wa-taṭma'innu qulūbuhum bi-dhikri-llāh*

٢١ وَاَفْرِغْ عَلَيَّ يَا صَبُورُ يَا شَكُورُ صَبْرَ الَّذِينَ تَدَرَّعُوا[55] بِثَبَاتِ يَقِينِ
تَمْكِينِ كَمْ مِنْ فِئَةٍ قَلِيلَةٍ غَلَبَتْ فِئَةً كَثِيرَةً بِإِذْنِ اللّٰهِ

21 wa-afrigh ʿalayya yā Ṣabūr yā Schakūr ṣabra-lladhīna tadarraʿū bi-thabāti yaqīni tamkīni *kam min fi'atin qalīlatin ghalabat fi'atan kathīratan bi-idhni-llāh*

٢٢ وَاحْفَظْنِي يَا حَفِيظُ يَا وَكِيلُ مِنْ بَيْنِ يَدَيَّ وَمِنْ خَلْفِي وَعَنْ يَمِينِي
وَعَنْ شِمَالِي وَمِنْ فَوْقِي وَمِنْ تَحْتِي بِوُجُودِ شُهُودِ جُنُودِ لَهُ مُعَقِّبَاتٌ مِنْ
بَيْنِ يَدَيْهِ وَمِنْ خَلْفِهِ يَحْفَظُونَهُ مِنْ اَمْرِ اللّٰهِ

22 wa-ḥfaẓnī yā Ḥafīẓ yā Wakīl min bayni yadayya wa-min khalfī, wa-ʿan yamīnī wa-ʿan schimālī, wa-min fawqī wa-min taḥtī, bi-wudschūdi schuhūdi dschunūdi *lahu muʿaqqibātun min bayni yadayhi wa min khalfihi, yaḥfaẓūnahu min amri-llāh*

54. MB, MF, MK und MM fügen hinzu: والوَقارَ.
55. MC, MH und MM: تضرّعوا.
56. Dieses Namenspaar erscheint in umgekehrter Reihenfolge im Mittwochmorgengebet der *Awrād;* siehe IBN ʿARABĪ: *Wird,* Seite 32.
57. Zu *iṭmīnān* und *sakīna,* das Letztere bezeichnet sowohl Gottgegebene Gemütsruhe als auch die Gegenwart Gottes, siehe PADWICK: *Muslim Devotions,* Seiten 122–125.
58. Erste Hälfte des Koranverses 13:28; der Rest lautet: »... ja, im Gedenken Gottes finden die Herzen Ruhe« (KK).
59. Aussage der kleinen Schar von Gläubigen, die mit Saul (Ṭālūt) auszogen gegen Goliath (Dschālūt) und dessen Truppen, die sie dann mit der Erlaubnis Gottes in die Flucht schlugen, im Koranvers 2:249 KP: »Und als Saul mit den

20 Sende auf mein Herz herab, oh Gott, oh Du allerfeinster Wohlwollender und überaus Freundlicher [Der wahres Wohlergehen begründet],[56] Glaube, Heiterkeit und friedliche Gelassenheit,[57] auf dass ich zu jenen gehören möge, *die glauben und deren Herz Ruhe findet im Gedenken an Gott.*[58]

21 Übergieße mich, oh Du, der Du der unübertrefflich Geduldige und Treue bist, Dem für Seine Wohltaten alle Dankbarkeit zusteht, mit der Standhaftigkeit jener, die sich gerüstet haben mit unerschütterlicher Entschlossenheit, Gewissheit und Fähigkeit. *»Wie manche geringe Schar hat schon über eine große gesiegt mit der Erlaubnis von Gott!«*[59]

22 Beschütze mich, oh Du, der allbewahrende Hüter, Dem alle Dinge anvertraut sind, vor mir und hinter mir, zu meiner Rechten und zu meiner Linken, über mir und unter mir durch die stets gegenwärtigen, bezeugenden und sich versammelnden Heerscharen, wie jenen, *der Schutzengel hat vor und hinter sich, die auf ihn achtgeben durch das Wort von Gott.*[60]

Truppen ausrückte, sagte er: ›Gott wird euch mit einem Fluss auf die Probe stellen. Wer daraus trinkt, gehört nicht zu mir [und mag wieder nach Hause gehen]. Wer jedoch nicht davon kostet – es sei denn, er schöpft [nur] eine Handvoll –, gehört zu mir.‹ Da tranken sie mit wenigen Ausnahmen daraus. Und als er und diejenigen, die mit ihm gläubig waren, ihn passiert hatten, sagten sie: ›Wir haben heute keine Kraft [zum Kampf] mit Goliath und seinen Truppen.‹ Diejenigen aber, die damit rechneten, dass sie [am Jüngsten Tag] Gott begegnen würden, sagten: ›Wie manche geringe Schar hat schon mit Gottes Erlaubnis über eine große gesiegt! Gott ist mit denen, die geduldig sind.‹« Koranvers 2:250 fährt mit ihren Bittgebeten beim Aufeinandertreffen mit Goliath und seinen Truppen fort: »›Herr! Verleih uns Geduld, festige unsere Füße und hilf uns gegen das Volk der Ungläubigen!‹« (KP). Der Gebetsvers 21 benutzt dieselbe Formulierung und Bildsprache wie in ihrem Bittgebet (*afrigh ʿalaynā ṣabran wa thabbit aqdāmanā...*).

60. Koranvers 13:11 KK: »Vor sich und hinter sich hat er Begleiter [KP: Aufpasser / KH: Engel], die ihn auf Gottes Befehl behüten. Gott verändert nicht den Zustand eines Volkes, bis sie selbst ihren eigenen Zustand verändern. Und wenn

٢٣ وَثَبِّتِ اللّهُمَّ يَا قَائِمُ يَا دَائِمُ قَدَمَيَّ كَمَا ثَبَّتَّ القَائِلَ وكَيْفَ أخَافُ مَا
أشْرَكْتُمْ وَلا تَخَافُونَ أنَّكُمْ أشْرَكْتُم بِاللّهِ

23 wa-thabbiti-llāhumma yā Qā'im yā Dā'im qadamayya,
kamā thabbatta-l-qā'il *wa-kayfa akhāfu mā aschraktum wa-lā takhāfūna annakum aschraktum bi-llāh*

٢٤ وَانْصُرْنِي يَا نِعْمَ المَوْلَى وَيَا نِعْمَ النَّصِيرُ عَلَى الأعْدَاءِ[61] نَصْرَ
الَّذِي قِيلَ لَهُ أتَتَّخِذُنَا هُزُواً قَالَ أعُوذُ بِاللّهِ

24 wa-nṣurni yā Niʿma-l-Mawlā wa-yā Niʿma-n-Naṣīr ʿala-
l-aʿdā'i naṣra-lladhī qīla lahu *atattakhidhunā huzuwā; qāla aʿūdhu bi-llāh*

٢٥ وَأيِّدْنِي يَا طَالِبُ يَا غَالِبُ بِتَأْيِيدِ نَبِيِّكَ مُحَمَّدٍ صَلَّى اللّهُ عَلَيْهِ وَسَلَّمَ
المُؤَيَّدِ[62] بِتَعْزِيزِ تَوْقِيرِ إنَّا أرْسَلْنَاكَ شَاهِداً وَمُبَشِّراً وَنَذِيراً لِتُؤْمِنُوا بِاللّهِ

25 wa-ayyidnī yā Ṭālib yā Ghālib, bi-ta'yīdi nabīyika
Muḥammad ṣalla-llāhu ʿalayhi wa-sallam, al-mu'ayyadi
bi-taʿzīzi tawqīri *innā arsalnāka schāhidan wa mubaschschiran wa-nadhīrā, li-tu'minū bi-llāh*

Gott einem Volk Böses will, so kann es [das Böse] nicht zurückgewiesen werden. Und sie haben außer Ihm keinen Schutzherrn.« Die vorangehenden Verse 13:9–10 erklären das Göttliche Bescheidwissen über das Unsichtbare und das Offenbare mit folgendem Effekt (erzielt durch die alles umgebenden Aufzeichnungsengel): »Es ist gleich, ob einer von euch seine Worte im Geheimen spricht oder laut äußert, und ob einer sich in der Nacht versteckt oder am Tag hinausgeht« (KK).

Man beachte die Resonanz dieses Gebetsverses mit einer Bitte in einem dem Propheten zugeschriebenen Gebet, welches er jeden Morgen und jeden Abend gesprochen haben soll: *Al-lāhumma aḥfaẓnī min bayna yadayya wa min khalfī wa ʿan yamīnī wa ʿan schimālī wa min fawqī...* Für Details zu dem Hadith siehe FARID: *Prayers of Muhammad,* Seiten 150–151.

61. MF, MG, MH, MI, MJ und MM: اعدائي. MD lässt den Satz weg, gibt aber eine Alternative.

62. MB, MC, MD, MF, MG, MH: المؤيّد.

63. *Al-Qā'im* ist keiner der neunundneunzig Namen, aber erscheint zum Beispiel im Koranvers 13:33 KH: »Und wer ist es denn, Der über jeder Seele steht, um ihr Tun [aufzuschreiben? / KK: zu vergelten]? Und dennoch geben sie Gott Gefährten« (*a-fa-man huwa qā'im ʿalā kulli nafsin bi-mā kasabat wa dschaʿalū li'llāhi schurakā'*).

23 Verleihe mir sicheren Stand, oh Gott, oh Du, der Eine, Der [über jeder Seele] steht,[63] der Ewigbestehende,[64] so wie Du jenen standhaft gemacht hast, der sagte: »*Wie sollte ich mich denn fürchten vor dem, was ihr [Ihm an anderen Göttern] beigesellt, wenn ihr euch nicht [ob der Tatsache] fürchtet, dass ihr [andere Götter] hinstellt neben Gott?*«[65]

24 Hilf mir, oh Du, der Du der beste Beschützer und der allervorzüglichste Helfer bist,[66] gegen den Feind so, wie Du jenem geholfen hast, zu dem [sein Volk] sagte: »*Treibst du deinen Spott mit uns?*« *Er antwortete:* »*Ich suche Zuflucht bei Gott.*«[67]

25 Unterstütze mich, oh Du, der Du den Sieg suchst[68] und erringst,[69] mit dem stärkenden Beistand Deines Propheten

64. *Al-Dā'im* findet sich in der alternativen Liste der neunundneunzig Namen auf Basis der Autorität des Abū Hurayra; siehe Abū Ḥāmid al-Ghazālī: *The Ninety-nine Beautiful Names of God: al-Maqṣad al-asnā fī scharḥ asmā' Allāh al-ḥusnā,* übersetzt und mit Anmerkungen versehen von David B. Burrell und Nazih Daher, Cambridge 1999, Seite 167.

65. Aus Koranvers 6:81 KP, der zur Gänze (nach KK) lautet: »Und wie sollte ich fürchten, was ihr [Ihm] beigesellt, wo ihr euch nicht fürchtet, Gott solche beizugesellen, für die Er auf euch keine Ermächtigung herabgesandt hat? Welche von beiden Gruppen hat eher Recht auf Sicherheit, so ihr es wisst?« Dies wurde gesprochen von Abraham im Disput mit seinem Volk über seine Ablehnung ihres Polytheismus.

66. Diese beiden Namen, die nicht zu den neunundneunzig gehören, erscheinen so nebeneinander in den Koranversen 8:40 und 22:78 (beide, KP: »... Welch trefflicher Schutzherr und Helfer.«). Weitere Beispiele für Hinweise auf Gott als Beschützer der Gläubigen sind 47:11 und 3:150.

67. Koranvers 2:67 KP: »Und [damals] als Mose zu seinem Volk sagte: ›Gott befiehlt euch, eine Kuh zu schlachten‹! Sie sagten: ›Treibst du denn deinen Spott mit uns?‹ Er sagte: ›Da sei Gott vor, dass ich ein [solcher] Tor bin!‹« Der Kontext ist der gut bekannte Austausch zwischen Moses und seinem Volk, der darin mündete, dass sie eine Kuh als Opfer darbrachten.

68. *Al-Ṭālib* ist keiner der neunundneunzig Namen. Er kommt zum Beispiel im Mittwochmorgengebet der *Awrād* vor: *anta [...] al-Ṭālib wa'l-maṭlūb*); siehe Ibn 'Arabī: *Wird,* Seite 31.

69. *Al-Ghālib* gehört nicht zu den neunundneunzig Namen, wird jedoch verwendet im Koranvers 12:21 KP: »Und Gott hat in dem, was Er Sich vornimmt [?] [wörtlich: in Seiner Angelegenheit] die Oberhand. Aber die meisten Menschen

٢٦ وَاكْفِنِي يَا كَافِي يَا شَافِي الأَدْوَاءَ وَالأَسْوَاءَ[70] بِعَوَائِدِ فَوَائِدِ لَوْ
أَنْزَلْنَا هَذَا القُرْآنَ عَلَى جَبَلٍ لَرَأَيْتَهُ خَاشِعاً مُتَصَدِّعاً مِنْ خَشْيَةِ اللّهِ

26 wa-kfinī yā Kāfī yā Schāfī, al-adwā'a wa-l-aswā'a,
bi-ʿawā'idi fawā'idi *law anzalnā hadha-l-qur'āna ʿalādschabalin la-ra'ayathu khāschiʿan mutaṣaddiʿan min khaschyati-llāh*

٢٧ وَامْنُنْ عَلَيَّ يَا وَهَّابُ يَا رَزَّاقُ بِحُصُولِ وُصُولِ قَبُولِ تَدْبِيرِ[71] تَيْسِيرِ
تَسْخِيرِ كُلُوا وَاشْرَبُوا مِنْ رِزْقِ اللّهِ

27 wa-mnun ʿalayya yā Wahhāb yā Razzāq bi-ḥuṣūli wuṣūli
qabūli tadbīri taysīri taskhīri *kulū wa-schrabū min rizqi-llāh*

wissen nicht Bescheid« (*wa Allāh ghālib ʿalā amrihi wa lākin akthar al-nās lā yaʿlamūn*). Siehe auch Koranvers 58:21.

70. Einige schreiben شرّ الاعداء statt الادواء. Einige spalten das Namenspaar auf und schreiben in unterschiedlicher Reihenfolge: يا كافي الاسواء يا شافي الادواء.

71. mC, mE, mG, mH, mJ und mM lassen das Wort weg. mB, mD und mL setzen es nach: تيسير.

72. Koranverse 48:8–9 kK: »Wir haben dich als Zeugen, als Freudenboten (*mubaschiran*) und als Warner gesandt, damit ihr an Gott und seinen Gesandten glaubt, ihm beisteht und ihn ehrt, und [damit ihr] Ihn preist morgens und abends.«

Mohammed, über dem der Segen und der Friede Gottes seien, dem ein mächtiger und ehrenvoller Rang verliehen wurde und den *Wir als Zeugen gesandt haben, als Verkünder froher Botschaft und als Warner, damit ihr alle glaubt an Gott.*[72]

26 Genüge mir, oh Du, der Du in jeder Not genügst[73] und [Ganzheit] wiederherstellst,[74] gegen [jegliche] Beschwerden und Krankheiten durch die große Wohltat und Lektion in [dem Vers]: *Wenn Wir diesen Koran auf einen Berg hätten herabkommen lassen, hättest du diesen demütig zusammensinken und zerbröckeln sehen aus Furcht vor Gott.*[75]

27 Schenke mir, oh Du, Der Wohltaten freigiebig gewährt und Nahrung und Versorgung bereitstellt, das Entstehen, Ankommen und Empfangen dessen, was an Anrichten, Erleichtern und Brauchbarmachen enthalten ist in [dem Vers]: *Esst und trinkt von dem, was euch beschert wurde von Gott.*[76]

73. *Al-Kāfī* erscheint in der alternativen Liste der neunundneunzig Namen von Abū Huraya; siehe AL-GHAZĀLĪ: *The Ninety-nine Beautiful Names,* Seite 167. Im Sinne von »genügen« taucht das Grundverb im Zusammenhang mit Gott mehrfach im Koran auf, zum Beispiel, dass Er genügt als ein Hüter (*wakīl*), ein Abrechner (*ḥasīb*), ein Helfer (*naṣīr*), ein Beschützer (*walī*), ein Wissender (*ʿalīm*) und ein Zeuge (*schahīd*); siehe beispielsweise 4:81, 33:39, 25:31, 4:45, 4:70, 4:166 oder auch 33:25.

74. *Al-Schāfī* ist keiner der neunundneunzig Namen. Die Wurzel wird im Koran benutzt, um dessen eigenen Inhalt zu beschreiben (zum Beispiel in 17:82 und 41:44); siehe auch 10:57 und 9:14.

75. Anfang des Koranverses 59:21; der Rest lautet: »Diese Gleichnisse führen Wir den Menschen an, auf dass sie nachdenken« (KK).

76. Koranvers 2:60 KP: »Und [damals] als Moses für sein Volk um Wasser bat! Da sagten Wir: ›Schlag mit deinem Stock auf den Felsen!‹ [Das tat er.] Da brachen zwölf Quellen aus ihm hervor. Nun wusste jedermann, wo es für ihn zu trinken gab. [Und es erging die Aufforderung an sie:] ›Esst und trinkt von dem, was Gott euch beschert hat, und treibt nicht [überall] im Land euer Unwesen, indem ihr Unheil anrichtet!‹« Der das Letztere sagt, ist Moses.

٢٨ وَاَلْزِمْنِي يَا وَاحِدُ يَا أَحَدُ كَلِمَةَ التَّوْحِيدِ[77] كَمَا اَلْزَمْتَ حَبِيبَكَ مُحَمَّداً
صَلَّى اللّٰهُ عَلَيْهِ وَسَلَّمَ حَيْثُ قُلْتَ فَاعْلَمْ اَنَّهُ لَا إِلٰهَ اِلاَّ اللّٰهِ[78]

28 wa-alzimnī yā Wāḥid yā Aḥad kalimata-t-tawḥīd kamā alzamta ḥabībaka Muḥammad ṣalla-llāhu ʿalayhi wa-sallam, ḥaythu qulta *fa-ʿlam annahu lā ilāha illla-llāh*

٢٩ وَتَوَلَّنِي يَا وَلِيُّ يَا عَلِيُّ بِالوِلَايَةِ وَالعِنَايَةِ وَالرِعَايَةِ[79] وَالسَّلَامَةِ بِمَزِيدِ
اِيرَادِ اِسْعَادِ اِمْدَادِ[80] ذَلِكَ مِنْ فَضْلِ اللّٰهِ[81]

29 wa-tawallanī yā Walīy yā ʿAlīy bi-l-wilāya wa-l-ʿināya wa-r-riʿāya wa-s-salāma bi-mazīdi īrādi isʿādi imdādi *dhālika min faḍli-llāh*

٣٠ وَاَكْرِمْنِي يَا غَنِيُّ يَا كَرِيمُ بِالسَّعَادَةِ وَالسِّيَادَةِ وَالكَرَامَةِ وَالمَغْفِرَةِ
كَمَا اَكْرَمْتَ الَّذِينَ يَغُضُّونَ اَصْوَاتَهُمْ عِنْدَ رَسُولِ اللّٰهِ

30 wa-akrimnī yā Ghanīy yā Karīm bi-s-saʿāda wa-s-siyāda wa-l-karāma wa-l-maghfira kamā akramta-*lladhīna yaghuḍḍūna aṣwātahum ʿinda rasūli-llāh*

77. MA, MB, MC, ME, MF, MH und MK schreiben: التقوى.
78. MB, MC, MH, MJ und ML lassen den Vers 28 weg.
79. Einige lassen dieses oder das vorangehende Wort aus oder verändern die Reihenfolge.
80. MC, MD und MJ fügen hinzu: ذلك خيرٌ.
81. MF und ML schreiben stattdessen: ذلك فضل الله (Koran 57:21 und 62:4).

28 Auferlege mir, oh Du, der gänzlich und alleinig Eine,[82] der Allereinzigste,[83] [die unablässige Ehrerbietung gegenüber] dem Wort der Einheit, das Du Deinem geliebten Mohammed aufgetragen hast, über dem der Segen und der Friede Gottes seien, als Du sagtest: *Sei dir nun dessen bewusst, dass es keinen Gott gibt außer Gott.*[84]

29 Schmücke mich, oh Du, der Du der nahe Freund und Schutzherr bist und der Allerhöchste, mit Deiner engen Freundschaft, Deiner beschützenden Obhut und Aufsicht und Deiner nie versagenden Heilsamkeit durch die äußerste Vorsorge, Gunst und Unterstützung dessen, was *von der Huld ist, die uns erwiesen wird von Gott.*[85]

30 Gewähre mir, oh Du, der bedürfnislos Reiche und Edle, Der großzügig antwortet [auf alle Bitten], die Ehre der Glückseligkeit, der Wertschätzung, der Freigiebigkeit und

82. Dieser Name, *al-Wāḥid,* aus der traditionellen Liste der neunundneunzig ist im Koran stets mit dem Namen *al-Qahhār* (der Bezwingende) gepaart; zum Beispiel in 38:65, 39:4 oder 40:16 (KP: »der eine, allgewaltige Gott«).

83. *Al-Aḥad* erscheint in der alternativen, von Abū Hurayra überlieferten Liste der neundneunzig Namen; siehe AL-GHAZĀLĪ: *The Ninety-nine Beautiful Names,* Seite 167. Siehe auch Koranvers 112:1 KP: »Sag: ›Er ist Gott, ein Einziger.‹«

84. Koranvers 47:19 KP: »Sei dir nun dessen bewusst, dass es keinen Gott gibt außer Gott, und bitte [Ihn] um Vergebung für deine [eigene] Schuld und für die gläubigen Männer und Frauen! Gott weiß [über euch Bescheid], wo [immer] ihr euch herumtreibt oder aufhaltet [?].« Das »Wort der Einheit« (*kalimat at-tawḥīd*) ist eine Kurzbezeichnung für den ersten Teil des Glaubensbekenntnisses (*schahāda*).

85. Koranvers 12:38 KP: »Und [ich] bin der Religion meiner Väter Abraham, Isaak und Jakob gefolgt. Wir dürfen Gott nichts [als Teilhaber an Seiner Göttlichkeit] beigesellen. Das [das heißt: die Erkenntnis, dass es nur einen Gott gibt] ist [etwas] von der Huld, die Gott uns und den Menschen [überhaupt] erweist. Aber die meisten Menschen danken [es Ihm] nicht.« Dies spricht Josef während einer Diskussion mit seinen Mitgefangenen über ihre Träume. Er war in den Kerker gesteckt worden, nachdem er sich geweigert hatte, sich den Forderungen der Frau seines Besitzers zu beugen.

Man beachte, dass die drei Begriffe *bi'l-wilāya wa'l-'ināya wa'l-ri'āya* zusammen im Sonntagmorgengebet der *Awrād* vorkommen: *bi-'ayn al-raḥma wa'l-'ināya wa'l-ḥifẓ wa'l-ri'āya wa'l-ikhtiṣāṣ wa'l-wilāya;* siehe IBN 'ARABĪ: *Wird,* Seite 9.

٣١ وَتُبْ عَلَيَّ يَا تَوَّابُ يَا حَلِيمُ[86] تَوْبَةً نَصُوحاً لأكُونَ مِنَ الَّذِينَ اِذَا
فَعَلُوا فَاحِشَةً اَوْ ظَلَمُوا اَنْفُسَهُمْ ذَكَرُوا اللّٰهَ فَاسْتَغْفَرُوا لِذُنُوبِهِمْ وَمَنْ
يَغْفِرُ الذُّنُوبَ اِلاَّ اللّٰهُ[87]

31 wa-tub ʿalayya yā Tawwāb yā Ḥalīm tawbatan naṣūḥā, li-akūna mina-*lladhīna idhā faʿalū fāḥischatan aw ẓalamū anfusahum dhakaru-llāh fa-staghfarū li-dhunūbihim wa-man yaghfiru-dh-dhunūba illa-llāh*

٣٢ وَاخْتِمْ لِي يَا رَحْمَانُ يَا رَحِيمُ بِحُسْنِ خَاتِمَةِ النَّاجِينَ وَالرَّاجِينَ[88] يَا
عِبَادِيَ الَّذِينَ اَسْرَفُوا عَلَى اَنْفُسِهِمْ لا تَقْنَطُوا مِنْ رَحْمَةِ اللّٰهِ

32 wa-khtim lī yā Raḥmān yā Raḥīm bi-ḥusni khātimazi-n-nādschīn wa-r-rādschīn *yā ʿibādiya-lladhīna asrafū ʿalā anfusihim lā taqnaṭū min raḥmati-llāh*

٣٣ وَاَسْكِنِّي يَا سَمِيعُ يَا قَرِيبُ جَنَّةً[89] اُعِدَّتْ لِلْمُتَّقِينَ[90] دَعْوَاهُمْ فِيهَا
سُبْحَانَكَ اللَّهُمَّ وَتَحِيَّتُهُمْ فِيهَا سَلاَمٌ وَآخِرُ دَعْوَاهُمْ اَنِ الْحَمْدُ لِلّٰهِ

33 wa-askinnī yā Samīʿ yā Qarīb dschannatan uʿiddat li-l-muttaqīn, *daʿwāhum fīhā subḥānaka-llāhumma wa-taḥiyyatuhum fīhā salām, wa-ākhiru daʿwāhum ani-l-ḥamdu li-llāh*

86. MF, MI und MK schreiben stattdessen يا توّاب يا رحيم , MG يا حكيم يا توّاب.

87. MH und MJ lassen den Vers 31 weg.

88. MH schreibt: والراجين من انعطاف رحمة قل . MI schreibt: والراجين قل. MA, MB, ME und MK schreiben: قيلَ لَهم والراجين الذين. MC wiederum schreibt: والراجين الذين قلتَ فيهم.

89. Einige (MA, MB, MD und ML) fügen hinzu: عَدْنٍ.

90. MA, MB, ME, MF, MG, MI, MJ, MK und ML fügen hinzu: الذين.

91. Koranvers 49:3 KP: »Denen, die ihre Stimme in Gegenwart des [wörtlich: bei dem] Gesandten Gottes dämpfen, hat Gott das Herz im Hinblick auf die Gottesfurcht einer Prüfung unterzogen [und sie haben die Prüfung bestanden]. Sie haben [dereinst] Vergebung und gewaltigen Lohn zu erwarten.« Der Vers steht in einer Reihe von Ratschlägen an die Gläubigen, wie sie sich in Gegenwart des Propheten und untereinander verhalten sollen.

92. Beginn des Koranverses 3:135, der nach einem weiteren Gedankenstrich endet mit: »... – und [die] in dem, was sie [an Sünde] getan haben, nicht beharren, wo sie doch wissen [dass es Sünde ist]« (KP). In dieser Koransequenz werden die Gerechten beschrieben, deren Lohn das Paradies sein wird.

uneingeschränkten Versöhnlichkeit, so, wie Du geehrt hast *jene, die ihre Stimme dämpfen in der Gegenwart von Gott.*[91]

31 Wende Dich mir zu, oh Du, Der Sich unentwegt in Vergebung wendet, der Nachsichtige, mit Verzeihung und Rat, sodass ich zu jenen gehören möge, *die, wenn sie etwas Abscheuliches getan oder gegen sich selbst gefrevelt haben, Gottes gedenken und [Ihn] um Vergebung für ihre Schuld bitten – und wer könnte Schuld vergeben außer Gott?*[92]

32 Besiegle meine Tage, oh Du, der Du der Allerbarmherzigste bist und der Allergnädigste, mit der vornehmsten Schlussfolgerung jener, die erlöst wurden und voll der Hoffnung sind [und sprich]: *Oh ihr, Meine Diener, die ihr gegen euch selber nicht maßgehalten habt! Gebt nicht auf die Hoffnung auf die Barmherzigkeit von Gott!*[93]

33 Lasse mich wohnen, oh Du, der Alleshörende und Immernahe,[94] in einem Garten, der bereitet ist den Gottesfürchtigen, *die darin rufen: »Gepriesen seist Du, oh Gott!« und begrüßt werden mit »Heil!« und die schließen mit dem Ausruf: »Lob sei Gott!«*[95]

93. Koranvers 39:53 KP: »Sag: ›Ihr, meine Diener, die ihr gegen euch selber [oder: zu eurem (eigenen) Nachteil] nicht maßgehalten habt! Gebt nicht die Hoffnung auf die Barmherzigkeit Gottes auf! Gott vergibt [euch] alle [eure] Schuld. Er ist es, Der barmherzig ist und bereit zu vergeben.‹«

94. *Al-Qarīb* erscheint in der alternativen Liste der neunundneunzig Namen von Abū Huraya (siehe AL-GHAZĀLĪ: *The Ninety-nine Beautiful Names,* Seite 167) und wird für Gott in den Koranversen 2:186, 11:61 und 34:50 verwendet, im letzteren in dem Namenspaar *Samīʿ Qarīb:* »Er hört alles und ist nahe« (KK).

95. Anfang des Koranverses 10:10, der endet mit: »Dem Herrn der Welten!« (KK). Der Zusammenhang aus Koranvers 10:9 lautet: »Diejenigen, die glauben und gute Werke tun, leitet ihr Herr wegen ihres Glaubens recht. Unter ihnen werden Bäche fließen in den Gärten der Wonne.« »Ein den Gottesfürchtigen bereiteter Garten« ist eine Zusammenziehung einer Beschreibung in Koranvers 3:133 KP: »Und wetteifert nach Vergebung von eurem Herrn und [nach] einem Garten, der [in seiner Ausdehnung] so weit ist wie Himmel und Erde und der für die Gottesfürchtigen bereitsteht.«

يَا اللّٰهُ يَا اللّٰهُ يَا اللّٰهُ يَا اللّٰهُ

yā Allāh, yā Allāh, yā Allāh, yā Āllāh

يَا نَافِعُ يَا نَافِعُ يَا نَافِعُ يَا نَافِعُ

yā Nāfiʿ, yā Nāfiʿ, yā Nāfiʿ, yā Nāfiʿ

يَا رَحْمَانُ يَا رَحْمَانُ يَا رَحْمَانُ يَا رَحْمَانُ

yā Raḥmān, yā Raḥmān, yā Raḥmān, yā Raḥmān

يَا رَحِيمُ يَا رَحِيمُ يَا رَحِيمُ يَا رَحِيمُ[96]

yā Raḥīm, yā Raḥīm, yā Raḥīm, yā Raḥīm

وَاَسْئَلُكَ[97] بِحُرْمَةِ هَذِهِ الاَسْمَاءِ وَالاَيَاتِ وَالكَلِمَاتِ[98]
سُلْطَاناً نَصِيراً وَرِزْقاً كَثِيراً[99] وَقَلْباً قَرِيراً
وَعِلْماً غَزِيراً[100] وَعَمَلاً بَرِيراً[101] وَقَبْراً مُنِيراً

96. In der Zahl der Wiederholungen dieser Namen variieren die Kopien. Auch die verwendeten Namen variieren, mit der gelegentlichen Hinzufügung von oder Abänderung zu دافـع, رافـع und نـور. Neben der hier präsentierten Version lautet eine andere verbreitete: dreimal يا الله oder einmal يا نافع يا رحمان يا رحيم. An dieser Stelle ist in MK weiterer Text angefügt (al-Ḥiṣārī kommentiert zu Blatt 120a, er habe diese Version durch eine auf Ibn ʿArabī zurückgehende Überlieferungskette erhalten), der auch im MA und MD enthalten ist. Die nachfolgende Version dieses Zusatztextes ist aus MK (mit ein paar Zusätzen):

وَبِقُدْرَةِ بِسْمِ اللّٰهِ الرَّحْمانِ الرَّحِيمِ اِرْفَعْ قَدْرِي وَاشْرَحْ صَدْرِي وَيَسِّرْ أَمْرِي وَارْزُقْنِي مِنْ حَيْثُ لا اَحْتَسِبُ بِفَضْلِكَ وَإِحْسَانِكَ وَكَرَمِكَ. يَا هُوَ يَا هُوَ يَا هُوَ. كهيعص حم عسق. وَاَسْئَلُكَ بِجَمَالِ العِزَّةِ وَجَلالِ الهَيْبَةِ وَعِزِّ القُدْرَةِ وَجَبَرُوتِ العَظَمَةِ اَنْ تَجْعَلَنِي مِنْ عِبَادِكَ الصَّالِحِينَ الَّذِينَ لا خَوْفٌ عَلَيْهِمْ وَلا هُمْ يَحْزَنُونَ

97. ME, MJ, MK und ML fügen hinzu: اللهم.

98. ME und MK fügen hinzu: ان تجعل لي من لدنك.

99. Einige fügen hinzu oder ersetzen durch يسيراً und / oder واسعاً. In MJ fehlt der Ausdruck.

100. Der Ausdruck وعلماً غزيراً fehlt in MG und MH.

Oh Gott, oh Gott, oh Gott, oh Gott!

Oh Du, der Du bist reine Wohltat,
Oh Du, der Du bist reine Wohltat,
Oh Du, der Du bist reine Wohltat,
Oh Du, der Du bist reine Wohltat!

Oh Allerbarmherzigster,
Oh Allerbarmherzigster,
Oh Allerbarmherzigster,
Oh Allerbarmherzigster!

Oh Du, der Du bist vollkommene Gnade,
Oh Du, der Du bist vollkommene Gnade,
Oh Du, der Du bist vollkommene Gnade,
Oh Du, der Du bist vollkommene Gnade!

Durch die gesegnete Heiligkeit dieser Namen, Verse und Worte[102] erbitte ich von Dir eine unterstützende Macht,[103] ein reichliches Auskommen, ein freudiges Herz, reiches Wissen und wohltätiges Handeln, ein hell erleuchtetes

101. Der Ausdruck وعملاً بريراً fehlt in MF, MG, MH und MJ; in MM ist er als Alternative angegeben.

102. Die Macht des vollkommenen und vollständigen Wortes Gottes wird in Gebet und Anrufung häufig bestätigt; siehe zum Beispiel Stichwort *tamima* in *EoI,* Band 10, Seite 177; sowie PADWICK: *Muslim Devotions,* Seite 86. Vom Propheten heißt es, er habe gesagt, wer immer die Formel *a'ūdhu bi-kalimāt Allāh al-tāmmāt min scharri mā khalaq* morgens und abends rezitiere werde nie zu Schaden kommen; zu Details über den Hadith siehe FARID: *Prayers of Muhammad,* Seite 150. Ibn 'Arabī empfahl die Verwendung dieser Formel (wobei er nach *kalimāt Allāh al-tāmmāt* das Wort *kullihā* einfügte) dem Reisenden bei der abendlichen Rast, um dessen Nachtlager vor Schaden zu bewahren; siehe IBN 'ARABĪ: *al-Futūḥāt al-Makkiyya,* Beirut, undatiert, IV, Seite 505.

103. *Sulṭān nasīr* findet sich als Objekt einer Bitte im Koran, woraus ein häufig gebrauchtes Bittgebet entstand, nämlich in Vers 17:80 KK: »Und sprich: ›Mein Herr, gewähre mir einen wahrhaftigen Eingang und gewähre mir einen wahrhaftigen Ausgang, und schaffe mir von Dir her eine unterstützende Macht‹«; bzw. KP: »›... Vollmacht und einen Helfer‹«; bzw. KH: »›... Deine helfende Macht‹«; bzw. KT: »›... eine helfende Kraft.‹«

وَعِلْماً غَزِيراً وَعَمَلاً بَرِيراً وَقَبْراً مُنِيراً

وَحِسَاباً يَسِيراً وَمُلْكاً فِي الفِرْدَوْسِ كَبِيراً

وَصَلَّى اللّهُ عَلَى سَيِّدِنَا مُحَمَّدٍ وعَلَى آلِهِ وَصَحْبِهِ

وَسَلَّمَ تَسْلِيماً كَثِيراً

اِلَى يَوْمِ الدِّينِ

وَالحَمْدُ لِلّهِ رَبِّ العَالَمِينَ[104]

wa-as'aluka bi-ḥurmati hādhihi-l-asmā' wa-l-āyāt wa-l-kalimāt sulṭānan naṣīrā, wa-rizqan kathīrā, wa-qalban qarīrā, wa-ʻilman ghazīrā, wa-ʻamalan barīrā, wa-qabran munīrā, wa-ḥisāban yasīrā, wa-mulkan fi-l-firdawsi kabīrā, wa-ṣalla-llāhu ʻalā sayyidinā Muḥammad wa-ʻalā ālihi wa-ṣaḥbihi wa-sallama taslīman kathīrā, ilā yawmi-d-dīn, wa-l-ḥamdu li-llāhi ʻrabbi-l-ʻālamīn

104. Einige Kopien geben unterschiedlich lange Versionen der *ṣalwāt.*

Grab, eine nachsichtige Abrechnung [am Jüngsten Tag] und einen stattlichen Anteil im Paradies. Möge Gott unseren Meister Mohammed und seine Familie und seine Gefährten segnen; mögen der Friede und die überfließende Ruhe Gottes über ihnen sein bis zum Tage der Auferstehung. Und Lob sei Gott, dem Herrn der Welten.

MUḤYĪDDĪN IBN ʿARABĪ: AL-DAWR AL-AʿLĀ

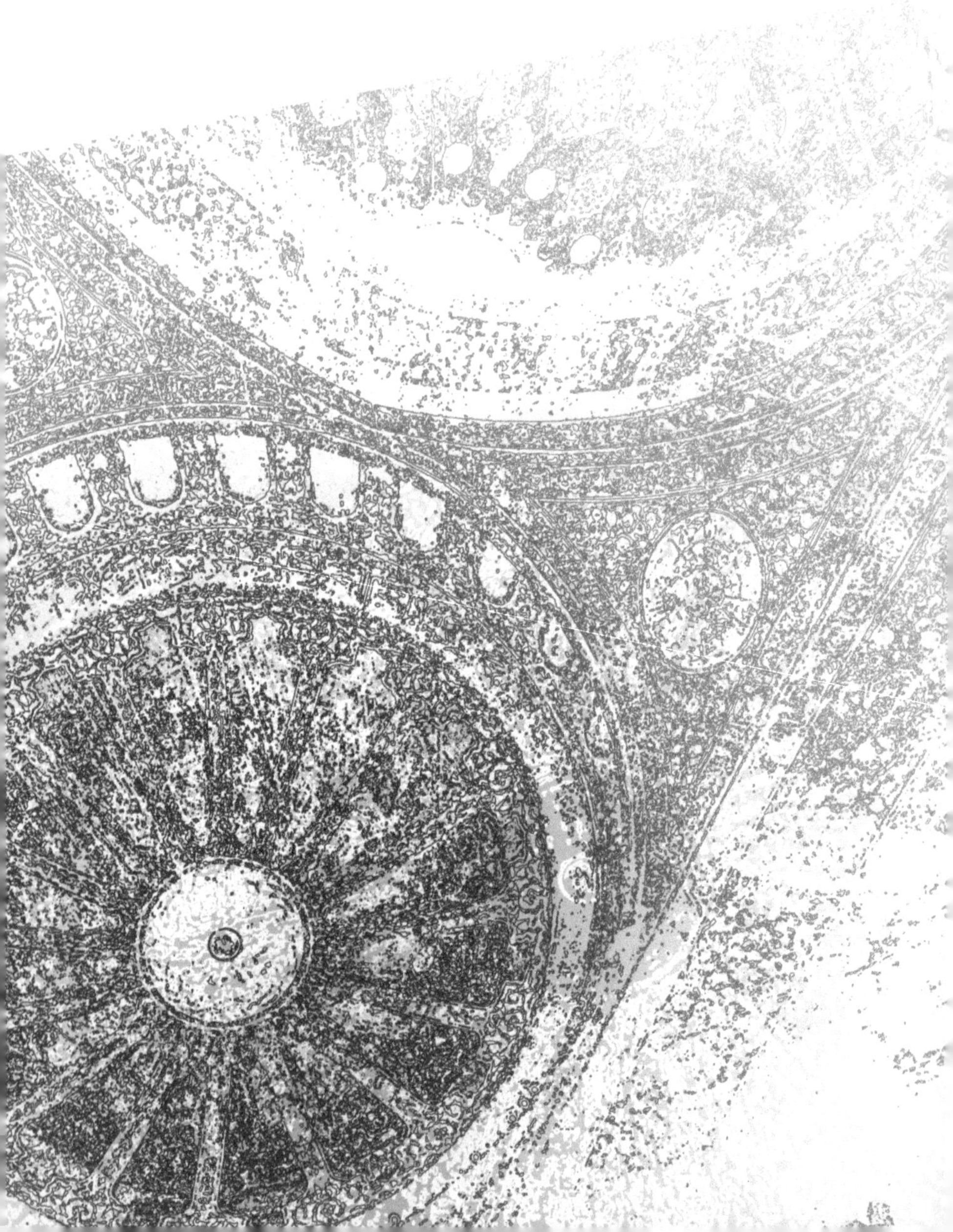

2

Ein Gebet für spirituellen Aufstieg und Schutz

هذا ورد يوم الأحد

بسم الله الرحمن الرحيم

بسم الله فاتح الوجود ۞ والحمد لله
مظهر كل موجود ۞ ولا إله إلا الله
توحيدا مطلقا عن كشف وشهود ۞
والله أكبر منه بدأ الأمر وإليه
يعود ۞ وسبحان الله ما ثم
سواه ولا معه غيره معبود ۞

Merkmale[1]

VIELE DERJENIGEN, DIE DAS DAWR IN DEN LETZTEN VIERhundert Jahren vorstellten oder übermittelten, haben die Wichtigkeit betont, es fleißig zu rezitieren und es sozusagen »als eine regelmäßige Übung (*wird*) zu praktizieren.«[2] Mehrere raten dazu, das Gebet jeden Morgen und jeden Abend zu sprechen,[3] einige empfehlen nur die morgendliche Rezitation. Andere wiederum fügen hinzu, dass es auch in schwierigen oder sorgenvollen Zeiten gesprochen werden sollte.[4] Ein Weg, seine regelmäßige Rezitation anzuregen, bestand darin, das *Dawr* mit den *Awrād* zu verknüpfen, wie es in einigen weiter unten näher erläuterten Sufi-Kreisen im Rahmen von *idschāzas* (Autorisierungen) für das Gebet der Fall war. In einer Kopie ist das Gebet in einen Rezitationszyklus für jeden Tag und jede Nacht integriert, sodass es vierzehn Mal in der Woche gesprochen wird, jeweils bestehend aus: einem Eröffnungsgebet (*ḥizb iftitāḥ*), einem nummerierten Zwischentext (*ḥiṣār*), Ibn ʿArabīs *wird* für den betreffenden Abend oder Morgen, dem *Dawr* sowie einem Abschlussgebet (*ḥizb al-ikhtitām*).[5] Andere Kopien fügen es nach vollständigem Abschluss der *Awrād* an;[6] wo dies nicht der Fall ist, fügt es der Besitzer der Kopie manchmal hand-

1. Die nachfolgende Erläuterung stützt sich ausschließlich auf arabische Quellen. Weitere Beispiele finden sich, etwa auf Osmanisch, in Yazma Bağişlar 2934 und in Haci Mahmud Efendi 3950.

2. Siehe MF, Blatt 144b. Hier bedeutet *wird* eine besondere Zeit, die regelmäßig einer solchen Art von Übung gewidmet wird. Somit versteht man *wird* häufig als eine vorgegebene, über die Pflichtgebete hinausgehende Andacht, die zu bestimmten Zeiten verrichtet wird, üblicherweise mindestens einmal täglich sowie ein weiteres Mal nachts. Siehe IBN ʿARABĪ: *Wird*, Seite 209.

3. Siehe Haci Mahmud Efendi 4061, Esad Efendi 1442, Düğümlü Baba 506 sowie MI.

4. Beyazid 7880 rät, es dreimal am Morgen zu lesen. MM empfiehlt, es kurz vor dem Morgengebet zu lesen, MD und MF danach.

5. Nafiz Paşa 702; hinsichtlich eines ganzen Zyklus siehe zum Beispiel Blatt 4a–14b.

6. MG, MM, Arif Murad 58, Şazeli 106, Genel 43, beim Letzteren in einer anderen Handschrift.

schriftlich am Ende hinzu.[7] Doch gibt es viele weitere Fälle, in denen das *Dawr* nicht mit den *Awrād* verbunden ist,[8] und mehrere Kopien geben spezifische Ratschläge, was vor[9] und nach[10] dem Gebet rezitiert werden soll ohne Hinweis auf die *Awrād.* Typi-

7. Zum Beispiel Esad Efendi 1442: Dort ist das *Dawr* am Ende des *Kitāb al-Raschaḥāt al-anwarīya fī scharḥ al-awrād al-akbarīya* angefügt, und zwar am Rand der *Awrād.*

8. Ebenso enthält die große Mehrheit der *Awrād*-Kopien das *Dawr* nicht. So umfasst etwa Veliyuddin 1833, um nur ein Beispiel zu nennen, (neben den *Awrād*) das *Kitāb Mawāqiʿ al-nudschūm,* das *Kitāb al-Isrāʾ* (Kopie datiert 977 AH, niedergeschrieben in Damaskus am Schrein von Ibn ʿArabī durch Dschibrīl b. Zayn al-ʿĀbidīn al-Ghazzī), Auszüge aus den *Futūḥāt al-Makkiyya* und Teile des *Tardschumān al-aschwāq* sowie ein Bittgebet für den Tag von ʿArafa (einen islamischen Feiertag) aus den *Futūḥāt al-Makkiyya.*

9. Beyazid 7880 empfiehlt, dass vor jedem Lesen des Gebets das *Ḥamīd Wahhāb* sechsundsiebzig Mal rezitiert wird. MM rät, mit den *ṣalawāt* zu beginnen und dann hundertvierundsiebzig Mal *«ya Ḥayy, ya Qayyūm»* zu wiederholen. Genel 43, Blatt 29 b, beschreibt folgende »Schlüssel« zum Gebet:

> Oh Gott! Du, Der die Schlüssel zu den Geheimnissen der Unbekannten in der Hand hält und die Lampen der Lichter der Herzen! Dich bitte ich durch unseren Meister Mohammed (mögen der Friede und Segen Gottes über ihm sein), mir die verschlossenen Türen dieser Schätze zu öffnen und mir die Wirklichkeiten dieser symbolischen Anspielungen zu enthüllen. *Yā Hū yā man Hū* (siebenmal). Ich bitte Dich, die Sonne des gnostischen Wissens über Deine Namen zu behüten, die Quelle der Geheimnisse Deines Lichts, des prächtigen urwüchsigen Lichtbaums und strahlenden Ausfließens des Ursprungs, und denjenigen, der die Erkenntnisse der Auserwählten besitzt (*al-ʿulūm al-iṣṭifāʾīya*), unter dessen Fahne die Propheten marschieren. [Ich bitte Dich, ihn zu segnen] durch die Zahl jener, die Du erschaffen und versorgt hast, denen Du das Leben genommen und denen Du das Leben geschenkt hast, bis Du jene wiedererweckst, die Du vernichtet hast. *Yā Laṭīf* (hundertneunundzwanzig Mal), *al-ṣalāt wa'l-salām ʿalayka yā rasūl Allāh* (neundzwanzig Mal), *Allāhu laṭīf bi-ʿibādihi yarzuqu man yaschāʾ wa huwa'l-Qawī al-ʿAzīz* (zehnmal).

10. Haci Mahmud 4137 und Genel 43 empfehlen, nach Abschluss des Gebets die [94.] Sure *al-Inschirāḥ* [»das Weiten«] und die *ṣalawāt* dreimal zu rezitieren. Haci Mahmud Efendi 4146 rät zur fünfzehnfachen Rezitation von *Yā lā ilāha Allāh al-Rafīʿ dschalālatan.* Eine Kopie, auf der unser Manuskript MI basiert, führt am Ende ein besonderes Bittgebet an, welches das einzige in unseren Quellen ist, das den Autor des Gebets explizit als heiligen Fürsprecher erwähnt. Dieses Bittgebet lautet:

> Oh Gott, gewähre uns Deine barmherzige Erlaubnis, dass die spirituelle Wirklichkeit (*rūḥānīya*) des mohammedanischen Erben, des Scheichs und

scherweise schließen solche Ratschläge die *ṣalawāt* sowie Anrufungen Göttlicher Namen und Formeln der Betonung von Gottes einzigartiger Macht mit ein, doch gibt es vielerlei Variationen.[11]

In ausführlicheren Begleittexten finden sich Empfehlungen hinsichtlich der richtigen Rezitation des Gebets manchmal verwoben mit Beschreibungen seiner besonderen Merkmale (*khawāṣṣ*), denn diese werden nur bei seiner richtigen Verwendung wirksam. In deren Darstellung überbieten sich Kommentatoren und Kopisten mitunter. Zur Illustration diene nachfolgende umfassende Beschreibung der Merkmale des Gebets durch den Kommentator al-Dāmūnī aus dem zwölften bis dreizehnten Jahrhundert AH / achtzehnten bis neunzehnten Jahrhundert AD (geschrieben in gereimter Prosa auf Arabisch):[12]

> Ich bitte Gott [...], dass [das Gebet] allen, die es ernsthaft und im festen innerlichen Glauben rezitieren, zum Guten gereichen, und dass es alle, die ausdauernd nach diesem Guten streben, an ihr Ziel bringen möge, denn Er ist der Eine, Der mit edler Großzügigkeit beschenkt, und der Eine, Der den Zustand jener kennt, die [es] rezitieren. Wer immer nutzt, was im Gebet enthalten ist, oder es mit vollkommener innerer Überzeugung spricht, möge das Gewünschte erlangen; doch wer immer es rezitiert oder seine Vorteile sucht unter Erhebung von Einwänden, wird nichts daraus ziehen als Sorge und Verderben. Einiges will ich anführen vom Nutzen dieses großen Gebets, dessen Antwort nie ausbleiben wird, solange wir reinen Herzens sind. Zu seinen Wohltaten gehören folgende:

meines Meisters Muḥyī al-Dīn Muḥammad b. ʿAlī al-ʿArabī (möge Gott sein Geheimnis heiligen) uns zu Hilfe kommen, beim Gesandten Gottes (Dessen Friede und Segen über ihm seien) vermittelnde Fürsprache für uns einlegen und uns die frohe Botschaft der barmherzigen Glückseligkeit bringen möge. Weite meine Brust, erhebe meinen Rang und versorge mich mit meiner Nahrung ohne Soll und Haben, und sei für, nicht gegen uns, oh Du, bei Dem um jegliche Hilfe ersucht wird. Amen. Bei Deiner Gnade, oh Allergnädigster der Gnädigen.

11. Ein Beispiel für solche einleitenden und abschließenden Empfehlungen, die zurzeit in Damaskus in Druckform im Umlauf sind, ist die oben erwähnte von Abū'l-Yusr ʿĀbidīn.

12. Siehe MC, Blatt 3b–5a.

Wer immer es des Morgens und des Abends regelmäßig und gewissenhaft liest, muss weder Armut fürchten noch Blindheit oder Knochenbrüche. Er wird reisen in Gottes sicherem Schutz und in Ruhe zu Land und zur See. Weder wilde Tiere wird er fürchten müssen noch den Verlust seiner Habe, Unfälle, Schmerz und Leid, Krankheit, (männliche oder weibliche) Schattengefährten, ungehorsame und freche Dschinnen oder boshafte Sturmdämonen.[13] Er braucht keine Angst zu haben vor den Pfeilen des Krieges, denn er wird stets siegen und nie bezwungen. Keine Art von Feinden muss er fürchten, weder Menschen noch Dschinnen.[14] Auch keine Wegelagerer, denn Gott wird jeden in Fetzen reißen, der sich ihm entgegenstellt. Wenn der Rezitator des Gebets an Bord eines Schiffes geht, braucht er keine Angst zu haben vor Schaden oder Krankheit, Gefangennahme, Ertrinken oder jeglicher Seuche, komme sie durch die Luft oder über die Erde, auf dem Land und zur See, noch davor, dass das Schiff leckschlägt oder zerbirst.[15]

Alle, die das Gebet sprechen, werden sicher sein vor Feinden und böswilligen Tyrannen und vor jeglichem Unrecht

13. Die arabischen Pluraformen *quranāʾ, tawābiʿ, marada* und *zawābiʿ* bedürfen der Klärung. *Qarīn* (Plural: *quranāʾ*) kommt achtmal im Koran vor und bezeichnet einen untrennbaren oder engen Gefährten und bezieht sich üblicherweise auf den »Schatten« (oder »Doppelgänger«) des Menschen. Gemäß Koranvers 4:38 KP kann Satan ein *qarīn* sein (ein »schlimmer Geselle«, der dem Menschen überallhin folgt), und Vers 43:36 KP beschreibt, wie Gott für einen Menschen einen »Satan bestellt« als dessen *qarīn*, falls er sich von der Erinnerung Seiner abwendet. Siehe ebenso Koran 50:27. Die früheste exegetische Tradition stellt jedem Menschen einen *qarīn* zur Seite in Form eines Satans oder Dschinns, der ihn zum Bösen verführt (sogar Propheten haben einen solchen satanischen Begleiter, doch der Prophet Mohammed bekehrte den seinen zum Islam). Gleichzeitig hat der Mensch einen Engel zur Seite, der ihn zu Gott führt. Diese Figuren sollten nicht mit den Befragungsengeln verwechselt werden. Siehe Stichwort *qarīn* in *EoI*, Band 4, Seiten 643–644. Mehrere Hinweise auf die *quranāʾ* finden sich auch in den Hadithen; siehe zum Beispiel: Muslim, 4, 260 und 50:69 (nach A.J. WENSINCK: *A Handbook of Early Muhammadan Tradition*, Leiden 1927).

14. Zum Dschinn in muslimischer Weltanschauung und Folklore siehe ASAD: *The Message of the Qurʾan*, Anhang III; sowie Stichwort *djinn* in *EoI*, Band 2, Seiten 546–549.

15. Hier sind Eigenschaften angedeutet, wie sie auch mit dem populären *Ḥizb al-baḥr* von al-Schādhilī verbunden werden, welches darum bittet, die See möge »gebändigt« werden vor jenen, die sie überqueren.

und Neid in allen Welten.[16] Sie werden respektiert und gemocht von allen, die ihnen begegnen, und diese werden es nicht ertragen, von ihnen getrennt zu sein. Wer immer dieses Gebet rezitiert, wird gleich der Sonne und dem Mond unter den Sternen sein; die himmlischen und irdischen Welten werden ihn lieben sein ganzes Leben lang. Er wird beschützt sein vor Migräne, Kopfweh, pochender und schießender Qual, Zahn-, Ohren-, Augen- und Bauchschmerzen, Gesichtsstarre, halbseitiger Lähmung, Krämpfen und jeglichem Gebrechen, das die Menschen befällt.[17] Auch wird er sicher sein vor teuflischen Einflüsterungen und Gedanken, wird angenehm träumen und wird all seiner Tage nur sehen, was ihn erfreut.

Wer immer [das Gebet] spricht, wird befreit aus Verhaftung, Zwang und Gefangenschaft, vor allem, wenn seine Rezitation aus Tiefe und Überzeugung kommt. [Das Sprechen des Gebets] erleichtert der Geschiedenen die Kindsgeburt und lindert jede drückende Not. Es vertreibt Fieber und Erkältung und bringt die Heimatlosen und Ausreißer nach Hause zurück. Es erinnert einen in der Todesstunde an das Glaubensbekenntnis (*schahāda*) und steht uns bei in der Befragung durch die beiden Engel und in plötzlicher Todesangst.[18] Es erweckt das Herz aus dem Schlummer der Unachtsamkeit und hilft uns, ernsthaft zu bereuen und unsere Irrtümer und Fehler zu tilgen. Es erhebt einen zu den höchsten Stationen in dieser Welt und in der nächsten. Es beschützt uns vor dem Verkehr mit dem Bösen[19] und die Neugeborenen vor der Heimsuchung durch schwere Gebre-

16. Neid wird mit dem bösen Blick assoziiert und im Koran (113:5) als Quelle des Übels bezeichnet. Als Schutz dagegen wird der Ausdruck *mā schā'a Allāh* gebraucht; siehe Padwick: *Muslim Devotions,* Seite 88.

17. Hier ist auf den Volksglauben hinzuweisen, der Dschinn könne verschiedene Krankheiten aufbürden, insbesondere solche, die Lähmungen (etwa die Hemiplegie) mit sich bringen; siehe Stichwort *djinn* in *EoI,* Band 2, Seite 548.

18. Zur *schahāda* als wünschenswerter letzter Äußerung vor dem Sterben und zur Heimsuchung und Befragung durch die beiden Engel Munkar und Nakīr während der ersten Nacht im Grab (gemäß dem Hadith) siehe Padwick: *Muslim Devotions,* Seiten 132–133 und 278–279.

19. *Qarīn al-sū':* wörtlich »derjenige, der sich dem Bösen (oder dem Übel) anschließt«, also Satan. Gemäß Koranvers 4:38 KP: »... wenn einer den Satan zum Gesellen hat, ist das ein schlimmer Geselle«; bzw. KH: »... wer den Satan zum Nächsten hat – ein schlimmer Nächster!«

chen.[20] Denjenigen, der es rezitiert, macht es sicher vor allen Arten von Dschinnen, vor Koliken und Nervenschmerzen und vor allen Winden, besonders den schlimmen[21] am Morgen und am Abend. Es beschützt vor den Stichen der Skorpione und den Bissen der Vipern und Schlangen, vor ansteckenden Krankheiten und der Pest und vor allem, was dem Menschen schadet. Es durchkreuzt die schwarze Magie und alle Intrigen und (Zauber)knoten[22] der Böswilligen. Es wirft vor jedem, der es spricht, die Armee und die Soldaten des Feindes zurück, verleiht ihm die Kraft zum Einprägen von Wissen, enthüllt ihm den Sinn des wunderbaren Korans und bewahrt sein Herz und seinen Verstand vor [vom] verfluchten [Satan eingeflößten] Gedanken. Nach dem *ʿaṣr* [Nachmittagsgebet] rezitiert, beseitigt es Elend und Armut, beson-

20. Das ist eine freie Übersetzung von *umm al-ṣibyān*. Nach klassischen Wörterbüchern bezeichnet dies eine Säuglingskolik oder Epilepsie. Gemäß einem Hadith sagte der Prophet: »Wenn ein Mensch einem Neugeborenen den *adhān* (Gebetsruf) in sein rechtes Ohr und die *iqāma* (den zweiten Gebetsaufruf) in sein linkes spricht, wird das Kind nicht von *umm al-ṣibyān* befallen.« Zitiert von al-Ghazali in Madelain Farah: *Marriage and Sexuality in Islam: A Translation of al-Ghazali's Book on the Etiquette of Marriage from the Ihya,* Salt Lake City 1984, "Etiquette Concerning Having Children", Seite 114, einschließlich Details zu dem Hadith. Man beachte auch die Assoziation der Wurzel des Wortes mit dem (fruchtlosen) Ostwind.

21. Wörtlich »der rote Wind«, *al-rīḥ al-aḥmar.* Bemerkenswert an dieser Aufzählung ist die Gleichsetzung von Dschinnen (die gemäß Koranvers 15:27 KE »aus dem Feuer des Glutwindes erschaffen« wurden) mit Winden, die gesundheitliche Probleme verursachen. Für Beispiele aus den Gebeten des Propheten hinsichtlich des Schutzes vor dem Übel des Windes siehe Farid: *Prayers of Muhammad,* Seite 233.

22. *ʿUqūd,* wörtlich »Knoten«; aber auch geschlossene »Verträge« oder »Abmachungen«. Man beachte auch *ʿaqada nāṣiyatahu:* »er band sich seine Stirn(locke), um jemanden anzugreifen oder zu schädigen«; sowie Koranvers 113:4 KP, wo das »Bespucken von (Zauber)knoten«, bzw. das »Blasen auf die Knoten« (KK), eine okkulte Handlung bezeichnet.

Über den in muslimischen Gesellschaften weitverbreiteten hartnäckigen Glauben an und das Praktizieren von Magie (und der Rolle, die der Dschinn unter dem Befehl des Praktizierenden darin spielt), über die Ratschläge dazu, wie man sich vor ihr schützt und über die Haltung verschiedener zeitgenössischer muslimischer Autoritäten ihr gegenüber siehe beispielsweise Remke Kruk: "Harry Potter in the Gulf: Contemporary Islam and the Occult" in *British Journal of Middle Eastern Studies,* 32:1 2005, Seiten 47–73; sowie https://www.islamawareness.net/Jinn/. Der Koran und die Hadithen bekräftigen natürlich die Wirklichkeit von Magie, jedoch (mit einigen Ausnahmen) zumeist in verurteilendem Ton.

> ders wenn auch die [56.] Sure *al-Wāqiʿa* gesprochen wird, denn diese *sūra* ist eine unwiderstehliche Kraft.[23]
>
> Wir haben nur einige der Wohltaten erwähnt; strebe nach ihnen, du, der du dich befreit hast von der Fessel der Gewohnheiten. Der Nutzen wächst mit Ernsthaftigkeit, Ehrlichkeit und festem innerem Glauben; er schwindet mit Misstrauen und schimpflichen Einwänden. Jene, die unerschütterlich glauben, werden fortdauernde Glückseligkeit finden in dieser Welt, im Isthmus [der Zwischenwelt] (*barzakh*) und am Festgelegten [Jüngsten] Tag; während schmerzhafte Qualen warten auf die Nörgler, denen die Hölle als übler Ratsplatz genügt.
>
> Diese Resultate stellen sich nur durch die [spirituellen] Düfte (*anfās*) ein, das heißt, nur wenn [Belehrungen über] sie erlangt werden von Meistern der Weisheit (*al-sāda al-akyās*).[24] Wenn jemand diese [spirituellen] Düfte nicht kennt, ist es, als baute er eine Mauer ohne Fundament. Doch wenn er keinen Vollkommenen (*kāmil*) finden kann, sollte er in dieser Sache zumindest seine Absicht reinigen, sodass er vielleicht einige dieser Wohltaten erlangt, falls seine innersten Vorsätze gut sind. Was wir erwähnt haben, ist ausreichend für jene, die suchen, und vor den vollkommenen [unter ihnen] sind die Wohltaten [des Gebets] nicht verborgen.

Viele der Merkmale des Gebets, die oben genannt sind oder sich in vergleichbaren Aufzählungen finden, widerspiegeln die Sorgen einer vormodernen Welt, in der die Naturgewalten häufig unsichtbaren, aber umtriebigen Geistern wie etwa Dschinnen zugeschrieben wurden und mit Nachdruck an all die Unsicherheiten des menschlichen Lebens erinnerten.[25] Unter den Bestrebungen, diese

23. Wörtlich »eine schwer zurückzuschlagende Armee«.

24. Zur Idee von [spirituellen] Düften in Ibn ʿArabīs Denken siehe William C. Chittick: *The Sufi Path of Knowledge: Ibn al-ʿArabī's Metaphysics of Imagination,* Albany, NY, 1989, Seite 402 Anmerkung 18. Im vorliegenden Kontext spielt der Begriff möglicherweise auf »die Wohlgerüche der Gottesnähe« an. Chittick zitiert Ibn ʿArabī folgendermaßen: »Wenn die Gnostiker das Parfüm dieser Gerüche [oder dieses Atems] riechen [...], lernen sie eine Göttliche Person kennen, die das Geheimnis besitzt, das sie suchen, und das Wissen, nach dem sie streben.«

25. Um ein Beispiel aus Damaskus zu nennen, verweisen wir auf al-Budayrīs Chronik des täglichen Lebens in der Stadt zu Zeiten des al-Dāmūnī, die Fluten,

Bedrohungen von Leib und Leben durch bändigende Kräfte abzuwenden, rangierten besondere, verschiedenen Heiligen aus der Frühzeit und dem Mittelalter des Islams zugeschriebene liturgische Texte an vorderster Front.[26] Auch in allen anderen Fällen konnten sie eingesetzt werden zur Neutralisierung von möglichen Feindseligkeiten oder schädlichen Absichten von Dschinnen genauso wie von Mitmenschen. Die solchen Texten beigemessene Schutzkraft verlieh ihnen einen talismanartigen Charakter, der sich in der Bedeutung von Begriffen wie *ḥizb* und *ḥirz* widerspiegelt, mit denen sie im Allgemeinen bezeichnet werden,[27] (und in den Gebrauchsanweisungen, die oft mit ihnen einhergehen). Die Kraft oder *baraka* dieser Texte wird als Ableitung dessen verstanden, was den koranischen Suren und den *ṣalawāt* (und manchmal den *muqaṭṭaʿāt* oder »abgetrennten Buchstaben« zu Beginn einiger Suren)

Kältewellen, Erdbeben und Stürme (sowie Heuschreckenplagen, die Verbreitung von Lepra und verheerende Ausbrüche der Pest) verzeichnet. Siehe Aḥmad al-Budayrī al-Ḥallāq: *Ḥarwādith Dimaschq al-yawmīy,* Dasamkus 1959, zum Beispiel Seiten 52, 56–57, 223 und 228.

26. Wie Michael Gilsenan: *Saint and Sufi in Modern Egypt: An Essay in the Sociology of Religion,* Oxford 1973, Seiten 33–34, in Bezug auf die Vorstellung von *baraka* ausführt, wird gemäß traditioneller muslimischer Sicht

> die Welt letztendlich von einem ganzen Komplex von Kräften konstituiert und regiert. Es gibt böswillige Mächte, die es abzuwehren gilt durch Heilige, Amulette, Talismane, Koranverse, ein tugendhaftes Leben und Gottvertrauen. Und wo sich die Waage zu deinen Ungunsten neigt, hilft als letzte drastische Erklärung das Mysteriums von Gottes Wille.

27. Wie Padwick: *Muslim Devotions,* Seiten 23 und 25, erläutert, bekundet der Begriff *ḥizb* einen »uneingestandenen Anklang [...] von halbmagischem Schutz«, während das Wort *ḥirz* (häufig als Synonym für *ḥizb* verwendet) im Titel eines Gebets seine Verwendung als Talisman oder Amulett andeuten kann. Ein *ḥizb* oder *ḥirz* enthält häufig eine Auswahl von Koranversen und kleineren Bittgebeten, die, zu einem kleinen Büchlein gedruckt, leicht bei sich getragen werden können, was sich in dem weiteren Synonym *ḥidschāb* spiegelt. Ein sehr bekanntes Beispiel dafür ist die kleine, von Gläubigen häufig mit sich getragene Broschüre *al-Ḥisn al-ḥaṣīn min kalām rabb al-ʿālamīn* (»Die unerschütterliche Festung aus den Worten des Herrn der Welten«, zusammengestellt von Schams al-Dīn M. b. M. al-Dschazarī (gestorben 833 AH / 1429 AD); siehe weiter unten. Schließlich müssen der Begriff *taʿwīdh* (und andere Ableitungen aus derselben Wurzel) erwähnt werden, mit denen beschützende oder Zufluchtsgebete bezeichnet werden, die oft als Amulette getragen werden (zu diesen gehören etwa die *muʿawwidhatān,* die beiden letzten »Suren des Zufluchtsuchens« [113 und 114] des Korans. Siehe weiter Padwick: *Muslim Devotions,* Kapitel 6; sowie Stichwort *tilsam* in *EoI,* Band 10,

innewohnt, die in ihnen vorkommen.[28] Der Heiligenstatus ihrer Autoren verleiht ihnen eine besondere Wirksamkeit, denn es wird angenommen, dass die Gebete eines Heiligen mit größerer Wahrscheinlichkeit erhört werden. Als inspirierte Dichtungen, die nur heiligen Figuren zuteilwerden, dienen solche Texte tatsächlich auch als Medium der spirituellen Autorität ihrer Autoren[29] und, was für die Bittsteller von unmittelbarerem Interesse ist, als Träger eines einzigartigen Fürsprachepotenzials, das daraus fließt, dass diese Freunde Gottes Ihm so nahestehen.

In diesem liturgischen Arsenal nimmt das *Dawr* seinen Platz ein an der Seite einer Vielzahl von anderen Schutzgebeten, die sich in unseren Quellen finden lassen, insbesondere den *aḥzāb* des Abū'l-Ḥasan al-Schādhilī[30] und dem *ḥirz* des Abū Madyan,[31] aber auch von weniger bekannten Gebeten zum Beispiel mit Heil- oder

Seiten 500–502; und Stichwort *tamima,* ebenda, Seiten 177–178. Für Beispiele der Formulierung der Schutzsuche in Gott in den Gebeten des Propheten siehe FARID: *Prayers of Muhammad,* Seiten 245–249.

28. Wie PADWICK: *Muslim Devotions,* Seite xxii, betont, sind einige tatsächlich einfache Folgen von Koranversen »mit mehr oder weniger Bezug auf ein bestimmtes Thema«, die für den Andachtsgebrauch zusammengestellt wurden.

Für eine Einleitung in die Vorstellungen von der Macht des Wortes Gottes und des Gebets sowie in die allgemeine Thematik des Gebrauchs von Sufi-Gebeten siehe CARL ERNST: *The Shambala Guide to Sufism,* Boston und London 1997, Seiten 89–91.

29. Vergleiche mit RICHARD J.A. MCGREGOR: *Sanctity and Sainthood in Medieval Egypt: The Wafā' Sufi Order and the Legagcy of Ibn 'Arabī,* Albany, NY, 2004, Seiten 35 und 74.

30. In unseren Quellen finden sich insgesamt acht verschiedene Gebete von al-Schādhilī, am häufigsten das *Ḥizb al-baḥr* (das als das berühmteste aller *aḥzāb* bezeichnet wurde; siehe Stichwort *ḥizb* in *EoI,* Band 3, Seite 513) und das *Ḥizb al-naṣr.* Zum *Ḥizb al-baḥr* siehe MCGREGOR: *Sanctity and Sainthood,* Seiten 34–35. Zum Gebrauch der al-Schādhilī zugesprochenen *aḥzāb* im heutigen tunesischen Schādhilīya-Orden siehe derselbe: "A Sufi Legacy in Tunis", Seiten 269–271.

31. Abū Madyan Schuʿayb b. al-Ḥusayn al-Anṣārī (gestorben 549 AH / 1198 AD), eine einflussreiche Figur des Sufismus im muslimischen Spanien und Nordafrika mit nachhaltiger Wirkung auf die Traditionen der Schādhilīya und der Qādirīya; zu ihm siehe VINCENT J. CORNELL: *The Way of Abu Madyan: The Works of Abu Madyan Shuʿayb,* Cambridge 1996; sowie *EoI,* Band 1, Seiten 137–138. Das Gebet ist bekannt als *Ḥirz al-aqṣām,* jedoch in Cornells Liste der Werke Abū Madyans nicht enthalten.

Eine Nebeneinanderstellung der Gebete, die mit der Schādhilīya-Tradition in Verbindung stehen (dasjenige von Ibn Maschīsch kann ebenfalls in diesem Zusammenhang erwähnt werden), und der Gebete von Ibn 'Arabī zeigt die hohe Wertschätzung des Vermächtnisses von Ibn 'Arabī in diesem Sufi-Orden. In dieser

Schutzeigenschaften gegenüber der Pest.[32] Manche Kommentatoren heben das Schutzpotenzial des *Dawr* durch Zeichnungen von Talismanen und ›magischen Quadraten‹ mit Wörtern, Buchstaben und Zahlen hervor, die einzelne Verse repräsentieren und häufig begleitet werden von detaillierten Angaben zu deren Gebrauch.[33] Kopisten verstärken diese Qualitäten mitunter, indem sie zusätzliche Bittgebete mit Schutzkräften hinzufügen.[34] Während die meisten unserer Quellen betonen, wie wichtig es ist, das Gebet zu *rezitieren,* wenn seine Schutz- und anderweitigen Funktionen er-

Hinsicht ebenso relevant ist möglicherweise das Auftauchen von *muqaṭṭaʿāt* in einigen Versionen des Schlusses des Gebets, da diese auch ein auffallendes Merkmal der *ṣalawāt* des al-Mahdawī sind (siehe dazu PABLO BENEITO und STEPHEN HIRTENSTEIN: "The Prayer of Blessing [upon the Light of Muhammad] by ʿAbd al-ʿAziz al-Mahdawi" in *Journal of the Muḥyīddīn Ibn ʿArabī Society* [nachfolgend *JMIAS*], XXXIV 2003, Seite 28 Anmerkung 43 und Seite 30 Anmerkung 47) sowie des *Ḥizb al-baḥr* (welches dieselben Buchstabengruppen enthält, die in einigen Schlussversionen des *Dawr* auftauchen).

32. Für ein Beispiel des Ersteren siehe ML, Blatt 133 ff; für das Letztere siehe Hasan Husnu Paşa 583, Blatt 212 b, wo auf das Gebet ein Abū Ḥanīfa zugeschriebenes Bittgebet bezüglich der Pest folgt. Şazeli 106 enthält eine besonders interessante Spannbreite von *aḥzāb* und *aḥrāz* für viele verschiedene Anwendungen einschließlich etwa der Beruhigung schreiender Babys und der Begegnung mit Feinden.

Obwohl einzelne Gebete bestimmten Schutzfunktionen zugerechnet wurden, scheinen sie keiner strikten allgemeinen Einteilung zu unterliegen, und so haben sich die Kopisten möglicherweise auf einen verbreiteten Grundstock von Eigenschaften gestützt. So erscheint beispielsweise die Beschreibung der Eigenschaften des *Dawr* in Düğümlü Baba 490, Blatt 31 b–32 a, ebenso in MG, Blatt 66 a–67 a, wo sie sich jedoch auf Abū Madyans *Ḥirz al-aqṣām* bezieht, welches in der erstgenannten Zusammenstellung fehlt (über die Beziehung zwischen diesen beiden Sammlungen siehe Anhang): Der Kopist hat in der Beschreibung der Eigenschaften einfach *ḥirz* mit *Ḥizb al-wiqāya* ersetzt. Man beachte in diesem Zusammenhang auch die umfassende Aufzählung der Eigenschaften, die in seiner Einleitung dem *Ḥisn al-ḥaṣīn* zugeschrieben werden.

33. Besonders in MD. Doch auch al-Dāmūnī erklärt in seinem Kommentar (in MC, Blatt 3 b) seine Absicht, »einige der Talismane und Geheimnisse« des Gebets »herausarbeiten» zu wollen, und fügt am Ende seines Werks einige Quadrate an. Zu talismanischen »magischen Quadraten«, die üblicherweise aus neun oder sechzehn Feldern mit Zahlen oder Buchstaben bestehen, die Wörter repräsentieren (zum Beispiel die Buchstaben des Namens »Allāh« in unterschiedlicher Reihenfolge viermal wiedergegeben), siehe Stichwort *tilsam* in *EoI,* Band 10, Seite 501; sowie Stichwort *wafq* ebenda, Band 11, Seiten 28–31.

34. Zum Beispiel weist Nafiz Paşa 702 am Rand von acht der vierzehn Kopien des *Dawr* ein hinzugefügtes Bittgebet auf, das (gegen Ende des Gebets, beispielsweise auf Blatt 25 b) folgendermaßen beginnt und mit der Sure *al-Ikhlāṣ* endet

langt werden sollen,[35] hebt al-Qāwuqdschī, der jüngste unserer Kommentatoren, den talismanischen Charakter des Gebets hervor und deutet an, dass dieser Nutzen auch einfach dadurch erwächst, dass man den Text bei sich trägt. Auch die Toten können davon profitieren, fügt er hinzu, denn wenn das Gebet mit ihnen bestattet werde, seien sie vor der Grabesqual beschützt.[36]

Wie al-Dāmūnīs Aufzählung zeigt, umfassen die Kräfte des Gebets auch die Materialisation »positiver« Effekte in weltlichen Beziehungen, insbesondere die Erweckung von Wertschätzung und Zuneigung in den Herzen der Menschen. Einige Kommentatoren erwähnen, es könne gegenüber jeder und jedem, die es rezitieren, Gehorsam »sowohl in irdischen als auch in himmlischen Sphären« hervorbringen. Andere Listen von Merkmalen fügen die Kraft hinzu, dringende Kaufs- oder Verkaufsgeschäfte und solcherart Transaktionen zu erleichtern.[37] Weitere Wohltaten, die insbesondere für Menschen interessant sein dürften, die sich auf der spirituellen Reise des *taṣwwuf* befinden, spiegeln sich im Titel des Ge-

(man beachte, dass dasselbe Bittgebet in MI vor den Schluss-*ṣalawāt* in das Gebet hineinverwoben ist):

> Ich errichte meinen Schutz vor all Seinen Geschöpfe in einer Festung, deren Fundament *lā ilāha illā Allāh* ist, deren Mauer *Muḥammad rasūl Allāh* ist, deren Schlüssel *lā ḥawla wa lā qūwata illā bi'llāh al-ʿAlīy al-ʿAẓīm* ist [...]

In MM folgt auf die Empfehlungen bezüglich der Rezitation des Gebets (siehe Fußnote 9 oben) das folgende Bittgebet (Blatt 109 b):

> Dies ist ein prächtiges und seliges Schutzgebet. Im Namen Gottes des Erschaffers, des Größten: ein Schutz gegen das, wovor ich mich fürchte und mich in Acht nehme. Vor dem Schöpfer hat kein Geschöpf irgendwelche Macht. *Kāf Hā' Yā' ʿAyn Ṣād. Ḥā' Mīm Sīn Qāf.* Alle Gesichter senken sich vor dem Lebendigen, dem Selbst-Beständigen [Koran 2:111]. Möge jeder versagen, der Unterdrückung übt. Gott ist als Beschützer ausreichend und Er ist der vortrefflichste Sachwalter.

35. Wie McGregor: "A Sufi Legacy in Tunis", Seite 267, andeutet, erhalten Gebete möglicherweise durch die Rezitation »eine zusätzliche spirituelle Dimension«; siehe auch ebenda, Seiten 269–270.

36. MD, Seite 6. Siehe auch Muḥyīddīn Ibn ʿArabī: *The Ḥizbu-l Wiqāyah of Muḥyīddīn Ibn ʿArabī,* Oxford: MIAS, Nachdruck 2003. Vergleiche mit Padwick: *Muslim Devotions,* Seiten 278–279.

37. Siehe zum Beispiel MF, Blatt 144 b; sowie MD, Seite 6; und Düğümlü Baba 506, Blatt 2 a; und MI, Blatt 62 a.

bets. So gibt ihn ein Kopist in der folgenden Version wieder: *Ḥizb al-wiqāya li-man arāda al-wilāya* (»Schutzgebet für einen, der sich um nahe Freundschaft [mit Gott] bemüht«).[38] Kommentatoren und Kopisten wiederholen mehrfach, dass die besonderen Eigenschaften des Gebets von Menschen beglaubig wurden, die es als aufrichtige Diener »auf Herz und Nieren« getestet haben. In ihrem reinen und erhabenen geistigen Streben (*himma*) haben sie seine Wohltaten erfahren und wurden Zeugen unzähliger Geheimnisse.[39]

Damit ist das Gebet gemäß Kommentatoren und Kopisten »ein ewiges Geheimnis« und »ein scharfes Schwert«, das hervorgeht aus »der heimlichsten aller Angelegenheiten«.[40] Wie im Fall von anderen Gebeten schreiben sie die Kräfte des *Dawr* den koranischen Versen und den Göttlichen Namen zu, die in ihm vorkommen.[41] Zwar werden die Wohltaten beider Elemente erklärt, doch schenken die Kommentatoren den Göttlichen Namen besondere Aufmerksamkeit,[42] indem sie bekannte Koran- und Hadith-Stellen zitieren, welche zu deren Gebrauch im Bittgebet anspornen und die Wohltaten spezifizieren, die mit ihnen zusammenhängen.[43] In der Formulierung al-Dāmūnīs sind die Namen damit »die Türen – tatsächlich die Schlüssel zu den verschlossenen Türen, und sie führen zu einer schnellen Antwort für jeden, der sein Herz seinem Herrn zuwendet.«[44] Al-Tāfilātī wiederholt eine von gelehrten

38. Yazma Bağişlar 2934, Blatt 39b. MD weist hin auf seinen Nutzen zur »Erlangung der Ränge spiritueller Meisterschaft« (*bulūgh marātib al-siyāda*).

39. Siehe MB, Blatt 2a, und MF, Blatt 144b.

40. Siehe MK, Blatt 51b, und MF, Blatt 144b, und MD, Seite 3.

41. Tatsächlich nennt al-Ḥiṣārī das Gebet sogar *al-Ḥizb al-qurʾānī;* siehe MK, Blatt 51b. Bemerkenswert ist, dass einige Kopisten die koranischen Verse rot markieren (zum Beispiel MG), während andere die Göttlichen Namen in dieser Farbe auszeichnen (zum Beispiel MI). Einige notieren neben jedem Namen den entsprechenden Zahlenwert (zum Beispiel Hasan Husnu Paşa 583, Blatt 211b–212b).

Die Einleitung zum *Ḥisn al-ḥāṣīn* liefert im Kontext eines populären *ḥirz* ein Beispiel für diesen starken Fokus auf die Kraft von Koranversen und Göttlichen Namen: Erstere sind ein Heilmittel (*schifāʾ*) und Träger von Gnade, Letztere ein Mittel des Bittgebets.

42. Einige Kommentare widmen sich ausgiebig der Auswahl, der Position und der Bedeutung der Göttlichen Namen innerhalb des Gebets; deren Behandlung müsste Gegenstand einer separaten Studie bilden.

43. Siehe MC, Blatt 5a–b; sowie MB, Blatt 3a und 4a; und MI, Blatt 62a (die Erklärung in Letzterem wird gegeben auf Grundlage der Autorisierung durch al-Quschāschī). Es werden der Koranvers 7:180 und Muslim, *Dhikr,* Nr. 6, zitiert.

44. MC, Blatt 5a. Es ist ein grundlegendes Prinzip allen Betens (*duʿā*ʾ), dass die Bitten durch die Anrufung Seiner Namen und Eigenschaften an Gott gerichtet

Mystikern vorgebrachte Warnung, dass die Namen Gottes nicht lediglich zum Zweck irdischen Glücks gebraucht werden sollten, sondern einzig aus Gehorsam gegenüber Seinem Gebot, sie im Bittgebet zu gebrauchen. Wer seine Angelegenheit in dieser Art Gott anvertraut, erklärt er, dem wird es möglich, Gott zum Ziel seiner Anbetung zu machen *und* als Konsequenz daraus seine irdischen Wünsche erfüllt zu sehen.[45]

Die meisten Kommentatoren und Kopisten heben wie al-Dāmūnī die aufrichtige Absicht und die Reinheit des Herzens der Betenden als Bedingungen *sine qua non* hervor, um die Wohltaten des Gebets zu erwirken.[46] Diesen fügen einige ausdrücklich die Notwendigkeit einer, in al-Damūnīs Worten, »Erlaubnis durch einen in Weisheit und Lebenswandel vollkommenen Führer (*murschid*)« hinzu.[47] Aber auch, wo eine solche Führung fehlt, wird das Rezitieren des Gebets (bei reiner Absicht) empfohlen wie auch das Hoffen auf die Erwirkung zumindest einiger seiner potenziellen Wohltaten.[48] Das lässt darauf schließen, dass im späten achtzehnten Jahrhundert eine solche Rezitation ohne spezifische *idschāza* offensichtlich und möglicherweise relativ weitherum gutgeheißen

werden, denn Seine Essenz ist unerkennbar und unnahbar und Er kann in Bezug auf sie nicht positiv verstanden werden. Daher definieren und formen die betreffenden Namen und Attribute das Bittgebet. Dieses Muster findet im *Dawr* einen hoch entwickelten Ausdruck, wie weiter unten noch ausgeführt wird. Siehe Stichwort *du'ā'* in *EoI*, Band 2, Seite 618; sowie Padwick: *Muslim Devotions*, Seiten 104–107.

45. mB, Blatt 3b. Er zitiert das Gleichnis von einem, der die guten Dienste eines der Minister des mächtigsten Königs der Welt in Anspruch nehmen will, damit der ihm bei der Suche nach dem Kadaver eines Hundes oder eines Esels helfe: Sicherlich wird ihm der König damit antworten, dass er ihn hinauswirft.

46. Man beachte, dass al-Damūnī in seiner Einleitung und in seinen Schlussbemerkungen die Notwendigkeit von »vollständigem innerem Glauben« erwähnt – und damit ein zentrales Prinzip anspricht, dass sich in der Diskussion der Bedingungen und Regeln (*adab*) des Betens (*du'ā'*) herausgeschält hat – als Beitrag zur Garantie der Wirksamkeit: Damit es von Gott angenommen wird, muss man in der Überzeugung beten, dass das Gebet beantwortet wird. Siehe Stichwort *du'ā'* ebenda. Zur häufigen Betonung der aufrichtigen Absicht in den Einleitungen von Gebeten siehe auch Padwick: *Muslim Devotions*, Seiten 52–54. Diese Betonung zeigt sich sehr deutlich in der Einleitung zum *Ḥisn al-ḥaṣīn*.

47. Zum Beispiel mB, Blatt 2b; und mI, Blatt 62a.

48. Siehe ebenda. In der Absicht, zur Verwendung des Gebets auch ohne Führer anzuregen, zitieren mI und mB das Sprichwort: »Wenn du keiner von ihnen bist, dann eifere ihnen wenigstens nach, denn Erfolg und Heil (*falāḥ*) finden jene, die den Edlen nacheifern.«

wurde und dies dessen Popularisierung in den folgenden Jahrhunderten vorausahnen ließ.

Text und Inhalt

BEI DER DISKUSSION EINES GEBETS WIE DEM DAWR SCHEINT es angemessener, dieses als feststehenden Grundtext mit seinen Varianten zu behandeln, statt in einer textkritischen Herangehensweise. Als lebendiger Text in ununterbrochenem Gebrauch haben sich von ihm Versionen mit kleineren Abweichungen über die Zeit hinweg gleichwertig etabliert und zeugen von einem kumulativen Prozess der Variierung an den Schnittstellen zwischen mündlicher Überlieferung und Niederschrift, möglicherweise verstärkt durch die Wirkung persönlicher Präferenzen und Streichen des Gedächtnisses. Tatsächlich haben einige, die das Gebet in den vergangenen Jahrhunderten vorstellten, die Varianten, die ihnen (vielleicht in ihnen zugänglichen handschriftlichen Kopien) auffielen, sorgfältig vermerkt und ihrer Überzeugung Ausdruck verliehen, dass diese alle gleichermaßen gültig und von andächtiger Bedeutung sind.[49] Gleichzeitig streichen die Kopisten und Kommentatoren stillschweigend ihre jeweils eigene »persönliche« Version hervor, die sie vielleicht durch Autorisierung von einem Scheich erhalten haben.

Zur Festlegung eines sicheren Grundtextes des Gebets und zur Identifikation akzeptierter Varianten davon haben wir eine breite Palette handschriftlicher Kopien durchgesehen in der Hoffnung, es ergebe sich ein Bild davon, wie es im Verlauf der letzten vierhundert Jahre aufgezeichnet (und damit rezitiert) und überliefert wurde. In diesen Kopien finden sich zahlreiche Differenzen, die, vielleicht sogar etwas überraschend, auch die koranischen Inhalte betreffen. In einigen Fällen handelt es sich dabei um legitime koranische Alternativen, doch in anderen müssen sie Fehlern in der Präsentation zugeschrieben werden.[50] Natürlich können viele offensichtliche Textdifferenzen auf Fehler beim Zuhören, Erinnern, Vorlesen oder Kopieren zurückgeführt werden, doch kommen

49. Varianten sind jeweils am Rand mit dem Begriff *nuschka* (Kopie) versehen.

50. Beispiele solcher Fehler finden sich unter anderem in den folgenden Kopien und Versen des *Dawr:* MA Vers 15, MC Vers 23, und MH Vers 7.

auch Interpolationen vor, einige von frommem, andere von erläuterndem Charakter. Anders als in textkritischen Arbeiten erwähnen wir in unseren Anmerkungen nicht jede einzelne Abweichung. Da wir einen Text zum Ziel haben, der, wie wir hoffen, als gut zu gebrauchende »Standard«version dienen soll, haben wir nur bedeutende und interessante Abweichungen verzeichnet, von denen wir denken, dass sie authentische Variationen bilden. Bei der Vorbereitung des Texts haben wir uns von der Absicht leiten lassen, die Bedeutungen des Gebets und die Sinnbilder, die es erfüllen, in bestmöglicher Form herauszuarbeiten, bei gleichzeitiger genauer Beachtung seiner inneren Struktur und Beschaffenheit (sowohl des Gesamttextes als auch seiner einzelnen Verse), seiner literarischen Dimensionen und der Aspekte des Textvortrags wie Rhythmus und Flüssigkeit.

Es ist legitim zu fragen, weshalb es der Mühe wert sein soll, einen solchen Text vorzulegen. Zuerst einmal kann es unter Andächtigkeitsgesichtspunkten für Menschen wichtig sein, die das Gebet nutzen und sicher gehen wollen, eine authentische und akkurate Version zu rezitieren. Die Differenz in den gedruckten Versionen (das heißt in den Kopien, die heute zu Erbauungszwecken aktuell in Umlauf sind), die von der Autorin durchgesehen wurden, mögen als nicht besonders groß erscheinen, doch sind sie bedeutend genug, um beachtet zu werden. Darüber hinaus finden sich in mehreren von ihnen grammatikalische Fehler und Ungenauigkeiten in der Rechtschreibung. Zweitens ermöglicht die Identifikation eines sicheren Grundtextes innerhalb des Gebets eine gut fundierte Erfassung und Zuordnung seiner charakteristischen Motive und Feinheiten aus der Perspektive des Autors.

Der von uns hier präsentierte Text basiert auf dreizehn, im Anhang näher beschriebenen Kopien, von denen alle bis auf eine in Form unveröffentlichter Manuskripte vorliegen. Dabei handelt es sich um die wichtigsten aller von uns durchgesehenen Kopien, die ausgewählt wurden, weil sie mit einer Überlieferungskette verbunden sind, ein verifizierbares Datum aufweisen (wobei wir uns insbesondere auf die frühesten Kopien konzentrierten) oder einer bekannten Persönlichkeit zugeordnet werden können.[51] Zusätzlich wurden zwei weitere, vollständig vokalisierte Kopien zur größeren

51. Aufgrund der Tatsache, dass vier Überlieferungsketten über Ibrāhīm al-Kūrānī, der offensichtlichen Quelle von mH, verlaufen, ergab sich die Frage, ob Übereinstimmungen bestehen zwischen mH, mB, mC, mD und mF (und mögli-

Klarheit herangezogen. Fünf der verwendeten Kopien finden sich im Rahmen von umfangreicheren Kommentaren zum Gebet. Bei deren Analyse muss mit besonderer Vorsicht vorgegangen werden, weil deren größerer Textumfang es wahrscheinlicher machen könnte, dass den Kopisten (oder den Schreibern) Fehler unterlaufen sind.[52]

Das *Dawr* besteht aus dreiunddreißig Versen, was an das Bild der traditionellen Gebetskette (*tasbīḥ* oder *subḥa*) erinnert. Seine Rezitation ruft auch die Vorstellung einer Halskette hervor: Paare von Göttlichen Namen und koranische Zitate bilden Brennpunkte wie Edelsteine, die zusammengehalten und kontrastiert werden durch Bittgebetspassagen und rhythmische Wortgeflechte. Jeder Vers beginnt mit der Anrufung zweier Namen Gottes und endet in »Allāh«, dem vollkommenen oder vereinigenden Namen (*al-ism al-dschāmiʿ*), mit welchem das Gebet als Ganzes auch beginnt (*Allāhumma*).[53] Innerhalb jedes Verses bilden die angerufenen Namen, das spezifische Objekt der Bitte und die Koranstelle eine Einheit, wobei die Letztere (oder genauer gesagt: ihr koranischer Kontext) ein eigentliches Szenario zur Illustration und Erklärung der Ersteren schaffen.

Die koranischen Textstellen und die Anrufungen der Göttlichen Namen machen die besonderen Merkmale des Gebets aus; diese werden in den jeweiligen Anmerkungen zur Übersetzung

cherweise auch noch MI, das offenbar von al-Quschāschī ausging, von dem al-Kūrānī das Gebet erhielt). Schließlich jedoch entpuppte sich der Versuch, eine al-Kūrānī-(oder eine andere)-»Familie« oder -»Version« des Gebets zu identifizieren, als nicht zielführend (zur Illustration weisen wir auf die Abweichungen hin, die sogar zwischen MH und MH2 bestehen; siehe Anhang).

52. So können Kopisten mitunter vergessen, den Gebetstext vom Kommentartext zu unterscheiden (was häufig mittels roter Tinte oder einer roten Überstreichungslinie gemacht wurde) oder Teile des Kommentars als Gebetstext ausweisen. Verwirrung kann auch dadurch entstehen, dass ein nicht-markiertes Wort aus dem Gebetstext in einem Erläuterungskommentar zu einem anderen Wort aus dem Gebet erscheint, oder wenn der Kommentator gezwungen ist, Satzkonstruktion, Wortflexion oder Vokalisierung bestimmter Gebetspassagen in seinen Erläuterungen zu verändern. Beispiele hierfür finden sich etwa in MB, Blatt 9a, 23b, 24b, 27b, 34a; sowie MC, Blatt 76a; und MB, Seite 37.

53. Dieser allumfassende Name bezeichnet »nicht nur die Essenz Gottes, sondern, in Bezug auf die Geschöpfe, ebenso die Gesamtsumme jeder von der Essenz angenommenen Eigenschaft.« Siehe CHITTICK: *The Sufi Path of Knowledge*, Seite 20. Für eine Einführung in Ibn ʿArabīs Denken in Bezug auf die Göttlichen Namen und Eigenschaften siehe ebenda, Seiten 8–11 und 33ff.

detailliert erläutert.[54] Wo innerhalb des Gebets nur Ausschnitte aus einem Koranvers enthalten sind, geben wir dessen vollständigen Wortlaut an und erläutern, wie der Autor des Gebets ihn angeführt hat. Wir beschreiben den unmittelbaren Kontext jedes Koranzitats, sodass es möglich wird, den Zusammenhang zwischen diesem und dem Objekt der Bitte zu erkennen. Die Anmerkungen geben auch einige Hinweise zur Identifikation von Göttlichen Namen, die nicht in der traditionellen Liste der neunundneunzig Namen enthalten sind,[55] und weisen darunter auf diejenigen hin, die sich im Koran finden lassen.[56]

Bei der Übertragung der Namen stützen wir uns darauf, wie Ibn ʿArabī sie in seinem *Kitāb kashf al-maʿna ʿan asmāʾ Allāh al-ḥusnā* beschreibt.[57] Darin bietet er eine dreifache Erläuterung der Eigenschaften jedes Namens und erklärt, wie der Diener oder die Dienerin ihn verstehen kann: zuerst aus dem Blickwinkel jener, die ein »absolutes Bedürfnis« nach diesen Eigenschaften haben, denn diese kennzeichnen die Essenz (*al-taʿalluq*); zweitens hinsichtlich einer

54. Bei Gelegenheit erläutern wir auch Ähnlichkeiten zu den *Awrād,* doch ist kein systematischer oder gründlicher Vergleich beabsichtigt. Zusätzlich weisen wir auch auf Beispiele von Anklängen aus einigen der traditionellen Gebete des Propheten hin.

Es muss betont werden, dass wir keine detaillierte Analyse von Inhalt, Struktur, Bildsprache und literarischer Komposition des Gebets zum Ziel haben, und die herangezogenen Kommentare werden nicht dazu verwendet. Wir finden, dass die Assoziationen innerhalb jedes Verses (zwischen Verben zum Ausdruck von Bitten, angerufenen Namen, koranischen Zitaten und Wörterketten) und die Entwicklung in und zwischen bestimmten Gruppen von Versen des Gebets am besten der eingehenden Kontemplation der Leserin oder des Lesers überlassen bleiben.

55. Die traditionelle Liste gemäß einer bekannten Version eines von Abū Hurayra überlieferten Hadiths findet sich in AL-GHAZĀLĪ: *The Ninety-nine Beautiful Names,* Seiten 49–51. Eine andere Version dieser Liste, ebenfalls auf die Autorität von Abū Hurayra abgestützt, ersetzt einige der neunundneunzig Namen durch andere; siehe ebenda, Seiten 167–169.

56. Einige Namen finden sich in keiner von beiden Listen, aber werden als solche im Koran genannt oder abgeleitet von Ausdrücken die darin auf das Göttliche bezogen sind. Siehe ebenda, Seiten 167–169.

57. IBN ʿARABĪ: *Kitāb kaschf.* Anmerkung der Übersetzer: Für die deutschen Entsprechungen der Göttlichen Namen wurden unter anderem herangezogen SHAYKH TOSUN BAYRAK AL-JERRAHI AL-HALVETI: *Der Name und das Benannte: Die heiligen Eigenschaften Gottes,* aus dem Englischen von Wolfgang Herrmann, Herrliberg: Edition Shershir, 2000; sowie WALI ALI MEYER, BILAL HYDE, FAISAL MUQADDAM und SHABDA KAHN: *Medizin des Herzens: 99 Heilungswege der Sufis,* Weinstadt: Verlag Heilbronn, 2011.

spirituellen Erkenntnis und Verwirklichung der Bedeutung dieser Eigenschaften, so wie sie zum Göttlichen selbst und zur Dienerin oder zum Diener in Beziehung stehen (*al-taḥaqquq*); und drittens im Hinblick auf die Manifestation dieser Eigenschaften in (oder Übernahme durch) Diener oder Dienerin in einer ihm oder ihr angemessenen Weise, so wie sie in Ihm erscheinen (*al-takhalluq*).[58] Zur Herausarbeitung dieses Verständnisses der Namensqualitäten war es an verschiedenen Stellen notwendig, die Übersetzung mit zusätzlichen Bedeutungsinhalten in eckigen Klammern zu ergänzen. Darüber hinaus wurden einige solcher Klammern auch verwendet als Hilfe zur größeren Genauigkeit und Klarstellung bei der Übertragung des Originals (einschließlich einiger koranischer Textstellen).

Was die koranischen Inhalte des Gebets betrifft, liegen mehr als ein Drittel von ihnen in der Form einer direkten Göttlichen Ansprache *an* einen Propheten oder einer Äußerung *durch* einen Propheten vor. Am häufigsten unter diesen taucht Moses (Mūsā) auf, doch finden sich auch Aussagen zum Beispiel durch Abraham (Ibrāhīm) und Josef (Yūsuf).[59] Zur Illustration der reichen und feinsinnigen Komposition des Textes sowie seiner vielen Bedeutungsebenen mag Vers 13 des Gebets dienen, der Teile eines Koranverses enthält, der sich auf Josef bezieht. Dieser stammt aus der Geschichte von Josef in der [12.] Sure *Yūsuf* und erzählt von der Wirkung von dessen fantastischer Schönheit auf die Frauen, die bei der Ehefrau seines Arbeitgebers eingeladen waren. Sie hatten bösartig darüber getuschelt, dass diese sich darum bemühte hatte, von Josef beglückt zu werden, doch als sie ihn mit eigenen Augen sahen, waren sie derart verblüfft, dass sie sich mit den Messern des Banketts, zu dem sie geladen waren, in die Hände schnitten. Der Vers (12:31 KP) endet mit dem Ausruf: »Das ist kein Mensch. Das

58. Siehe IBN ʿARABĪ: *Kitāb kaschf,* Seite 11. Eingehender siehe CHITTICK: *The Sufi Path of Knowledge,* Seiten 21–25 (über *takhalluq*) und Seiten 48 und 60 (über *taʿalluq*). Dieselben Begriffe wurden von al-Mahdawī verwendet und erstmals erläutert von Abū Madyan; siehe BENEITO und HIRTENSTEIN: "The Prayer of Blessing", Seite 30 Anmerkung 49.

59. Es scheint jedoch keine direkte Korrelation zu bestehen zwischen der Struktur des Gebets und der Einbeziehung (und Reihenfolge der Einbeziehung) bestimmter Propheten. Bemerkenswert ist auch, dass koranische Bittgebete von Propheten im *Dawr* in einer indirekten Art verwendet werden, wie im Beispiel der Verse 17 und 19, was mit deren Gebrauch etwa im *Ḥizb al-baḥr* kontrastiert; siehe MCGREGOR: *Sanctity and Sainthood,* Seiten 44–46.

ist nichts (anderes) als ein edler Engel.« Im Gebetsvers 13 bemüht sich der Bittsteller um eine Vision der Göttlichen Schönheit, so wie sie die Frauen in ihrer Vision der von Josef verkörperten Schönheit erfuhren. Die Bitte wird mittels der Gottesnamen der Majestät oder Herrlichkeit adressiert, wobei ausdrücklich die Namen *al-Dschalīl* (die ehrwürdige Größe) und *al-Kabīr* (die bedeutsame Größe) angerufen werden, sodass die Göttliche Schönheit durch diese in Seiner herrlichen Beglückung herabsteigen möge. Vers 13 spielt also auf eine Erfahrung äußerster Ehrfurcht angesichts der Schönheit an, welche die Göttliche Majestät, Vollkommenheit und Beglückung (*idschlāl, ikmāl* und *iqbāl*) enthüllt.[60] Die Einrahmung der Bitte mittels des Bildes der »Umhüllung mit einem Gewand« lässt sogleich Josefs eigenen »vielfarbigen Mantel« anklingen, doch ebenso den *khirqa* oder Sufi-Mantel, ein Symbol jener vollkommenen Dienerinnen und Diener, in denen die Göttlichen Eigenschaften durch die Mysterien der oben genannten *takhalluq* (Übernahme) erscheinen.

Hinsichtlich des literarischen Stils des Gebets wurde versucht – obwohl es unmöglich wäre, es dem Original gleichtun zu wollen –, dessen charakteristischen Besonderheiten in die Übersetzung hinüberzuretten, insbesondere jene des Textvortrags. Dazu gehören das Ausklingen jedes Verses in »Allāh« und die häufigen Wörterketten. Bei Letzteren kann die rhythmusbildende repetitive Wortfolge (des Arabischen, das zum Beispiel besondere Formen des Verbalsubstantivs benutzt) in der Übersetzung nicht wiedergegeben werden.[61]

Schließlich bleibt noch die Einbettung des Gebetstextes (wie auch anderer Werke von Ibn ʿArabī) in das Universum traditioneller muslimischer Frömmigkeit zu betonen, in ein Universum, das letztlich dem offenbarten Text entspringt mit seinen Leitmotiven

60. Zu Ibn ʿArabīs Vorstellung von der wahren Beziehung zwischen Göttlicher Schönheit und Göttlicher Majestät oder Herrlichkeit und der menschlichen Reaktion auf diese, siehe sein *Kitāb al-Dschalāl wa'l-dschamāl,* übersetzt von R.T. Harris in *JMIAS,* VIII 1989, Seiten 5–8.

61. Ein weiteres Beispiel für die Verwendung solcher Genitiv-Wörterketten in einem Ibn ʿArabī zugeschriebenen Text findet sich im *Khuṭba ukhrā* [»Ein weiteres Vorwort«] (Şehit Ali 1341, Blatt 405b–406a, als Teil einer Sammlung von Werken Ibn ʿArabīs datiert von 724 AH). Dort finden wir beispielsweise: *bi-wiṣāli ittiṣāli dschamāli kamāli* und *iftitāḥi arwāḥi irtiyāḥi misbāḥi rawāḥi riyāḥi* und *idrādschi ibrādschi zudschādschi sirādschi wahhādschi.* Die Autorin dankt Stephen Hirtenstein für diese Information.

der vollkommenen Abhängigkeit und Verletzlichkeit des Menschen wie auch der potenziellen Würde und Größe seines Strebens und seiner Bestimmung.

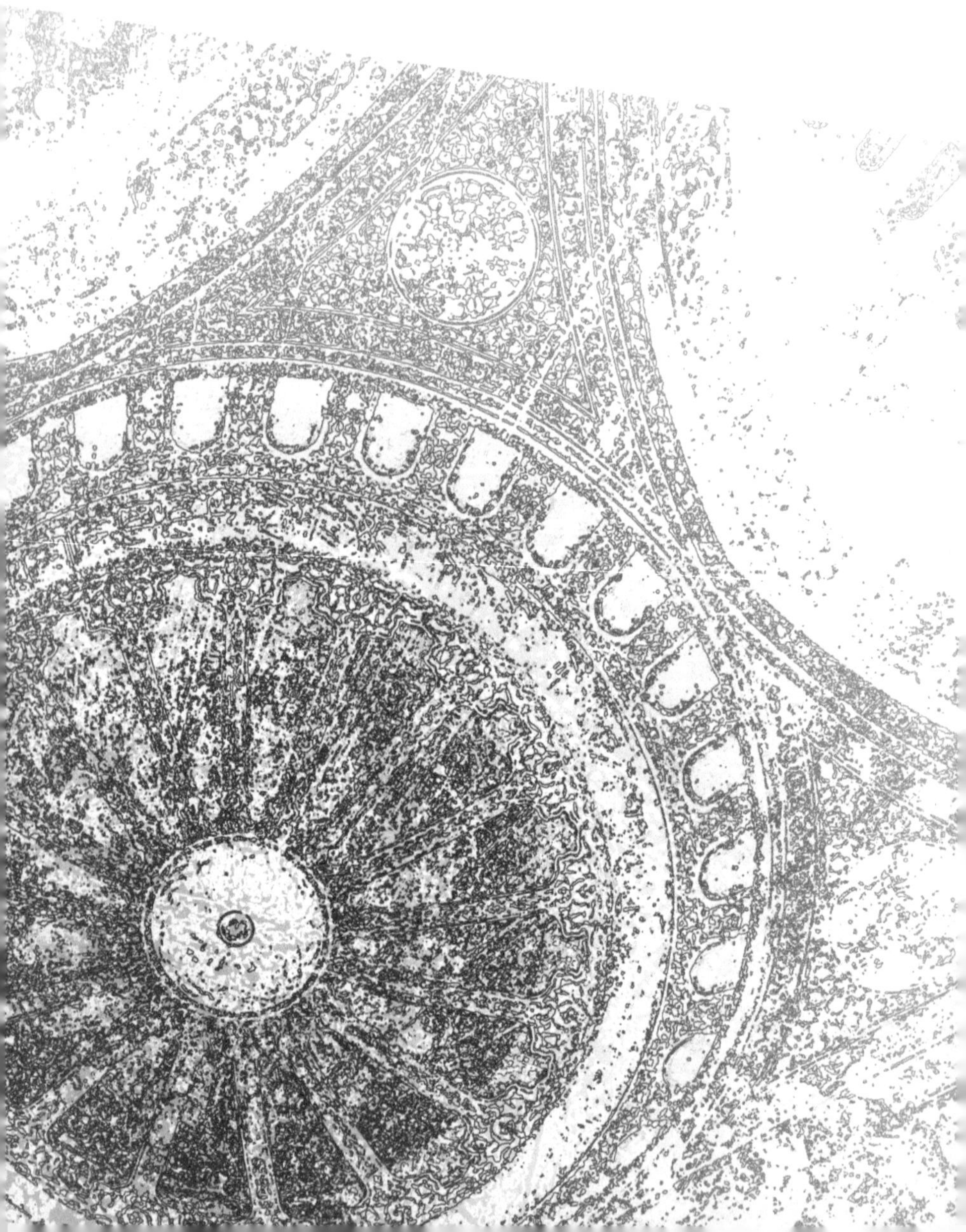

3

Das *Dawr* in unserer Zeit

واحد أحد على ما عليه كان قبل حدوث
الوجود ۝ وله في كل شيء آية تدل
على أنه واحد موجود ۝ سر ستره
الإدراك والنفوذ ۝ ولا حول ولا
قوة إلا بالله العلي العظيم كنزا ۝
اختصنا به من خزائن الغيب والجود ۝
نستنزل به كل خير ۝ وندفع
به كل شر وضير ۝ ونفتق به كل
رتق مسدود ۝ وإنا لله وإنا إليه
راجعون في كل أمر نزل أو هو نازل
وفي كل حال ومقام ۝ وخاط

Heutiger Kontext

WIE ALLE VOM SUFISMUS AUSGEHENDEN LITURGISCHEN TEXTE führt auch das *Dawr al-a'lā* in der modernen Welt ein eigentliches Doppelleben. Das eine davon spielt sich im Verborgenen ab als Weiterführung einer langen Tradition, wobei ein Sufi-Scheich aufgrund seiner spirituellen Autorität seinem Schüler oder seiner Schülerin (*murīd*) den Gebrauch des Gebets erlaubt, typischerweise im Rahmen der Zugehörigkeit zu einem Sufi-Orden, oder einem *ṭarīqa*, was durch die Gewährung einer besonderen Autorisierung (*idschāza*) symbolisiert wird. Das andere ist öffentlich sichtbar; es entstand aus dem Zerfall traditioneller Systeme und Formen der Aneignung und Vermittlung religiöser Bildung in muslimischen Gesellschaften und wird – vor dem Hintergrund einer zunehmenden Alphabetisierung – getrieben von den Auswirkungen des Buchdrucks und anderen modernen Informationstechnologien.[1] Die folgenden Beispiele illustrieren dieses Doppel-

1. In der Neuzeit sind Sufi-Quellen über den Kreis von Initiierten und »Vorbereiteten« hinaus sehr viel zugänglicher geworden: eine Entwicklung, die sich seit dem späten zwanzigsten Jahrhundert nochmals verstärkt hat. Siehe dazu beispielsweise ELIZABETH SIRRIYEH: "Sufi Thought and its Reconstruction" in *Islamic Thought in the Twentieth Century,* herausgegeben von Suha Taji-Farouki und Basheer M. Nafi, London 2004, Seiten 123–124; oder GARBI SCHMIDT: "Sufi Charisma on the Internet" in *Sufism in Europe and North America,* herausgegeben von David Westerlund, London 2004, Seiten 109–126.

Hinsichtlich der generellen Einflüsse des Buchdrucks (und seiner Folgen wie Alphabetisierung, Volksbildung und neue Medien) auf überlieferte Vorstellungen von religiöser Autorität und traditionelle Systeme der Vermittlung religiöser Bildung siehe zum Beispiel FRANCIS ROBINSON: "Technology and Religious Change: Islam and the Impact of Print" in *Modern Asian Studies,* 27:1 1993, Seiten 229–251; oder DALE F. EICKELAMN: "The Art of Memory: Islamic Education and its Social Reproduction" in *Comparing Muslim Societies: Knowledge and the State in a World Civilization,* herausgegeben von Juan I. Cole, Ann Arbor, MI, 1992, Seiten 97–132; oder derselbe: "Islamic Religious Commentary and Lesson Circles: Is there a Copernican Revolution?" in *Commentaries – Kommentare,* herausgegeben von G.W. Most, Göttingen 1999, Seiten 121–146.

Obwohl wir uns hier mit der heutigen Situation beschäftigen, muss angemerkt werden, dass auch schon vor der Neuzeit nur sehr wenige der liturgischen Texte,

leben und vermitteln gleichzeitig einen Eindruck von der Buntheit der Menschen, die das Gebet heute verwenden. Im Allgemeinen ist das *Dawr,* obschon es in einigen der vielen heute in der muslimischen Welt erhältlichen Gebetssammlungen enthalten ist, weniger bekannt als andere vergleichbare Gebete.[2]

Damaskus

HIER WIRD DAS DAWR KOLLEKTIV REZITIERT WÄHREND EINIger der öffentlichen wöchentlichen Gebetsversammlungen zur Herabrufung von Segen über den Propheten (den *madschālis al-ṣalāt ʿala al-nabī*),[3] die in der neben dem Mausoleum Ibn ʿArabīs liegenden Moschee im Stadtteil Salihiyah abgehalten werden. Im Jahr 2003 beispielsweise wurde es an zwei der acht wöchentlichen *madschālis* (Singular: *madschlis*) gemeinsam gelesen. Die eine, erst vor Kurzem eingeführte Versammlung, wird freitags zwischen dem Mittags- (*ẓuhr*) und dem Nachmittagsgebet (*ʿaṣr*) abgehalten;[4]

die mit bestimmten Sufi-Orden in Verbindung gebracht werden, wirklich strikt auf deren Mitglieder beschränkt waren.

2. Padwicks Übersicht über »populäre« Gebetssammlungen, die sie in den 1950er-Jahren aus verschiedenen Städten in der muslimischen Welt zusammengetragen hat, schließt auch das *Dawr* ein, doch rechnet sie es nicht unter die populärsten Inhalte. Zusätzlich zu den nachfolgend aufgeführten Beispielen erscheint es noch in der bekannten, in Beirut publizierten Gebetssammlung *Manbaʿ al-saʿādāt,* auf Seite 255, siehe dazu McGregor: "A Sufi Legacy in Tunis", Seite 275 Anmerkung 63. Unsere Beispiele schließen die schiitischen Länder nicht mit ein, doch ist darauf hinzuweisen, dass das Gebet dort weniger bekannt zu sein scheint als im sunnitischen Kontext.

3. Zu den *ṣalawāt* oder *taṣliya,* also zur Praxis des Herabrufens von Gebeten und Segen über den Propheten, siehe Annemarie Schimmel: *Und Muhammad ist Sein Prophet – Die Verehrung des Propheten in der islamischen Frömmigkeit,* Düsseldorf / Köln 1981, Seiten 68–76; und Padwick: *Muslim Devotions,* Seite 152 ff.

4. Da sie zu einer Uhrzeit stattfindet, zu der sich die Familien nach dem Freitagsgebet für gewöhnlich zuhause zum gemeinsamen Mittagessen treffen, ist die Anzahl der Teilnehmer an dieser, 2001 eingeführten *madschlis* nicht sehr groß. Im Februar 2003 wurde sie von Muḥammad Amīn ʿĀschūr (1905–2009) geleitet, einem Schüler des ehrwürdigen Schādhilīya-Scheichs Aḥmad al-Ḥabbāl al-Rifāʿī,

die andere findet schon seit längerer Zeit am Samstag vor dem Morgengebet (*fadschr*) statt.[5] Der Gebetstext ist als fotokopiertes Blatt im Büro der Imame der Moschee erhältlich und wird bei Bedarf ausgeteilt. Auch wird es mitunter in Form einer kleinen Broschüre verbreitet, in der manchmal auch einzelne Hadithe oder

schloss sich direkt an die *chatīb*-Predigt an und begann mit dem Herabflehen von Frieden und Segen über den Propheten. Daraufhin wurde eine Broschüre mit dem Titel *Ṣalawāt 'alā al-nabī al-karīm sayyidinā rasūl Allāh li'l-schaykh Aḥmad al-Dardayrī al-Khalwatī* verteilt. 'Āschūr bat um die Rezitation der Sure *al-Fātiḥa* für die Seele Ibn 'Arabīs, und die Gemeinde fuhr fort, indem sie in bemerkenswerter Geschwindigkeit das *Dawr* rezitierte, das auf den hinteren Seiten der Broschüre abgedruckt war. Danach rezitierte die *madschlis* erneut die *Fātiḥa,* ein *ṣalāt* von Aḥmad al-Dardayrī al-Khalwatī, nochmals die *Fātiḥa* sowie das *Manẓūmat asmā' Allāh al-ḥusnā al-Dardayrīya.* Ein Großteil des Textes war innerhalb von vierzig Minuten rezitiert. Dann sprach 'Āschūr wieder die *Fātiḥa* und bat die Anwesenden, sie für einige bedürftige Mitglieder der Gemeinde zu rezitieren. Dann leitete er die *madschlis* in der Lesung der Sure *Yā Sīn* an. Danach wurde der *tahlīl* wiederholt (die Formel *lā ilāha illā Allāh*). Zwei Helfer mit großen Säcken voll Brot kamen herein, welches sie verteilten, was das Ende der *madschlis* markierte. 'Āschūr fuhr fort, Frieden und Segen für den Propheten herabzuflehen, und sprach dann spontane Bittgebete, in denen er Gott bat, den Muslimen den Sieg über ihre Angreifer zu gewähren, die Kranken zu heilen, den Sündern zu vergeben und gnädig mit den Verstorbenen zu sein. Bei jeder Pause unterstrich die Versammlung seine gefühlsbetonten Gebete mit einem *'āmīn.* Mit Bezug auf die damalige aktuelle politische Situation bat er Gott unter beschwörender Rezitation der *Fātiḥa,* die feindlichen Kampfflugzeuge zu zerstören und den Muslimen beizustehen, George Bush und Ariel Sharon zu töten, den Palästinensern den Sieg zu gewähren und Syrien zu beschützen. Er bat Gott, diese *madschlis* zu akzeptieren im Namen der Propheten, ihrer Ehefrauen und Mütter, den Gefährten und den Heiligen, »insbesondere derer, an deren Schwelle wir sitzen – nämlich Scheich Muḥyī al-Dīn und Scheich al-Nābulusī –, durch deren *baraka* (Segenskraft) und *karāmāt* (Charisma), das sie von *Allāh* höchstselbst erlangt haben.« Schließlich bat er Gott, es allen zu vergelten, die zugunsten der *madschlis* gespendet hatten, und erbat noch Almosen für eine nicht namentlich genannte Person, die in Schwierigkeiten steckte.

5. Gemäß einem der Imame der Moschee wurde diese *madschlis* – die sich von allen anderen dadurch unterscheidet, dass Muṣṭafā al-Bakrīs *Wird al-saḥar* (auch bekannt als *al-Fatḥ al-qudsī wa'l-kaschf al-unsī*) rezitiert wird – vor mehr als siebzig Jahren vom Rifā'īya-Scheich Hāschim Abū Ṭawq (1847–1962) eingeführt. Nach Muḥammad Muṭī' al-Ḥāfiẓ und Nizar Abaza: *Ta'rīkh 'ulamā' Dimaschq fī'l-qarn al-rābi' 'aschar al-hidschrī,* Damaskus 1986, Band 2, Seite 769, leitete Abū Ṭawq die Rezitation des *Wird al-saḥar* in der Moschee jeden Samstag vor dem *fadschr* fünfundvierzig Jahre lang persönlich an. Einige lokale Quellen behaupten, diese *madschlis* sei von Muṣṭafā al-Bakrī und 'Abd al-Ghanī al-Nābulusī (1641–1731) selbst eingeführt und seither ununterbrochen abgehalten wor-

Koranverse abgedruckt werden.[6] Zudem ist das Gebet in einigen umfangreicheren Broschüren enthalten, die spezifisch für den Gebrauch an unterschiedlichen *madschālis* gedruckt wurden (und auch Eigentum dieser Versammlungen sind).[7] Eine weitere Ver-

den. 1960 übergab Abū Ṭawq die Verantwortung für diese *madschlis* in die Hände von Salīm al-ʿAmm, der sich der Moschee 1942 angeschlossen hatte.

Al-ʿAmm eröffnete die *madschlis* bei meinem Besuch im Februar 2003 mit der Rezitation der *Fātiḥa,* weiteren Koranversen, Bittgebeten und dem Vergebungsersuchen (der *istighfār*). Dann wurde ein Büchlein verteilt mit dem Titel *Madschmūʿ al-awrād al-kabīr: yaschtamil ʿalā al-maʾthūr ʿan al-aʾimma waʾl aqṭāb min al-ṣalawāt ʿalā al-nabī waʾl-awrād waʾl-adʿīya waʾl-adhkār waʾl-aḥzāb waʾl istighfārāt.* Al-ʿAmm leitete die Versammlung bei der sehr schönen Rezitation des *Wird al-saḥar* an mit seinen Wiederholungen der Göttlichen Namen und lyrischen Passagen. In einer Unterbrechung verteilten die *madschlis*-Helfer Halwa-Sandwiches. Al-ʿAmm fiel in spontane, mitunter von Tränen begleiteten Bittgebete. Er bat um Frieden für den Propheten und seine Gefährten, die *ʿulamāʾ* (Religionsgelehrten), die *muḥaddithūn* (Traditionalisten) und alle Gläubigen. Friedensgrüße wurden an den Propheten gerichtet, womit unterstrichen wurde, dass die *madschlis* in seiner Gegenwart stattfand, sowie an Muṣṭafā al-Bakrī. Nach weiteren Bittgebeten, erneuter Rezitation der *Fātiḥa* und dem Herabrufen von Segen über den Propheten, fuhr Al-ʿAmm mit dem *wird* weiter. Als es beendet war, wiederholte er den *tahlīl* allein, wobei er jeder Wiederholung ein »Herr, sei mir gnädig!« oder »Herr, vergib mir!« anschloss. Nach weiteren Bittgebeten ließ er die Versammelten das *Dawr al-aʿlā* in ziemlichem Tempo rezitieren. Zum Abschluss erinnerte er die Anwesenden an die Wichtigkeit, das *Dawr* regelmäßig, mindestens einmal täglich, zu lesen. Damit endete die *madschlis,* da die Zeit des morgendlichen Gebetsrufs (*adhān*) gekommen war.

6. So erschien es 2003 zum Beispiel in einer Broschüre mit dem Titel *al-Dawr al-aʿlā li-sīdī sulṭān al-ʿarifīn wa ʿumdat al-mukāschifīn wa zubdat al-wāṣilīn wa khātimat al-awliyāʾ al-muḥaqqiqīn, al-schaykh al-akbar maulānā Muḥyī al-Dīn ibn al-ʿArabī, raḍiya Āllāḥ taʿālā ʿanhu wa arḍāhu.* Als Vorwort findet sich darin ein Hadith der die Wirkkraft der Wiederholung bestimmter koranischer Formeln betont; nach dem *Dawr* ist ein Lobgedicht auf Ibn ʿArabī abgedruckt, geschrieben vom lokalen Dichter Aḥmad al-Zarrūq (gestorben 1955; zu ihm siehe AL-ḤĀFIẒ und ABAZA: *Taʾrīkh ʿulamāʾ Dimaschq,* Band 3, Seiten 257–259) sowie ein weiterer Hadith (der die Wichtigkeit unterstreicht, das Verbotene zu unterlassen), das Ende des Dienstagmorgengebets aus Ibn ʿArabīs *Awrād* (siehe IBN ʿARABĪ: *Die sieben Tage des Herzens*), allerdings ohne Quellenangabe, und schließlich ein *ṣalāt* von Aḥmad al-Badawi.

7. So zum Beispiel in den beiden in Fußnoten 5 und 6 erwähnten Broschüren; im Büchlein *Madschmūʿ al-awrād al-kabīr* findet es sich auf den Seiten 185–193. Die Broschüre *Ṣalawāt ʿalā al-nabī al-karīm sayyidinā rasūl Allāh liʾl-schaykh Aḥmad al-Dardayrī al-Khalwatī* beginnt mit einer Erlaubnis zur öffentlichen Rezitation der *ṣalawāt* des al-Dardayrī (dessen Initiation in den Khalwati-[oder Halveti-]Orden auf Muṣṭafā al-Bakrī und Muḥammad b. Sālim al-Ḥifnāwī zurückgeht). Auf diese *ṣalawāt* folgen die Sure *Yā Sīn,* das *Dawr* sowie weitere

breitung fand es durch eine bekannte Gebetssammlung, die von Muḥammad Abū'l-Yusr 'Ābidīn (gestorben 1981), dem ehemaligen Mufti von Syrien, zusammengestellt und von seinen Erben publiziert wurde,[8] sowie in einer jüngeren, von einem türkischen und einem syrischen Verlag gemeinsam herausgegebenen und gratis verteilten Publikation.[9] Ebenso findet es sich in den Randspalten von Ausgaben des bekannten sunnitischen Gebetsbuchs *Dalā'il al-khāyrāṭ* von al-Dschazūlī, die in Damaskus in Umlauf sind.[10] Schließlich kommt es auch in einem der vielen privat publizierten Werke des ägyptischen Sufi-Scheichs Maḥmūd al-Ghurāb vor, der in Damaskus lebte, wo er Ibn 'Arabīs Schriften übersetzte und propagierte.[11]

Somit ist das Gebet in Damaskus Menschen aus allen Schichten zugänglich. Gleichzeitig hält dort die traditionelle Überlieferung innerhalb einiger Sufi-Kreise an. Dabei wird die *idschāza* so ver-

ṣalawāt. Solche Broschüren tragen üblicherweise den Vermerk, dass sie von der *madschlis* gestiftet (*waqf*) sind.

8. *Al-Awrād al-dā'inna ma'a al-ṣalawāt al-qā'ima,* gesammelt und zusammengestellt von Muḥammad Abū'l-Yusr 'Ābidīn und herausgegeben von Scheich Baschir al-Bari, dem früheren Mufti von Damaskus, Damaskus 1991, Seiten 38–45. Zu 'Ābidīn vergleiche AL-ḤĀFIẒ und ABAZA: *Ta'rīkh 'ulamā' Dimaschq,* Band 2, Seiten 968–973. Gemäß Damaszener Quellen, die ihn persönlich gekannt haben, soll 'Ābidīn den Menschen empfohlen haben, täglich in den Schriften Ibn 'Arabīs zu lesen, insbesondere in den *Futūḥāt al-Makkiyya.*

9. *Awrād usbū'īya li'l-schaykh al-'arīf Muḥyī al-Dīn Ibn 'Arabī,* Istanbul (Kitsan) und Damaskus (Dar al-Bayruti), undatiert, Seiten 60–66. Zum Verlag Kitsan und weiteren Details der Entstehung dieser Publikation siehe weiter unten.

10. Zum Beispiel in ABŪ 'ABDALLĀH MUḤAMMAD B. SULAYMĀN AL-DSCHAZŪLĪ: *Dalā'il al-khayrāt wa yalīhi qaṣīdat al-burda wa qaṣīdat al-munfaridscha [wa bi-hāmischihi madschmū'at al-awrād wa'l-aḥzāb wa'l-ad'īya wa'l-istighāthāt],* mit einer Einleitung von Ṣalāh al-Dīn Abū'l-Dschihād Nakāhmayy, Aleppo 1420, in den Randspalten der Seiten 241–251, wo es in einem Kapitel von vom *Dalā'il* unabhängigen Gebeten auftaucht, die dem Text bei seiner Erstveröffentlichung hinzugefügt wurden.

11. AL-GHURĀB: *al-Ṭarīq ilā Allāh,* Seiten 194–197. Obschon al-Ghurāb dies als eine kritische Ausgabe bezeichnet, schreibt er nicht, welche oder wie viele Manuskripte er verwendet hat, und gibt nur wenige Varianten an. (Er präsentiert darin, auf den Seiten 173–193, auch eine »kritische« Version der *Awrād,* die jedoch ebenso wenig Angaben über die zugrundeliegenden Manuskripte enthält.) Al-Ghurāb wurde 1922 in Tanta geboren und ließ sich in den 1950er-Jahren in Damaskus nieder; mehr zu ihm findet sich weiter unten. Eine partielle Auflistung seiner Publikationen findet sich in AḤMAD B. MUḤAMMAD GHUNAYM: *al-'Ārif bi'llāh al-schaykh Aḥmad al-Hārūn: sīratuhu wa karāmātuhu,* Damaskus 1992, Seite 67 Anmerkung 1.

standen, dass sie dem *murīd* die Geheimnisse des Gebets derart erschließt, dass er vor potenziellem Übel beschützt wird; ebenso stellt sie sicher, dass diese Geheimnisse bewahrt und nur den dafür richtig Vorbereiteten enthüllt werden. Häufig schließt die *idschāza* eine Belehrung bezüglich des Zeitpunkts und der Häufigkeit der Rezitation ein. So kann sie dem *murīd* nahelegen, die Rezitation des Gebets in einer Abfolge weiterer Gebete und Formeln zu platzieren oder innerhalb des Textes an bestimmten Stellen besondere Ergänzungen zu sprechen. Solche für jeden *murīd* individuellen Vorschriften sind typischerweise nicht willkürlich, sondern mögen tatsächlich vom Scheich in einem Traum oder Vision empfangen worden sein. Sie sind der jeweiligen Stufe des *murīd* angepasst und können im Laufe seiner spirituellen Reise verändert werden.

Die Vitalität dieser Überlieferungsmethode lässt sich illustrieren am Beispiel der Praxis von Aḥmad al-Ḥārūn (gestorben 1962) und seinen Schülern, der in Damaszener Sufi-Kreisen als wichtiger Heiliger verehrt wird.[12] So erteilte al-Ḥārūn beispielsweise seinem Schüler Maḥmūd al-Ghurāb die *idschāza,* das Gebet einmal alle sechsunddreißig Stunden zu lesen (und diese *idschāza* schließt auch Ibn ʿArabīs Tages- und Nachtgebete, die *Awrād,* mit ein).[13] Seinem Schüler Muḥammad al-Naṣṣ gab er die *idschāza,* das Gebet alle vierundzwanzig Stunden zu lesen (ebenfalls zusätzlich zu den *Awrād*). Al-Naṣṣ seinerseits erteilte seinem eigenen Sohn Muḥammad Sāmir die *idschāza,* das Gebet täglich zu lesen; dieser sollte

12. Al-Ḥārūn wurde 1900 im Stadtteil Salihiyah in Damaskus geboren und arbeitete viele Jahre als Steinmetz. Erst spät im Leben eignete er sich Bildung an und widmete sich dann dem Studium und dem Verfassen von Schriften über naturwissenschaftliche und religiöse Fragen. Weitherum bekannt sind Geschichten über sein *karāmāt* und seine Fähigkeit, Kranke zu heilen. Es heißt, er habe eine sehr enge Verbindung zu Ibn ʿArabī gehabt (seine Schriften umfassen auch einen Kommentar zu dessen Werk *Kitāb mā lā yuʿawwal ʿalayhi*). Al-Ḥārūns Beziehung zu seinen eigenen Schülern hatte nicht den Rahmen eines besonderen *ṭarīqa.* Zu ihm siehe Ghunaym: *al-ʿĀrif biʾllāh;* sowie al-Ḥāfiẓ und Abaza: *Taʾrīkh ʿulamāʾ Dimaschq,* Band 2, Seiten 753–762; und ʿIzzat Hasrīya: *al-Schaykh Arslān al-Dimaschqī wa fīhi lamḥa ʿan al-schaykh Aḥmad al-Ḥārūn,* keine Ortsangabe, 1965, Seiten 163–180.

13. Siehe dazu Al-Ghurāb: *al-Ṭarīq ilā Allāh,* Seite 194. Al-Ghurāb lernte al-Ḥārūn 1955 kennen und blieb bis zu dessen Tod bei ihm (Interview mit al-Ghurāb in Damaskus 2003). Zu Details ihrer Beziehung und zur Wahrnehmung al-Ghurābs als *khalīfa* (Stellvertreter) al-Ḥārūns siehe Suha Taji-Farouki: *At the Resting-place of the Seal of Saints: Muḥyī al-Dīn Ibn ʿArabī and his Mausoleum-Mosque in Contemporary Damascus,* noch nicht erschienen.

davor das *Ḥizb* von al-Nawawī rezitieren und danach die Sure *al-Fātiḥa* für die Seelen des Propheten, Ibn 'Arabīs und al-Ḥārūns.[14]

Manchmal wandern solche Instruktionen über den Rahmen direkter esoterischer Überlieferung hinaus und werden in gedruckte Ausgaben aufgenommen, womit sie für die allgemeine Öffentlichkeit zugänglich werden. So schreibt zum Beispiel 'Ābidīn in seinem Vorwort zum Gebet, sein Großvater habe direkt von Ibn 'Arabī eine Anweisung bekommen (durch einen *karāma,* einen spirituellen Gnadenakt, der ihnen beiden gewährt worden sei), das Gebet zweimal täglich zu lesen, einmal nach dem Morgengebet (*ṣubḥ*) und ein zweites Mal nach dem Abendgebet (*maghrib*). Aus Anlass einer Sache von besonderer Wichtigkeit, habe Ibn 'Arabī ihn eines Tages sogar angewiesen, es nach dem Nachmittagsgebet dreimal zu lesen.[15] Auch 'Ābidīn macht dabei genaue Angaben, was vor und nach dem Gebet zusätzlich rezitiert werden sollte.[16]

Von den *'ulamā'* bis in ungebildete Schichten ist die Überzeugung von der Wirksamkeit des *Dawr* in den Sufi-Kreisen in Da-

14. Interview mit Muḥammad Sāmir al-Naṣṣ, Damaskus 2004. Al-Naṣṣ ist ein in den USA ausgebildeter Arzt, gegenwärtig der Imam der Nafidh-Moschee und ein *fiqh*-Lehrer an der Ma'had al-Fatḥ-Akademie in Damaskus. Er ist ein anerkannter Experte in Koranlesung und -rezitation (Letztere unterrichtet er in der Schaykh Muḥyī'l-Dīn-Moschee) sowie Autor von *al-Wasīla ilā fahm ḥaqīqat al-tawassul,* Damaskus 2003, und *Mafhūm al-bid'a bayna al-ḍīq wa'l-sa'a,* Damaskus 2002. Al-Nawawī schrieb ein tägliches Gebet (*wird*) sowie das Buch *Kitāb al-Adhkār al-yawmīya wa'l-laylīya.*

Ein weiteres Beispiel ist das des Schādhilīya-Scheichs Muḥammad al-Häschimī al-Dschazā'irī (al-Tilimsānī) (gestorben 1961), der dem Rifā'īya-Scheich Muḥammad al-Durra eine *idschāza* erteilte, das Gebet zu lesen, der dann wiederum seinen Sohn Maḥmūd Muḥammad al-Durra autorisierte, der zurzeit Imam der Moschee al-Talha wa'l-Zubayr in 'Ayn Tarma am Stadtrand von Damaskus ist. Al-Durra hat Textmaterial der Rifā'īya publiziert, zum Beispiel *Mi'rādsch al-wuṣūl ilā ḥaḍarāt al-riḍā wa'l-qabūl bi-tawadschuhāt sādātinā al-sāda andschāl al-marḥūm al-sayyid Tādsch al-Dīn al-Ṣayyādī,* Damaskus 1997 (Interview mit al-Durra in Damakus 2004). Bezüglich al-Haschimi siehe AL-ḤĀFIẒ und ABAZA: *Ta'rīkh 'ulamā' Dimaschq,* Band 2, Seiten 747–751.

15. *Al-Awrād al-dā'inna ma'a al-ṣalawāt al-qā'ima,* Seite 38.

16. Ebenda Seiten 38–39 und 45. Der Bittsteller muss zunächst viermal die *Fātiḥa* mit der *basmala* rezitieren, jedes Mal in einem Atemzug, dann die ersten drei Verse der Sure *al-An'ām,* dann siebenmal eine besondere *ṣalawāt*-Formel, gefolgt von einem bestimmten Prolog zum *Dawr.* Nach Beendigung des Gebets muss er dreimal die Sure *al-Scharḥ* rezitieren, auf die ein weiteres *ṣalāt* folgt sowie eine Rezitation der *Fātiḥa* für den Propheten und Ibn 'Arabī. Historische Beispiele solcher Empfehlungen finden sich weiter unten.

maskus sowie unter den Anhängern Ibn ʿArabīs, die sich seiner Moschee zugehörig fühlen, weit verbreitet.[17] Einer dieser Anhänger schreibt diese Kraft der Tatsache zu, dass das Gebet viele der Göttlichen Namen einschließt, ein anderer seiner besonderen Qualität als Summe aller Lehren Ibn ʿArabīs, ja als »Essenz seines gesamten Wissens«. Seine Anhängerschaft glaubt, wenn das Gebet in rechter Absicht, in absoluter Überzeugung von seiner Wirksamkeit und mit dem Ziel, Gott zu gefallen und der Anziehungskraft dieser Welt zu widerstehen, rezitiert wird, könne es die Betenden in die Gegenwart des Propheten ziehen (in die *ḥadra al-Muḥammadīya*), sodass ihnen dann der Prophet, insbesondere in Träumen, »in der Gestalt Ibn ʿArabīs« erscheinen mag. Einige sagen aufgrund ihrer eigenen Erfahrungen, wer immer das Gebet mit aufrichtigem Herzen und vollkommener Überzeugung lese, während er oder sie um etwas Bestimmtes bitte, dieser Wunsch in Erfüllung gehe. Sie berichten davon, wie sie es auf der Suche nach Hilfe bei konkreten Problemen lesen und einer positiven Antwort stets gewiss sind. Beispielsweise schildert ein Anhänger, dass, wann immer er das Gebet mit einem besonderen Anliegen rezitiere, Ibn ʿArabī ihm im Traum erscheine und ihm zeige, wie er an seinem Arbeitsplatz ein praktisches Problem lösen könne, das seine technischen Fertigkeiten übersteigt. Immer wenn er so angeleitet in seinem Job ein Problem lösen könne, würde er es ablehnen, dafür Lohn zu verlangen, weil er diesen Erfolg dann Ibn ʿArabīs *baraka,* oder Gnade, durch das Gebet zuschreibe und nicht seinen eigenen Anstrengungen. Er erzählt mit Dankbarkeit, wie er aufgrund der Hilfe, die ihm durch das Gebet als Antwort vermittelt wurde, eine neue berufliche Karriere einschlagen und die finanzielle Situation seiner Familie verbessern konnte.

17. Dieser Abschnitt beruht auf Interviews, die in den Jahren 2003 und 2004 in Damaskus geführt wurden.

Istanbul

IN ISTANBUL TAUCHTEN DIE FRÜHESTEN GEDRUCKTEN VERsionen des Gebets im späten neunzehnten Jahrhundert auf, zum Beispiel in Gümüşhanevis *Madschmūʿat al-aḥzāb*[18] und *Dalāʾil al-khayrāt.*[19] Die erste moderne türkische Übersetzung wurde 1998 von einem Verlag publiziert, der einem Ibn ʿArabī-Anhänger gehörte. Dieses kleine Büchlein enthält auch den arabischen Text sowie eine Erläuterung auf Türkisch.[20] Bis 2004 wurden davon

18. Gümüşhanevi schloss sich Abdülhamid II, dem Sultan des Osmanischen Reichs, an und diente dessen Regime und panislamischer Politik. Über ihn siehe ALEXANDER KNYSH: *Islamic Mysticism: A Short History,* Leiden 2000, Seite 228; sowie BUTRUS ABU-MANNEH: "Shaykh Ahmed Ziya'üddin Gümüşhanevi and the Ziya'i-Khalidi Sub-order" in *Shia Islam, Sects and Sufism: Historical Dimension, Religious Practice and Methodological Considerations,* herausgegeben von Frederick de Jong, Utrecht 1992, Seiten 105–107.

19. Zum Beispiel Reşid Efendi Nr. 1135 (1871), Düğümlü Baba Nr. 500 (1868), Nafis Paşa Nr. 762 (1868) oder Hayri Abdullah Efendi Nr. 230 (1884). In den ersten drei Ausgaben steht es auf den Seiten 197–203, in der letztgenannten auf den Seiten 193–199. In allen Fällen findet sich der Text des *Ḥizb* des al-Nawawī in der Randspalte des *Dawr,* gefolgt vom *al-qaṣīda al-munfaridscha* [dem Erlösungsgebet des maghrebinischen Sufi-Scheichs Ibn Naḥwī aus dem elften Jahrhundert]. Heute ist in Istanbul ein undatiertes Faksimile von Hayri Abdullah Efendi Nr. 230 mit dem Titel *Delāil-i-Hayrat: Salāvāt-Şerifler* (Wegmarken zum Wohlgefallen) im Umlauf. Nicht alle jüngeren, in Istanbul gedruckten Ausgaben der *Dalāʾil* enthalten das *Dawr.* Beispielsweise kommt es vor in *Delāilü'l-Hayrat ve Şevārikü'l Envār fi zikri's-ṣālāṭī ale'n-nebiyyi'lmuhtār: Delāilü'Hayrat ve Tercümesi,* undatiert, Seiten 288–301, jedoch nicht in *Delāil'ül Hayrāt ve Şevārik'ul Envār,* undatiert. Beides sind Taschenbuchausgaben. Die Version mit dem Gebet wurde publiziert von Yasin Yayinevi und wird in orthodoxen Naqschbandīya-Kreisen in der Stadt Çaraşamba verkauft.

20. *Şeyh'ül Ekber Muhyiddīn Ibn'ül Arabī (K.S.) Özel Dua'si "Hizb-ud'Devr'ul A'lā": Orjinali, Türkçe okunuşu ve Mānāsi,* Istanbul, undatiert. Übersetzer ist Kemal Osmanbey, ein Syrer mit türkischen Wurzeln, dessen Großvater ein Beamter am Hof von Sultan Abdülaziz war, der ihm Land in Syrien geschenkt hatte. Als Osmanbey sich 1988 in Istanbul niederließ, brachte er eine Kopie des Gebets aus der Schaykh Muḥyī'l-Dīn-Moschee mit und schenkte sie Remzi Göknar, dem Inhaber des Kitsan-Verlags. Schließlich wurde es von Osmanbey übersetzt (wahrscheinlich mit Hilfe von Göknars Frau Şukran Göknar; zu ihr siehe weiter unten) und bei Kitsan verlegt. Osmanbey ist von Beruf Arzt und praktiziert heute Aku-

über 30 000 Kopien gedruckt und im ganzen Land auf Anfragen im Internet, über Buchläden, mittels Massenversand und so weiter gratis verteilt. Es wird aufgrund der hohen Nachfrage alle paar Monate nachgedruckt und von Menschen aller Art gelesen, einschließlich vieler, die sich äußerlich *çok* modern geben.

Obwohl das Gebet öffentlich zirkuliert, wird es in Istanbul ebenso noch immer in »verborgenen« Sufi-Kreisen mittels *idschāza* weitergegeben. So erteilte beispielsweise der Naqschbandīya-Scheich Ahmed Yivlik (gestorben 2001) einigen seiner Schülern und weiteren Sufis die Erlaubnis, es zu lesen.[21] Einige wies er an, es zweimal täglich zu rezitieren, in gewissen Fällen nach den *Awrād,* in anderen nur das Gebet. Seine eigene *idschāza,* das *Dawr* zu lesen, leitet sich aus einer Linie von Naqschbandīya-Scheichs her.[22]

punktur. Er ist stark an der geistigen Welt interessiert und Autor unter anderem der Werke *Ruḥ Aleminde bir Seyahat,* Istanbul 1995, und *Ḥaqāʾiq ʿan tanāsukh al-arwāḥ waʾl-ḥassa al-sādisa,* Beirut 2002. Der Verlag Kitsan (www.kitsan.com) wurde von Göknar 1980 gegründet und ist auf Sufi-Literatur spezialisiert; zu seinen Veröffentlichungen zählen einige türkische Übersetzungen von Werken Ibn ʿArabīs, wie etwa *Tuhfeʾtüs Sefere* und *Mevakiʾun Nücüm.*

21. Yivlik, der als Beamter im öffentlichen Dienst arbeitete, wurde von nahen Schülern als »ein spiritueller Sohn und Verehrer Ibn ʿArabīs« beschrieben. Gemäß einem Schüler las er kontinuierlich in den *Fuṣūṣ al-ḥikam* und den *Futūḥāt al-Makkiyya* und besuchte häufig Ibn ʿArabīs Grab in Damaskus. Obwohl selbst kein Gelehrter, übersetzte er zumindest ein Sufi-Werk auf modernes Türkisch, nämlich Selim Divane: *Miftah-u müşkilātʾil-arifīn ādāb-u tarīkiʾl-vāsilīn,* aus dem Osmanischen, Istanbul 1998. Yivlik leitete in Istanbul einen Kreis von rund zwanzig Schülern und Schülerinnen, darunter auch nicht-türkische und bildungsferne, mit denen er Übersetzungen von Ibn ʿArabīs Werken studierte. Auch Göknars Sohn zählte zu seinen engen Schülern und ebenso Göknars Frau Şukran, welche die weiter oben bereits erwähnte gemeinsame Publikation *Awrād usbūʿīya liʾl-schaykh al-ʿārif Muḥyī al-Dīn Ibn ʿArabī* der Verlage Kitsan und Dar al-Bayruti finanzierte. Davon wurden eintausend Kopien gedruckt und 2004 zum größeren Teil in Damaskus, zum kleineren in Istanbul gratis verteilt. Dar al-Bayruti plant einen Nachdruck, der nach Wunsch von Kitsan ebenfalls kostenlos verbreitet werden soll. Die Widmung im Büchlein weist auf die Verbindung von Şukran Göknar über Yivlik zu Ibn ʿArabī hin. Sie schreibt dort: »Für Ahmed Sadiq Yivlik, der mich mit der Größe des *schaykh al-akbar* bekannt machte. Möge Gott sein Geheimnis heiligen und ihn in Seinem weiten Garten beim *schaykh al-akbar* weilen lassen.« Şukran Göknar hat selbst einige Titel bei Kitsan verlegt, einschließlich der *Rüya Tabirleri* (Traumdeutungen), und beabsichtigt, auch eine türkische Übersetzung der *Awrād* vorzulegen.

22. Sein Scheich ʿAli Bahdschat Efendi erhielt es von dessen eigenem Scheich Hayrullah Efendi, der es wiederum von seinem Scheich Ali Bahdschat Efendi Ekber erhalten hatte. Für diese Information danke ich Mahmut Kiliç.

Vereinigtes Königreich

IN DEN SPÄTEN 1960ER-JAHREN WURDE EINE KOPIE DES *Dawr* von Bülent Rauf (1911–1987) nach London gebracht, einem westlich-gebildeten Nachfahren einer gehobenen osmanischen Familie. Rauf war der Urenkel von Ismail Pascha (1830–1895), dem Khediven (Vizekönig) von Ägypten zwischen 1863 und 1879.[23] Ismails Tochter, Raufs Großmutter, war Prinzessin Fatima Hanim, die 1850 geboren wurde und einige Zeit nach dem Ersten Weltkrieg starb.[24] Fatima Hanim hatte für sich beim Hofkalligrafen, offenbar zwischen 1922 und 1923, eine Kopie des Gebets in Auftrag gegeben, in rotes Leder gebunden und mit Gold verziert. Nach ihrem Tod gelangte es in den Besitz ihres Enkels.

23. Eine kontroverse Figur in der ägyptischen Geschichte, die entweder als extravaganter und inkompetenter oder aber als weitsichtiger, wenn auch unglücklicher Modernisierer gilt. Gegen Ende seiner Amtszeit fiel Ismail sowohl im Land als auch bei den europäischen Großmächten immer mehr in Ungnade und wurde schließlich von Sultan Abdülhamid II auf Druck der Europäer abberufen. Siehe dazu M. E. YAPP: *The Making of Modern Near East,* London und New York 1987, Seiten 155–157 und 214–215; sowie ALBERT H. HOURANI: *Arabic Thought in the Liberal Age 1798–1939,* Cambridge 1989, an verschiedenen Stellen. Vergleiche auch den Stammbaum von Bülent Rauf in BÜLENT RAUF: *The Last Sultans,* herausgegeben von Meral Arim und Judy Kearns, Cheltenham 1995.

24. Siehe dazu BÜLENT RAUF: *Unterwegs in der Einheit des Seins,* Xanten: Chalice Verlag, 2017, Kapitel »Ein Kind im Laufe der Zeit«, Seiten 150–167. Sie war die Schwester von Mehmet Tevfik Pascha, der seinem Vater auf dem Posten des Khediven nachfolgte, und von Ahmet Fu'ad I Pascha, der 1922 der erste König von Ägypten und des Sudans wurde.

Fatima Hanim scheint eine besondere Verbindung zum Khalwati-Sufi-Orden gehabt zu haben und übernahm gemeinsam mit ihrer Tochter den Wiederaufbau der Mausoleumsmoschee des Khalwati-Heiligen und ersten Scheichs dieses *ṭarīqa* in Üsküdar, Istanbul, Aziz Mahmud Hüdayi (1541–1628), nachdem diese bei einem Unwetter 1910 zerstört worden war. Dazu siehe RAYMOND LIFCHEZ [Hrsg.]: "The Lodges of Istanbul" in *The Dervish Lodge: Architecture, Art and Sufism in Ottoman Turkey,* Berkeley und London 1992, Seiten 113–117. Bezüglich ihrer führenden Rolle bei der Restaurierung und der von ihr getätigten Spenden siehe H. KAMIL YILMAZ: *Azīz Maḥmūd Hüdāyī: Hayati, Eserleri, Traīkati,* Istanbul 1999, Seite 262 und Anmerkung 20; sowie KEMALEDDIN ŞENOCAK: *Kutbu'l-ārifīn Seyyid Azīz Maḥmūd Hüdāyī (K.S.),* Istanbul 1970, Seite 30 Anmerkung 2.

Bülent Rauf wurde zur zentralen Figur einer neureligiösen Bewegung, die in den frühen 1970er-Jahren im Süden Englands unter dem Namen Beshara entstand. Als Antwort auf das erwachende Interesse an »östlicher« Spiritualität unter jugendlichen Suchenden aus der Gegenkultur vermittelte er die Lehren Ibn ʿArabīs als Grundlage einer monistischen, erfahrungsbasierten und suprareligiösen Spiritualität. Er entwarf auf Selbsterkenntnis ausgerichtete Kurse in »esoterischer Erziehung«, die in besonderen, von der Bewegung gegründeten Schulungszentren angeboten wurden.[25] Einigen der ersten Studentinnen und Studenten fielen in Raufs Bibliothek Fatima Hanims schöne Abschrift des *Dawr* sowie eine gedruckte Version der *Awrād* auf, und sie fragten ihn, ob diese Gebete in einer Transliteration zugänglich gemacht werden könnten. Rauf gab seine Einwilligung und bestimmte für diese Aufgabe zwei Studenten, von denen einer Arabisch lesen konnte. Dieser Student übertrug den Text in hebräische Transliteration (seine Muttersprache) und daraus wiederum in eine englische Transkription (da sie damals noch kein Transliterationssystem für Arabisch beherrschten). Rauf korrigierte und ergänzte den Text mit diakritischen Zeichen, und so wurde er allen Studentinnen und Studenten von Beshara zugänglich gemacht. Bezüglich seiner Rezitation gab Rauf keine Richtlinien, doch betonte er die Wirksamkeit des Schutzgebetes. Dieser Text wurde 1981 zusammen mit dem Original von der Muḥyīddīn Ibn ʿArabī Society (MIAS) publiziert, die Mitte der 1970er-Jahre von einigen Menschen aus dem Beshara-Kreis gegründet worden war.[26] Der Einschluss der englischen phonetischen Transkription zielt im Besonderen auf nicht Arabisch sprechende Studentinnen und Studenten von Beshara (das mittlerweile auf internationales Interesse gestoßen ist) und weitere Leserinnen und Leser, sodass auch diese den Text rezitieren können.[27] Die MIAS-Webseite gibt Hinweise dazu, wie das *Dawr* als Schutz-

25. Eine sehr ausführliche Studie zur Beshara-Bewegung und ihren Protagonisten bietet Suha Taji-Farouki: *Beshara and Ibn ʿArabī: A Movement of Sufi Spirituality in the Modern World*, Oxford: Anqa Publishing, 2007.

26. *The Ḥizbu-l Wiqāyah of Muḥyīddīn Ibn ʿArabī.* Die *Awrād* wurden von der MIAS erstmals publiziert als Muḥyīddīn Ibn ʿArabī: *Wird*, Oxford 1988; eine von Pablo Beneito und Stephen Hirtenstein übersetzte und kommentierte Ausgabe erschien 2000, Nachdruck 2019, bei Anqa Publishing unter dem Titel *The Seven Days of the Heart* und auf Deutsch als: Muḥyīddīn Ibn ʿArabī: *Die Sieben Tage des Herzens: Des größten Sufi-Meisters Morgen- und Abendgebete für jeden Tag der Woche – Awrād al-usbūʿ*, Xanten: Chalice Verlag 2019.

gebet gebraucht werden kann: »Dieses Gebet [...] beschützt seinen Empfänger. Häufig wird es als Mikrofilm-Kopie in einem Amulett bei sich getragen oder an einem besonderen Platz aufbewahrt.«[28] Viele der Beshara-Studenten und -Studentinnen tragen den Mikrofilm in einem Silbermedaillon um den Hals oder platzieren es bei sich zuhause oberhalb der Eingangstür. Manche haben auch eine eingerahmte Kopie der Titelseite des Gebets aufgehängt. Einige lesen es täglich, während andere es in schwierigen Zeiten oder zur Abwehr von Übel rezitieren.

27. Siehe http://www.ibnarabisociety.org/publications.html.
28. Ebenda.

MUḤYĪDDĪN IBN ʿARABĪ: AL-DAWR AL-AʿLĀ

4

Ein Gebet im Wandel der Zeit

ورد الاحدية ليوم الاحد

بسم الله الرحمن الرحيم

بسم الله فاتح الوجود والحمد لله مظهر كل
موجود ولا اله الا الله توحيدا مطلقا عن كشف
وشهود والله اكبر منه بداء الامر واليه يعود
وسبحان الله ما ثم سواه فيشهد ولا معه غيره
معبود واحد احد على ما عليه كان قبل حرف
الحدود له في كل شيء اية تدل على انه واحد
موجود هو ستره عن الادراك والنفود
ولا حول ولا قوة الا بالله العلي العظيم

كن

Historische Stränge

UNTER ZUHILFENAHME DER MANUSKRIPTSAMMLUNG IN DER Istanbuler Süleymaniye-Bibliothek, die mehr als vierzig unterschiedliche Kopien umfasst, lässt sich ein Bild der Überlieferung, der Präsentation und des Gebrauchs des *Dawr* während der letzten vier Jahrhunderte zeichnen.[1] Etwa die Hälfte dieser Kopien ist explizit datiert oder kann anhand kontextueller Informationen mit einem wahrscheinlichen Entstehungsdatum verbunden werden; die früheste stammt aus dem späten siebzehnten (AH elften), die meisten aus dem neunzehnten (AH dreizehnten) Jahrhundert.[2] Das Gebet erscheint dabei in ganz unterschiedlicher Redaktion und Aufmachung. So existieren beispielsweise sieben Kommentare, vier arabische und drei türkische, von denen der früheste wahrscheinlich aus dem späteren achtzehnten (AH zwölften) Jahrhundert stammt.[3] Schön gestaltete Einzelkopien, in denen das Gebet allein-

1. Die türkischen Sammlungen bieten nach vertretbarer Ansicht die wichtigste Quelle von Manuskripten Ibn ʿArabīs überhaupt. Wir haben die bei Weitem umfassendste von ihnen, die Süleymaniye-Sammlung, mit Kopien aus folgenden türkischen Bibliotheken ergänzt: Bibliothek der Universität von Istanbul, Ulu Cami (Bursa), Genel (Inebey, Bursa), Beyazid (Istanbul), Maulānā-Museum (Konya), Ankara Milli. Auf Grundlage der Süleymaniye-Sammlung müssen die folgenden Fehler im Werkverzeichnis OSMAN YAHYA: *Histoire et classification de l'œuvre d'Ibn ʿArabī,* Damaskus 1964, Band 1, Seite 294 (RG 244), angemerkt werden: Düğümlü Baba 4146 und 4137 sowie Esad Efendi 4036 sind nicht erkennbare Nummern; Düğümlü Baba 194, Haci Mahmud Efendi 461 und Esad Efendi 1330 sind irrelevant. Şehid Ali Pascha 2796 ist ein Fragment der *Awrād,* das mancherorts als *Istighātha* beschrieben auftaucht, hier jedoch *Ḥizb al-schaykh al-akbar* genannt wird. Auch ist anzumerken, dass Ulu Cami 954 (Bursa) irrelevant ist.

2. Somit sind alle hier untersuchten Kopien relativ jüngeren Datums. Es kann durchaus sein, dass in Zukunft ältere Manuskripte gefunden werden. YAHYA listet in seiner *Histoire,* Band 1, Seite 294, zusätzlich solche aus Damaskus, Kairo, Rabat, Paris und Berlin auf, die für diese Studie nicht herangezogen wurden, aber offenbar undatiert sind.

3. Details zu vier von diesen, welche eine Überlieferungskette aufweisen, sowie zu einem ohne finden sich im Anhang. Die zwei verbleibenden, beide in Osmanisch verfasst, sind folgende: (1) ʿAlī al-Waṣfī b. Ḥusayn al-Ḥusaynī (Haci Mahmud Efendi 4217) mit detaillierten Kommentaren zu einzelnen Wörtern und Sätzen, Blatt 1a–94a; der Text des Gebets ist mit weiteren Kommentaren für

stehend oder gemeinsam mit einem weiteren kurzen Gebet, oft aufwändig mit Gold verziert, gebunden ist, wurden vermutlich von wichtigen Persönlichkeiten in Auftrag gegeben (wie etwa die von Bülent Rauf nach London gebrachte).[4] Mitunter erscheint das *Dawr* als einziges Gebet neben weiteren Texten ohne Erbauungscharakter, von denen einige ebenfalls Ibn ʿArabī zugeordnet werden können.[5] Es findet sich in reinen Sammlungen von Gebeten und Gebetskommentaren, manchmal zusammen mit weiteren Gebeten Ibn ʿArabīs,[6] und ebenso in Sammlungen anderer Erbauungsliteratur.[7] Hin und wieder taucht es auch in gemeinsamen Sammlungen

jeden Vers wiederholt auf den Blatt 99 b–110 a; datiert auf 1261 AH. (2) Anonymus (Haci Reşid Bey 104), undatiert, 20 Blatt. Für weitere Kopien einiger hier angeführter Kommentare sowie weitere Kommentare zum Gebet, die in Sammlungen außerhalb der Türkei enthalten sind, siehe YAHYA: *Histoire,* Band 1, Seiten 294–295.

Es gibt Hinweise darauf, dass der erste durchgehend systematische Kommentar zu einem Sufi-Gebet derjenige von Dāʾūd Ibn Bākhilā (gestorben 1332) über al-Schādhilīs *Ḥizb al-baḥr* ist. Siehe dazu MCGREGOR: *Sanctity and Sainthood,* Seiten 34–35.

4. Weitere Beispiele schließen ein: Haci Mahmud Efendi 4141 (datiert 1275 AH), Yazma Bağişlar 2180 (undatiert und gefolgt von einem Abū Bakr b. ʿAbdallāh al-ʿAydarūs zugeschriebenen *wird* sowie einem anonymen unbetitelten Bittgebet), A 5705 (Bibliothek der Universität Istanbul, datiert 1793 AD und gefolgt von einem Gebet von Abūʾl-Ḥasan al-Schādhilī und einem Ibn ʿArabī zugeschriebenen *ṣalāt;* siehe weiter unten), A 4344 (Bibliothek der Universität Istanbul, datiert 1318 AH, jede Zeile mit Goldblattumrandung und mit nur acht Zeilen pro Seite) sowie Nafiz Paşa 702 (dazu mehr unter Fußnote 6 weiter unten).

5. Beispielweise in MI. Man beachte, dass Ankara Milli 489 das *Dawr* (als Teil einer undatierten Handschrift) und Werke Ibn ʿArabīs (z.B. *Risālat al-alif, Maschāhid al-asrār* und *Kitāb al-bāʾ*) in mehreren Handschriften zusammen gebunden enthält.

6. Beispiele dafür sind MG, MK (*Ṣalawāt kubrā*), MM, Şazeli 106 (*Istighāta, Awrād, Ṣalawāt kubrā*), Esad Efendi 1330 (*Ṣalāt scharīfa*), A 5705 (Bibliothek der Universität Istanbul, *Ṣalawāt scharīfa*), Nafiz Paşa 702 (eine undatierte Zusammenstellung der *Awrād* und des *Dawr*), Genel 43 (*Awrād* datiert 1179 AH, in Damaskus hergestellte Kopie) sowie Arif-Murad 58 (gedruckt, undatiert, einschließlich der *Awrād*). Şazeli 106 enthält die Datierung 1139 AH. Esad Efendi 1330 ist datiert von 1194 bis 1219 AH.

7. Zum Beispiel MM. Es ist anzumerken, dass Esad Efendi 1330 Gebete von al-Nawawī, al-Schādhilī und Ibn Maschīsch enthält. Esad Efendi 267 (undatiert) umfasst eine Abhandlung über die Namen des Propheten, eine über die Namen seiner Gefährten in Badr sowie einen Kommentar zu einem Gebet von al-Schādhilī. Şazeli 106 enthält Gebete von al-Schādhilī, al-Nawawī, Nadschm al-Dīn Kubrā, al-Schāfiʿī, ʿAbd al-Qādir al-Dschīlānī, Maʿrūf Karkhī, Imām ʿAlī und Bittgebete der Propheten. ML umfasst unter anderem das Schutzgebet des Abū

von Gebeten und nicht-devotionalen Traktaten auf, von denen die Letzteren manchmal Figuren zugeschrieben werden können, die mit der Schule Ibn ʿArabīs in Verbindung standen.[8] Und Kopien des Gebets finden sich auch in persönlichen Notizbüchern, die intime Einblicke gestatten in die von ihren Verfassern bevorzugten poetischen Verse, Gebete, Koranzitate und Fragmente der Werke islamischer Autoritäten wie auch in ihre spirituellen Reflexionen, Fürbitten, numerologischen Codes und kurzen Erbauungstexte.[9]

Das fortgesetzte Kopieren des Gebets in unterschiedlichen Zusammenhängen bezeugt seine weite Verbreitung und seinen häufigen Gebrauch während der vergangenen vierhundert Jahre.[10] Seine breite Leserschaft in den letzten Dekaden der osmanischen Herrschaft zeigt sich aus dem Faktum, dass die Kopien der Süleymaniye-Bibliothek von Sammlungen aus den Tekkes und Darghas verschiedener Sufi-Orden stammen (etwa die Kopien Şazeli und Güğümlü Baba 506), aus Medresen von Moscheen, aus Bibliotheken von Paschas sowie aus von Sultanen gestifteten Sammlungen.

Madyan Schuʿayb. Genel 43 enthält das *Ḥizb al-naṣr* von al-Schādhilī und andere. Arif-Murad umfasst das *Ḥizb al-baḥr* von al-Schādhilī, die *Ṣalawāt al-mundschīya* sowie weitere kurze Gebete.

8. Şazeli 157 (undatiert) zum Beispiel umfasst Gebete, Gebetskommentare, Gedichte und Texte von Ismaʿil Hakki Bursevi (einschließlich eines Kommentars zum Gebet von Ibn Maschīsch), Sari ʿAbdullah Efendi (einschließlich *Maslak al-ʿuschschāq*) und Nawaʿi Efendi (Teile eines Kommentars zu den *Fuṣūṣ al-ḥikam*).

9. Beispiele sind MJ, MF und Haci Mahmud Efendi 6287 (wahrscheinlich datiert 1252 AH), das Letztere stammt von Muḥammad ʿAbd al-Dschalīl al-Mawṣilī al-Dschīlī. Siehe auch Beyazid 7880 (undatiert), Esad Efendi 3674 (möglicherweise datiert 1203 AH oder früher).

10. Das Abschreiben von Texten wurde häufig aus dem Wunsch heraus unternommen, Gottgefallen oder *baraka* zu erlangen, aus Liebe zum Autor oder als ein Mittel, durch das die Kopisten sich in die Gegenwart des noch lebenden oder bereits verstorbenen Autors zu versetzen hofften. Für Beispiele von Anhängern Ibn ʿArabīs, die dessen Werke nach seinem Tod kopierten, siehe MICHAEL CHAMBERLAIN: *Knowledge and Social Practice in Medieval Damascus 1190–1350*, Cambridge 1994, Seite 144. Einige glaubten, das Abschreiben habe eine talismanähnliche Kraft und könne spirituellen Gewinn bringen. Chamberlain führt das Beispiel von Ibn al-Dschawzī an, der bestimmt hatte, dass nach seinem Tod all seine Schreibfedern, mit denen er Hadithe kopiert hatte, einzusammeln und in Wasser zu erhitzen seien, mit welchem dann sein Leichnam gewaschen werden sollte. Indem sie *ʿilm* (Erkenntnis, Wissen) mit dem Gebet vergleichen, rieten einige Autoren, Kopisten sollten ihr Werk nur im Zustand ritueller Reinheit verrichten; siehe dazu ebenda, Seite 136.

Die frühesten Kopien geben einige Hinweise auf die Anwender des Gebets vor vierhundert Jahren, doch die in sieben von ihnen enthaltenen Überlieferungsketten (*asnād,* Singular: *sanad*)[11] ermöglichen die Rückdatierung des Gebrauchs und der Überlieferung darüber hinaus bis zu deren Autor. Diese Ketten beleuchten zwei Aspekte der Überlieferung des *Dawr.* In der Vertikalen identifizieren sie die Schlüsselfiguren in seiner Weitergabe durch die Generationen und belegen dadurch seinen ununterbrochenen Gebrauch seit Lebzeiten des Autors. In der Horizontalen erhellen die Ketten die Kreise in denen das Gebet zirkulierte und veranschaulichen deren geografische Verbreitung, deren *tarīqa*-Verbindungen und geistigen Ausrichtungen und identifizieren Persönlichkeiten, die Verknüpfungspunkte verschiedener Kreise innerhalb des größeren Zusammenhangs darstellten. Nachfolgend geben wir biografische Informationen zu Personen in sechs Überlieferungsketten[12] in aufsteigender Reihenfolge nach Jahrhunderten. Diese Auflistung erhebt keinen Anspruch auf Vollständigkeit, sondern fokussiert sich auf bedeutende historische Figuren.[13] Die einzelnen Ketten sind so präsentiert, wie sie sich aus unseren im Anhang genannten Quellen ergeben. Die folgende schematische Darstellung basiert auf diesen

11. Zur allgemeinen Bedeutung des Begriffs *sanad* (wörtlich: Aufrechterhaltung, Ausdauer) in seiner Anwendung auf eine Kette von Autoritäten, die ein übermitteltes Wissen bestätigt, siehe Stichwort *sanad* in *EoI,* Supplement 9–10, Seite 702; zum verwandten Begriff *isnād* (Plural: *asānīd*), der im Zusammenhang mit der Überlieferung von Hadithen verwendet wird, siehe Stichwort *isnād* in *EoI,* Band 4, Seite 207. In der Beschreibung ihrer Überlieferungskette, verwenden einige unserer Quellen explizit den Begriff *sanad.* Innerhalb der Kette benutzen einige die Verben *akhada ʿan* und *rawā ʿan* (übernehmen / übermitteln von), andere *adschāza* (Erlaubnis gewähren), womit sie die Tatsache unterstreichen, dass eine *idschāza* jedes einzelne Glied einer Kette untermauert.

12. Eine siebte Kette für das *Dawr* (wie auch für die *Awrād*) wird aufgeführt in Yahya: *Histoire,* Band 2, Seite 540 (Nr. 1, zu RG 16a), und erörtert in Ibn ʿArabī: *Die sieben Tage des Herzens.* Diese Überlieferungskette werden wir hier zwar nicht weiter erläutern, weisen jedoch darauf hin, dass der Übermittler von Ibn ʿArabī im Jahr 727 AH / 1327 AD starb: Dies könnte auf eine mögliche »Unter-*idschāza*« hindeuten (dazu mehr weiter unten). MG, offenbar ihre Ursprungsquelle, war Grundlage vieler Nachdrucke (zum Beispiel Haci Mahmud Efendi 4179, Düğümlü Baba 490 und 489).

13. Die hier gemachten biografischen Angaben variieren beträchtlich in Abhängigkeit von der Bekanntheit der Personen, der auffindbaren Informationen und der zugänglichen Quellen. Details werden vor allem genannt, wenn diese im Hinblick auf unser Thema interessant sind und / oder für Nichtarabisten anderweitig nur schwierig aufzufinden wären.

biografischen Informationen, bei denen die jeweilige Kette nach dem Personennamen angegeben ist.

Eine jegliche Erörterung solcher Überlieferungsketten muss das kulturelle und soziale Umfeld, aus dem sie hervorgegangen sind, mit seinen Gebräuchen und seiner Ausrichtung genau berücksichtigen. Dies eingedenk, lassen sie sich untersuchen hinsichtlich der Plausibilität ihrer Zwischenverbindungen, ihrer Chronologie und ihrer impliziten und grundlegenden *idschāza*.[14] Nachfolgend unternehmen wir den Versuch einer solchen Erörterung und wollen schließlich betrachten, wie das sich aus diesen Ketten ergebende Gesamtbild wichtige Entwicklungen und Tendenzen in der islamischen Kultur und Denktradition während spezifischer Gesichtsperioden erhellen kann.

14. Einen faszinierenden Einblick in den kulturellen und sozialen Kontext, in dem die Bedeutung und Funktionsweise der *idschāza* richtig verstanden werden kann (dargestellt an der Situation in Damaskus zwischen dem späten zwölften und dem mittleren vierzehnten Jahrhundert AD) siehe CHAMBERLAIN: *Knowledge and Social Practice,* Kapitel 4. Der Autor weist auf das Prestige hin, das mit Stammbäumen von Gelehrten in Form von Überlieferungsketten einhergeht, und auf das Anliegen der gebildeten Elite, diese zu betonen als integraler Teil ihrer sozialen Selbstbehauptungsstrategien und verstärkt durch kulturelle Bräuche in Zusammenhang mit Wissen und Bildung. Derselbe Drang drückt sich in der Entstehung der *maschyaka-* oder *mu'dscham*-Literatur aus, einem Genre, das die Scheichs auflistet, bei denen ein Individuum studiert oder Hadith-Lesungen beigewohnt hat.

In unserer Auflistung erwähnen die Überlieferungsketten ÜA und ÜE eine *idschāza,* in der der Übermittler einem spezifischen Individuum die Erlaubnis gewährt, das *Dawr* zu lesen, womit die Kette weitergeführt wird. *Idschāzas,* die sich an eine bestimmte Person richten, finden sich ebenso in Haci Mahmud Efendi 4141 (Blatt 9a, datiert 1275 AH) und in Esad Efendi 1442 (Blatt 52a, undatiert). Im letzteren Fall erstreckt sich die *idschāza* auf die *Awrād* und das *Dawr* und wird Muḥammad Rafīʿ Efendi gewährt von Muḥammad 'Umar b. 'Abd al-Dschalīl al-Baghdādī, der sich selbst als *khādim ni'āl al-sāda al-Qādirīya* beschreibt und das *Dawr* und die *idschāza* am Schluss dieser Kopie des *Kitāb al-Raschaḥāt al-anwariya fī scharḥ al-awrād al-akbarīya* (am Rand der *Awrād*) hinzugefügt hat, welches von Ḥasan al-Kurdī stammt. Gemäß CARL BROCKELMANN: *Geschichte der arabischen Literatur,* Leiden 1943–1949 [nachfolgend *GAL*], Band II, Seiten 453 und 473, ist Ḥasan b. Mūsā al-Kurdī al-Qādirī al-Bānī al-'Alawānī al-Dschīlānī al-Kūrānī al-Naqschbandī (gestorben 1148 AH / 1735 AD) auch Autor des *Risāla fī qawl al-schaykh al-akbar wa qawl al-Dschīlī* und des *Risāla fī anna 'ilm Allāh muḥīṭ bi-nafsihi am lā.* YAHYA: *Histoire,* Band 1, Seite 289, nennt ihn als Autor eines Kommentars zu Ibn 'Arabīs *Kitāb al-Ḥikam* (RG 233).

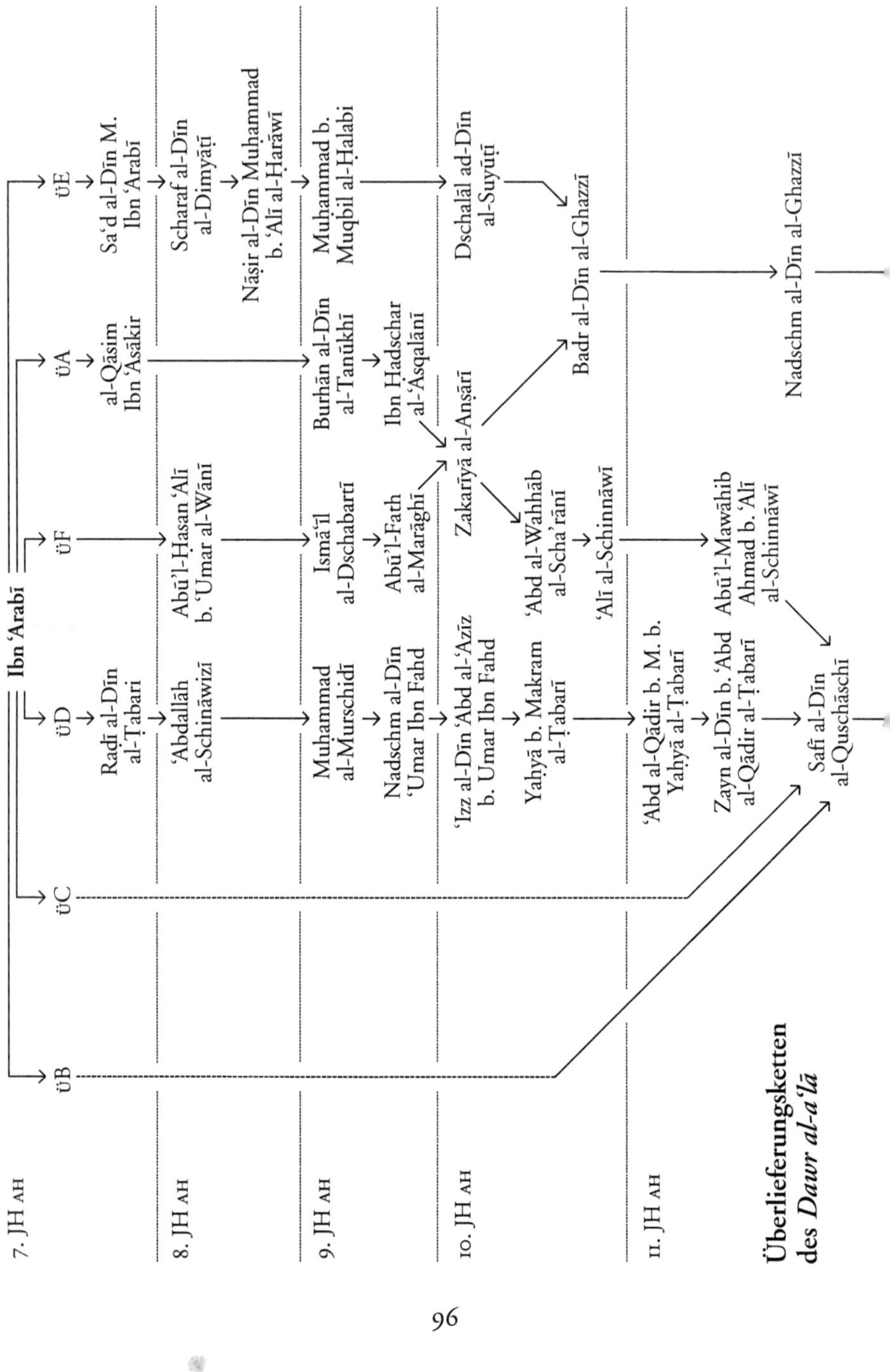

Überlieferungsketten des *Dawr al-aʿlā*

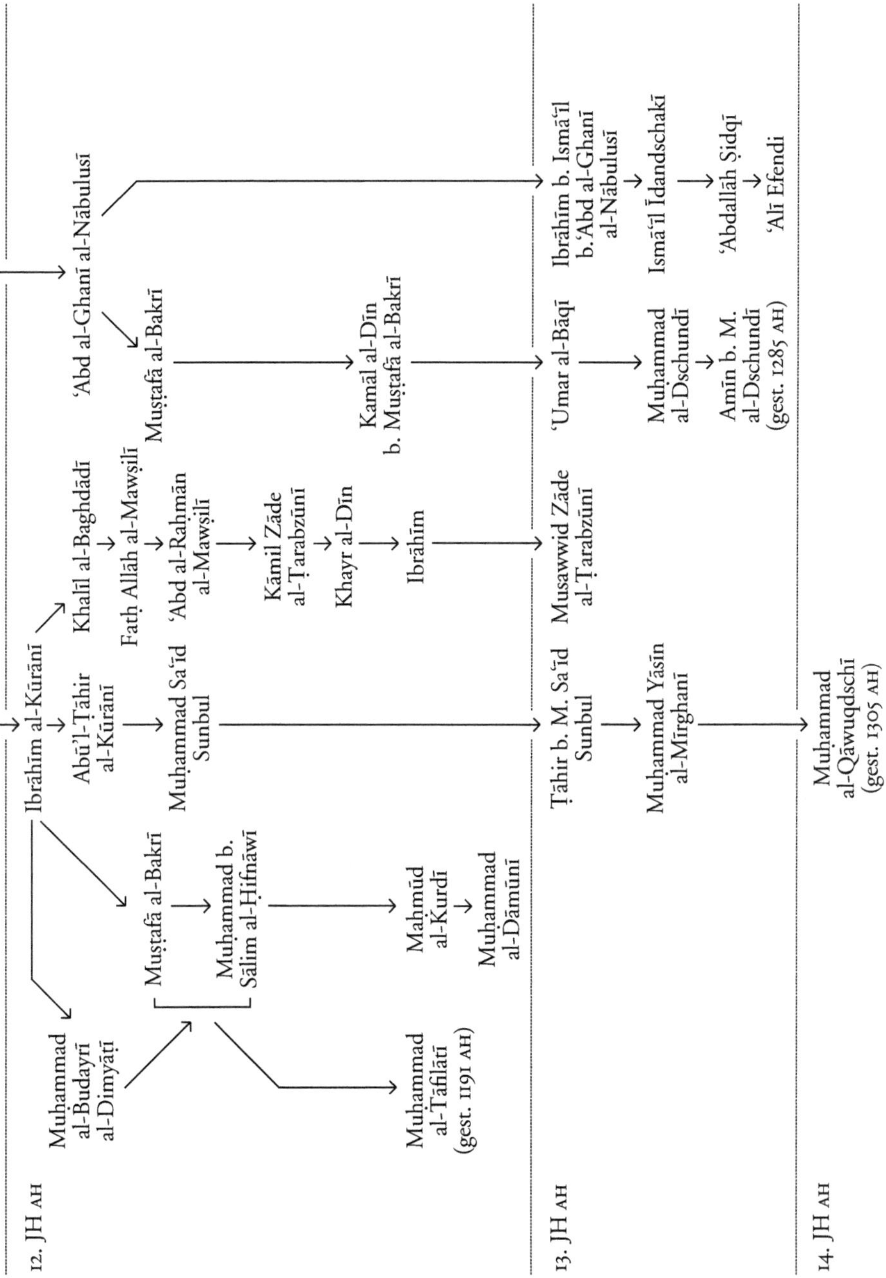
12. JH AH
13. JH AH
14. JH AH
Muḥammad al-Budayrī al-Dimyāṭī
Ibrāhīm al-Kūrānī
ʿAbd al-Ghanī al-Nābulusī
Muṣṭafā al-Bakrī
Abū'l-Ṭāhir al-Kūrānī
Khalīl al-Baghdādī
Muṣṭafā al-Bakrī
Muḥammad b. Sālim al-Ḥifnāwī
Muḥammad Saʿīd Sunbul
Fatḥ Allāh al-Mawṣilī
ʿAbd al-Raḥmān al-Mawṣilī
Kāmil Zāde al-Ṭarabzūnī
Khayr al-Dīn
Ibrāhīm
Kamāl al-Dīn b. Muṣṭafā al-Bakrī
Muḥammad al-Ṭāfilātī (gest. 1191 AH)
Maḥmūd al-Kurdī
Muḥammad al-Dāmūnī
Ṭāhir b. M. Saʿīd Sunbul
Musawwid Zāde al-Ṭarabzūnī
ʿUmar al-Bāqī
Ibrāhīm b. Ismāʿīl b.ʿAbd al-Ghanī al-Nābulusī
Muḥammad Yāsīn al-Mīrghanī
Muḥammad al-Dschundī
Ismāʿīl Īdandschakī
Amīn b. M. al-Dschundī (gest. 1285 AH)
ʿAbdallāh Ṣidqī
ʿAlī Efendi
Muḥammad al-Qāwuqdschī (gest. 1305 AH)

Übermittler des Gebets

SIEBTES JAHRHUNDERT AH

Saʿd al-Dīn Muḥammad b. Muḥyī al-Dīn Ibn ʿArabī

üE · gestorben 656 AH / 1258 AD

Der zweite Sohn von *schaykh al-akbar* Ibn ʿArabī, geboren in Malatya 618 AH. Er hinterließ einen wichtigen Diwan, war ein Hadith-Student, besuchte Kairo und lebte in Aleppo.[15]

Raḍī al-Dīn Ibrāhīm b. M. b. Ibrāhīm b. Abū Bakr b. M. al-Ṭabarī al-Makkī

üD · gestorben 722 AH / 1322 AD

Auch bekannt als al-Raḍī al-Ṭabarī und Raḍī al-Dīn Abū Ischḥāq. Er wurde 636 AH geboren, war ein Vertreter der Rechtsschule der Schāfiʿiten und Imam an der Maqām Ibrāhīm (Station Abrahams) in Mekka.[16] Er wurde in eine scharīfische (von Mohammeds Enkel

15. Siehe AḤMAD B. MUḤAMMAD AL-MAQQARĪ: *Nafḥ al-ṭīb min ghuṣn al-Andalus al-raṭīb,* herausgegeben von Ihsan Abbas, Beirut 1968, II, Seite 170. Zu weiteren biografischen Hinweisen, seiner Mitarbeit bei *samāʿ*s und der möglichen Identität seiner Mutter (Khātūn Maryam bint Muḥammad, auch genannt Umm al-Dschwbān; Saʿd al-Dīn war offenbar auch bekannt als al-Dschwbān und als ʿAlāʾ al-Dīn) siehe CLAUDE ADDAS: *Quest for the Red Sulphur: The Life of Ibn ʿArabī,* Cambridge 1993, Seiten 86–87, 228 und 265 Anmerkung 118; sowie STEPHEN HIRTENSTEIN: *Der grenzenlos Barmherzige,* Zürich: Chalice Verlag, 2008, Seite 279 Anmerkung 30.

16. Siehe AḤMAD B. ʿABD AL-RAḤĪM B. AL-ḤUSAYN IBN AL-IRĀQĪ: *al-Dhayl ʿalā al-ʿibar fī khabar man ʿabar,* herausgegeben von Salih al-Mahdi ʿAbbas, Beirut 1989, Band 2, Seite 527. Über ihn siehe auch ʿABD AL-HAYY B. ʿABD AL-KABIR AL-KATTANI: *Fihris al-fahāris wa'l-athbāt wa muʿdscham al-maʿādschim wa'l-maschyakhāt wa'l-musalsalāt,* herausgegegebn von Ihsan ʿAbbas, Beirut 1982–86, Seite 431; sowie SHAMS AL-DĪN AL-DHAHABĪ: *Dhayl taʾrīkh al-Islām,* herausgegeben von Mazin b. Salim al-Bawazir, Riad 1998, Seite 202.

Die Maqām Ibrāhīm ist der wundersame Stein (bzw. dessen Stelle), von dem geglaubt wird, Ibrāhīm (Abraham) habe dort gestanden, als er die Kaʿba errichtete, und der dessen Fußspuren trägt. Gemäß der Offenbarung in Koranvers 2:125 erbaute der Prophet die Stätte als einen Ort des Gebets (Ibrāhīm und Ismāʿīl sollen dort gebetet haben, nachdem sie ihre Bauarbeiten abgeschlossen hatten). In der Frühzeit des Islams war der Stein von einem Holzgerüst umhüllt und stand

Hasan abstammende) Familie hineingeboren, die bestens vernetzt, weitherum für ihre Gelehrsamkeit respektiert und eine der ältesten in Mekka war (wo sich Raḍī al-Dīns Vorfahren etwa 570 AD niedergelassen hatten) und in der wichtige Führungspositionen, wie die von *qāḍī* (Richter), Imam, *muftī* (Rechtsgutachter), *khaṭīb* (Prediger) und Lehrer, von Generation zu Generation weitergegeben wurden. Im siebzehnten Jahrhundert berichtete der Biograf al-Muḥibbī, dass die Familie den Imam-Posten an der Maqām Ibrāhīm von 673 AH / 1274 AD an ununterbrochen und ausschließlich besetzt habe.[17] Raḍī al-Dīn studierte unter berühmten Persönlichkeiten und wurde an der *madhhab* (Rechtsschule) der Schāfiʿiten ausgebildet. Er war bekannt für seine Frömmigkeit, Bescheidenheit und Wohltätigkeit und setzte sein Leben lang keinen Fuß außerhalb des Hedschas, der heiligen Stätte.[18] Die vielen vom Biografen al-ʿIrāqī aufgezählten Beispiele zeugen davon, dass er eine bedeutende Figur in der Überlieferung von Schriften an seine Zeitgenossen gewesen sein muss, darunter an viele Besucher Mekkas.[19]

auf einer Plattform, die üblicherweise in der Kaʿba eingeschlossen wurde. Heute ist er in eine gläserne Vitrine gebettet, etwa zehn Meter von der Kaʿba entfernt, und die Gläubigen vollziehen zwei Gebetszyklen so nahe hinter ihm wie möglich. Vergleiche Stichwort *Maqām Ibrāhīm,* in *EoI,* Band 6, Seiten 104–107.

17. Zur Familie siehe Muḥammad b. Faḍlallāh (Amīn) al-Muḥibbī: *Khulāṣat al-athar fī aʿyān al-qarn al-ḥādī ʿaschar,* Kairo 1868, Band 2, Seiten 461–462.

18. Siehe Aḥmad Ibn Ḥadschar al-ʿAsqalānī: *al-Durr al-kāmina fī aʿyān al-miʾa al-thāmina,* herausgegeben von Muhammad Sayyid Dschadd al-Haqq, Kairo 1966, Band 1, Seite 56.

19. Zeitweise an der Seite seines Bruders, al-Ṣafī al-Ṭabarī; dazu siehe Ibn al-ʿIrāqī: *al-Dhayl ʿalā al-ʿibar,* Register; sowie al-ʿAsqalānī: *al-Durr al-kāmina,* Band 1, Seite 56.

Es mag scheinen, dass Raḍī al-Dīn zu spät geboren wurde, um direkt von Ibn ʿArabī zu überliefern (der starb, als dieser vier Jahre alt war), doch die Möglichkeit einer solchen Verbindung in Form einer »Kinder-*idschāza*« (vielleicht durch die Vermittlung seines Vaters oder eines anderen männlichen Verwandten) kann nicht ausgeschlossen werden. Zu solchen *idschāzas* siehe weiter unten.

Wir müssen noch auf die Möglichkeit hinweisen, dass es sich bei der hier als Raḍī al-Dīn al-Ṭabarī identifizierten Person auch um den schāfiʿitischen Mufti und Angehörigen derselben Familie Aḥmad b. ʿAbdallāh al-Ṭabarī al-Makkī (gestorben 694 AH / 1295 AD) handeln könnte, der in Yahya: *Histoire,* Band 1, Seite 133, als Verteidiger Ibn ʿArabīs aufgelistet ist. Doch es gibt keinen Hinweis darauf, dass dieser auch als Raḍī al-Dīn oder al-Raḍī bekannt war. Weitere Mitglieder der wichtigen Familie al-Ṭabarī al-Makkī finden sich später in der Überlieferungskette ÜD.

Ebenfalls anmerkenswert ist, dass Ibn ʿArabī während eines Besuchs in Mekka im Jahr 598 AH / 1201 AD den vorangehenden Imam der Maqām Ibrāhīm in der

Abū Muḥammad al-Qāsim b. Muẓaffar b. Maḥmūd b. Tādsch al-Umanāʾ Aḥmad Ibn ʿAsākir

ÜA

Er war ein Mitglied des Clans der Banū ʿAsākir, der von 470 bis 660 AH eine wichtige Stellung in Damaskus innehatte und eine Dynastie von schāfiʿitischen Gelehrten hervorbrachte.[20] Er scheint unter seinem vollen hier wiedergegebenen Namen eine *idschāza* von Ibn ʿArabī für dessen *Kitāb al-Muʿaschscharāt al-maymūna* erhalten zu haben.[21] Gemäß Yahya wird er auch genannt in einer Überlieferungskette der *Futūḥāt al-Makkiyya* (wo sein Name mit Abū Muḥammad al-Qāsim b. al-Muẓaffar b. Muḥammad al-Ṭabīb angegeben ist), für die er ebenfalls eine *idschāza* direkt vom Autor erhalten hatte.[22] In einer von al-Qāsim eigenhändig abgeschriebenen Sammlung von Werken Ibn ʿArabīs und Ṣadr al-Dīn Qūnawīs bezieht sich der Kopist auf den Letzteren in Worten, die darauf schließen lassen, dass er selbst einer von Qūnawīs Schülern war.[23] Unter denjenigen, denen er selbst *idschāzas* gegeben hat, ist auch ↗ Burhān al-Dīn al-Tanūkhī.[24]

Person des Vaters der Niẓām, Scheich Abū Schudschāʿ Ẓāhir b. Rustam al-Iṣfahānī (gestorben 609 AH / 1212 AD), kennenlernte, von dem er eine *idschāza* für Tirmidhīs Hadithensammlung erhielt. Siehe dazu ADDAS: *Quest for the Red Sulphur,* Seiten 209–210; sowie MUḤYĪDDĪN IBN ʿARABĪ: *The Tarjumān al-Ashwāq,* herausgegeben von Reynold A. Nicholson, London 1978, Seite 3.

20. Siehe Stichwort *Ibn ʿAsakir* in, *EoI,* Band 3, Seiten 713–715. Ibn ʿArabī listet noch eine weitere Person namens al-Qāsim Ibn ʿAsākir als einen seiner Hadith-Lehrer auf, der im Jahr 600 AH / 1203 AD starb. Siehe ALEXANDER KNYSH: *Ibn ʿArabī in the Later Islamic Tradition: The Making of a Polemical Image in Medieval Islam,* Albany, NY, 1999, Seite 334 Anmerkung 118.

21. YAHYA: *Histoire,* RG 484. Siehe A 3320 (Bibliothek der Universität Istanbul), Blatt 17a. Man beachte, dass diese *idschāza,* die Ibn ʿAsākir einschließt, in *Histoire,* Band 2, Seite 393, nicht erwähnt wird. Dasselbe Werk erscheint hingegen in Halet Efendi 245, und zwar unter dem abweichenden Titel *Risālat al-Ḥurūf bi'l-manẓūmāt;* Blatt 260b berichtet, er übermittle das Werk durch eine *idschāza* von Ibn ʿArabī, und Blatt 271a hält fest, er habe dafür eine *idschāza* von Ibn ʿArabī und von dessen Sohn ʿImād al-Dīn erhalten.

22. Siehe Yahya: *Histoire,* Band 2, Seite 540, Kette 6b.

23. Siehe Esad Efendi 1413, Frontispiz. Die Autorin dankt Stephen Hirtenstein dafür sowie für Informationen zum erwähnten Manuskript von Ibn ʿAsākir.

24. Siehe AL-KATTANI: *Fihris al-fahāris,* Seite 221 sowie Seite 581.

ACHTES JAHRHUNDERT AH

Scharaf al-Dīn ʿAbd al-Muʾmin b. Khalaf al-Dimyāṭī

üE · gestorben 705 AH / 1306 AD

Er wurde 613 AH geboren, war ein ägyptischer Hadith-Gelehrter und einer der wichtigsten Figuren der Hadith-Überlieferung im letzten Drittel des siebten Jahrhunderts AH. Am bekanntesten ist er für sein *muʿdscham schuyūkh* (Verzeichnis der Autoritäten). Dieses führt die Namen seiner eigenen Scheichs und der Scheichs auf, denen er begegnete und von denen er Werke aus vielen Fachgebieten erhielt, und bietet eine Sammlung von Hadithen und weiteren Texten, die er auf seinen vielen Reisen durch Ägypten, den Hedschas, Irak und Syrien sammelte.[25] Sein erster Besuch Syriens fällt in das Jahr 645 AH. Er kehrte 650, vor und nach einer Bagdad-Reise, nach Nordsyrien zurück und weilte zwischen 654 und 656 mehrmals in Damaskus (wo er sich möglicherweise auch niederließ).[26] Sein *muʿdscham* enthält auch ↗ Muḥammad b. Muḥammad b. ʿAli Ibn al-ʿArabī Saʿd al-Dīn al-Ṭāʾī al-Dimaschqī.[27]

Al-Nūr / Nūr al-Dīn Abūʾl-Ḥasan ʿAlī b. ʿUmar b. Abū Bakr al-Wānī (al-Khilāṭī al-Ṣūfī)

üF · gestorben 727 AH / 1327 AD

Er wurde 635 oder 637 AH geboren, ließ sich in Ägypten nieder und ist auch als Ibn al-Ṣalāḥ bekannt. Zwei Übermittlungsketten der *Futūḥāt al-Makkiyya* nennen ihn als Empfänger von Ibn ʿArabī und Weitergeber an ↗ Ismāʿīl al-Dschabartī.[28] Gemäß Muḥammad al-Murtaḍā al-Zabīdī verläuft auch die *silsila* (die »goldene« Übermittlungskette) des *khirqa akbarīya* (des akbarischen Mantels) von Ibn ʿArabī zu ihm und von ihm weiter zu Ismāʿīl al-Dschabartī.[29] Er erscheint in den *maʿādschim schuyūkh* (Verzeichnissen) einiger seiner Zeitgenossen,[30] studierte und lehrte Werke von verschiede-

25. Zu ihm siehe *EoI,* Band 2, Seite 292; sowie GEORGES VAJDA [Hrsg.]: *Le Dictionnaire des autorités de ʿAbd al-Muʾmin al-Dimyati,* Paris 1962. Für eine Auflistung seiner Schriften siehe BROCKELMANN: *GAL,* Band II, Seite 88, und Ergänzungsband, Seite 79.

26. Siehe VAJDA: *Le Dictionnaire des autorités,* Seite 12.

27. Ebenda, Seite 123. Doch erscheint er nicht im Register der *samāʿ*s.

28. Siehe YAHIA: *Histoire,* Band 2, Seite 540, Ketten 6c und 6d.

29. Siehe ADDAS: *Quest for the Red Sulphur,* Seite 320.

30. Wie zum Beispiel Ibn ʿAbd al-Ghanī al-Maqdisī: siehe AL-KATTANI: *Fihris al-fahāris,* Seite 645 und auch 638 und 997.

nen bekannten Autoritäten und wurde für seine Hadith-Lehre und -vermittlung gefeiert, bei der er während seines langen Lebens von zweiundneunzig Jahren Jung und Alt zusammenbrachte.[31]

Nāṣir al-Dīn Muḥammad b. ʿAlī b. Yūsuf b. Idrīs al-Kurdī al-Ḥarāwī[32]

ÜE · gestorben 781 AH / 1379 AD

Geboren wurde er in Dimyat und sein Geburtsjahr wird mit 687, 696/7 oder 701 AH angegeben.[33] Auf Vermittlung seines Onkels mütterlicherseits, ʿImād al-Dīn al-Dimyāṭī, studierte er Werke von ↗Scharaf al-Dīn ʿAbd al-Muʾmin b. Khalaf al-Dimyāṭī (der gestorben war, als Nāṣir al-Dīn acht Jahre alt war).[34] Er erhielt auch *idschāzas* von anderen Scheichs in Kairo. Er selbst gab *idschāzas* an Hadith-Gelehrte, war bei allen Altersklassen von Studenten beliebt und auf seinem Fachgebiet unerreicht. Autoren baten ihn um Prüfung ihrer Werke und entsprechende *samāʿ* (Gutachten); der Biograf Ibn al-ʿIrāqī berichtet, er habe bei ihm viele der Werke studiert, die dieser durch *idschāzas* von al-Dimyāṭī erhalten habe. Er war Soldat und diente als einer der Axtträger des Sultans (weshalb er den Zunahmen al-Ṭabardār erhielt), und er war sehr bekannt

31. Beispiele zu seinen Studenten, Lehren und Überlieferungen finden sich in AL-DHAHABĪ: *Dhayl taʾrīkh al-Islām,* Seiten 152, 409, 455 und 369; sowie in AL-ʿASQALĀNĪ: *al-Durar al-kāmina,* Band 3, Seite 163.

32. Der hier genannte vollständige Name entspricht dem in AL-ʿIRĀQĪ: *al-Dhayl ʿalā al-ʿibar,* Band 2, Seite 492, genannten; dieser Autor schreibt den Namen auch als al-Ḥarrāwī, während alle anderen Quellen das r nicht verdoppeln (dieser Mehrheitsmeinung schließen wir uns an). ʿABD AL-ḤAYY IBN AL-ʿIMĀD: *Schadharāt al-dhahab fi akhbār man dhahab,* Kairo 1351 AH, Band 6, Seite 272, gibt seinen vollen Namen an mit Nāṣir al-Dīn Muḥammad b. Yūsuf b. ʿAlī b. Idrīs al-Ḥarāwī (al-Ṭabardār). AL-ʿASQALĀNĪ: *al-Durar al-kāmina,* Band 4, Seite 216, nennt ihn Muḥammad b. ʿAlī b. Yūsuf b. Idrīs al-Dimyāṭī al-Ḥarāwī (Nāṣir al-Dīn al-Ṭabardār). Keiner dieser Autoren nennt ihn Abū Ṭalḥa oder al-Zāhid. AL-KATTANI: *Fihris al-fahāris,* erwähnt auf Seite 319 Abū Ṭalḥa al-Ḥarāwī al-Zāhid und auf Seite 549 Muḥammad b. ʿAlī b. Yūsuf al-Ḥarāwī (Nāṣir al-Dīn), was offensichtlich dieselbe Person ist. Man beachte, dass der Name in jeder der drei Erwähnungen in YAHYA: *Histoire,* Band 2, Seiten 540–541, unterscheidlich lautet (Ṭalḥa al-Ḥarrāwī, Abū Ṭalḥa al-Kharrāwī und Abū Ṭalḥa al-Ḥarrawī).

33. Für das erste Datum siehe IBN AL-ʿIRĀQĪ: *al-Dhayl ʿalā al-ʿibar,* Band 2, Seite 492, und IBN AL-ʿIMĀD: *Schadharāt al-dhahab,* Band 6, Seite 272; für das zweite siehe AL-ʿASQALĀNĪ: *al-Durar al-kāmina,* Band 4, Seite 216.

34. Siehe IBN AL-ʿIRĀQĪ: *al-Dhayl ʿalā al-ʿibar,* Band 2, Seiten 492–493; sowie IBN AL-ʿIMĀD: *Schadharāt al-dhahab,* Band 6, Seite 272.

für seine Frömmigkeit, Redlichkeit und Liebe des Guten. Er überlieferte an ↗ Muḥammad b. Muqbil al-Ḥalabī.[35]

NEUNTES JAHRHUNDERT AH

Burhān al-Dīn Abū Isḥāq Ibrāhīm b. Aḥmad b. ʿAbd al-Wāḥid b. Saʿīd al-Tanūkhī al-Baʿlī[36]

üA · gestorben 800 AH / 1398 AD

Auch bekannt als al-Burhān al-Schāmī. Er wurde 907 AH in Damaskus geboren, wo er auch aufwuchs; später ließ er sich in Kairo nieder. Seine Famillie stammt aus Baʿl (Baʿalbek). Er erhielt *idschāzas* von über dreihundert (gemäß einigen Quellen sogar fast vierhundert) Autoritäten einschließlich ↗ al-Qāsim Ibn ʿAsākir. Er studierte die Hadithe, *fiqh* oder Jurisprudenz (in Hama, Aleppo und Kairo sowie anderenorts) sowie Koranlesung und -rezitation und war autorisiert, Rechtsgutachten zu lehren und abzugeben. Als hoch respektierter Gelehrter wurde er »Scheich von Ägypten« sowohl in Hadith-Weitergabe als auch Koranlesung. Unter den vielen, die bei ihm studierten und seine Werke weitervermittelten, gehörte ↗ Ibn Ḥadschar al-ʿAsqalānī, der berichtet, er sei lange Zeit dessen Gefährte gewesen (und habe »die *baraka* seiner Bittgebete« erfahren). Ibn Ḥadschar gibt die Hadithe an, die von jenen erzählt wurden, die in al-Tanūkhīs *muʿdscham* aufgelistet sind, und redigierte einige von al-Tanūkhīs Werken über die Hadithe.[37] Der Historiker und Biograf Schams al-Dīn al-Dhahabī (gestorben 748 AH /

35. Siehe AL-KATTANI: *Fihris al-fahāris,* Seiten 319 und 549. Diese nennen Abū Ṭalḥa al-Ḥarāwī al-Zāhid respektive Muḥammad b. Alī b. Yūsuf al-Ḥarāwī als übermittelnd (gemäß Seite 319 insbesondere Werke von Ibn ʿArabī) von Scharaf al-Dīn al-Dimyāṭī und an Muḥammad b. Muqbil al-Ḥalabī.

36. AL-ʿASQALĀNĪ: *al-Durar al-kāmina,* Band 1, Seite 11, gibt seinen vollen Namen an als Ibrāhīm b. Aḥmad b. ʿAbd al-Wāḥid b. ʿabd al-Muʾmin b. Saʿīd b. Kāmil b. ʿAlwān al-Tanūkhī.

37. In jedem dieser Fälle beschreibt al-ʿAsqalānī seinen Beitrag mit dem Begriff *takhrīdsch.* Im Zusammenhang mit Hadith-Werken bedeutet dies üblicherweise »zitierten«, »publizieren« oder die »*isnād*ʼ (Überlieferungslinie eines Hadiths) angeben«. (Es kann auch bedeuten, die Implikationen eines Hadiths für die Regeln der *fiqh* »hervorzuheben« unter Einbezug einer Erklärung seines Gebrauchs und der Kürze seiner Überlieferungskette, und hilft bei der einfachen Identifikation von Hadithen in Bezug auf eine spezielle Fragestellung.) Sie dazu ROY MOTTAHEDEDS Rezension von RICHARD W. BULLIET: *The Patricians of Nishapur* (Cambridge, MA, 1972) in *Journal of the American Oriental Society,* 95:3 1975, Seite 492.

1352 AD) studierte ebenfalls bei al-Tanūkhī und überlieferte Hadithe von ihm. Als al-Tanūkhī erblindete, wurde er bekannt als al-Burhān al-Schāmī »der Blinde«.[38]

Ismaʿīl al-Dschabartī al-Zabīdī

üF · gestorben 806 AH / 1404 AD

Er war ein charismatischer Sufi-Scheich und glühender Anhänger Ibn ʿArabīs. Zusammen mit seinem Schüler ʿAbd al-Karīm al-Dschīlī (gestorben 832 AH / 1429 AD) verbreitete er die Werke Ibn ʿArabīs in Zabid, woraus im Jemen unter der Rasuliden-Dynastie eine Sufi-Bewegung entstand, die sich zu den Lehren von ihm und seiner Schule bekannte.[39]

Al-Dschamāl / Dschamāl al-Dīn (Abū'l-Maḥāsin) Muḥammad b. Ibrāhīm (b. Aḥmad b. Abū Bakr) al-Murschidī (al-Makkī)

üD

Ein Hadith-Gelehrter aus Mekka, der seine Werke zu den Hadithen an ↗ʿUmar Ibn Fahd al-Makkī übermittelte.[40]

Ibn Ḥadschar al-ʿAsqalānī

üA · gestorben 852 AH / 1448 AD

Ein prominenter ägyptischer Hadith-Gelehrter (Autor von *Fatḥ al-bārī,* dem großen Kommentar zur *saḥīh*-Kategorisierung) Biograf und schāfiʾitischer Mufti, der häufig als größter *ʿālim* (Gelehrter) seiner Generation betrachtet wird. Er bekleidete während insgesamt einundzwanzig Jahren das Amt des obersten Richters von Ägypten und Syrien.[41] Wie oben erwähnt, übermittelte er von ↗al-Tanūkhī. In der Einschätzung seiner Haltung zu Ibn ʿArabī beschreibt ihn Knysh als dessen Gegner und Kritiker,[42] weist jedoch gleich-

38. Siehe ferner AL-KATTANI: *Fihris al-fahāris,* Seiten 220–224, 1014 und Register; sowie AL-ʿASQALĀNĪ: *al-Durar al-kāmina,* Band 1, Seiten 11–12.

39. Über ihn siehe KNYSH: *Ibn ʿArabī,* Seiten 226 und 237; sowie derselbe: "Ibn Arabi in the Yemen: His Admirers and Detractors" in *JMIAS,* XI 1992, Seite 44ff; sowie zu den genauen Quellen zu seiner Biografie und seinem Werk ebenda, Seite 59 Anmerkung 35.

40. Siehe AL-KATTANI: *Fihris al-fahāris,* Seiten 553 und 110–111. Der Name al-Murschidī könnte sich auf einen seiner Vorfahren beziehen oder auf Munyat Rashid, ein ägyptisches Dorf. Man beachte das Auftauchen al-Murschidīs in einer Kette zum *Ḥizb* des al-Nawawī (ebenda, Seite 1144.)

41. Zu ihm siehe *EoI,* Band 3, Seiten 776–778.

42. ALEXANDER KNYSH: *Ibn ʿArabī,* Seiten 26 und 135.

zeitig darauf hin, dass Ibn Ḥadschar, trotz des Versuchs einiger Biografen, ihn als einen unversöhnlichen Feind Ibn 'Arabīs darzustellen, das größtmögliche Spektrum an Meinungen über diesen äußerte und jegliche scharfe Beschuldigung der Häresie oder des Unglaubens vermied. Auf dieser Grundlage beurteilt er Ibn 'Arabīs Position als »agnostisch«.[43] Außerhalb strikter hanbalitischer Kreise waren Ibn Ḥadschars Schriften für eine lange Folgezeit wahrscheinlich die letzten, die ein wohlwollendes Bild von Ibn Taymīya zeichneten (weil gegen Mitte des vierzehnten Jahrhunderts die von Ibn Taymīya vertretene salafistische Sicht des Islams weitgehend überstrahlt wurde vom Asch'arīya-Sufi-Establishment der *'ulamā'*, die das sunnitisch-kulturelle Millieu dominierte).[44]

43. Ebenda, Seiten 128–129 und Kapitel 5 und 8; sowie derselbe: "Ibn 'Arabī in the Later Islamic Tradition" in *Muḥyīddīn Ibn 'Arabī: A Commemorative Volume,* herausgegeben von Stephen Hirtenstein und Michael Tiernan, Shaftesbury 1993, Seiten 308 und 313. Ebenso zählt Yahya: *Histoire,* Band 1, Seiten 130 und 134, Ibn Ḥadschar sowohl zu den verteidigenden Muftis *als auch* zu den Gegnern Ibn 'Arabīs.

44. Siehe Basheer M. Nafi: "Tasawwuf and Reform in Pre-Modern Islamic Culture: In Search of Ibrahim al-Kurani" in *Die Welt des Islams,* 42:3 2002, Seite 329. Vergleiche auch derselbe: "Abū al-Thanā' al-Ālūsī: An 'Alim, Ottoman Mufti and Exegetist of the Qur'an" in *JMES,* 34 2002, Seite 466.

Mit dem Begriff »salafistisch« meinen wir hier eine Sicht des Islams, die bestimmt wird von den Prinzipien des Vermächtnisses von Aḥmad Ibn Taymīya (gestorben 1328 AD), dessen Vision des Islams einen Versuch darstellte, den »unverfälschten« Glauben wieder aufleben zu lassen, wie er von den *salaf al-ṣāliḥ* oder den rechtschaffenen Vorvätern der islamischen Gemeinschaft verstanden und praktiziert wurde. Diese Prinzipien sollten die letztgültige Autorität der ursprünglichen islamischen Texte gegenüber der angewachsenen islamischen Tradition wiederherstellen, den *tawḥīd* beschützen, die Widerspruchslosigkeit von Offenbarung und Vernunft sicherstellen sowie die Einheit der Gemeinschaft begründen. Ibn Taymīyas Aufruf zur Rückkehr zu einem direkten Verständnis des Korans und der Hadithe stand im Gegensatz zur Heranziehung von Konzepten und Prinzipien der griechischen Philosophie durch asch'arītische und mu'tazilītische Theologieschulen (welche die »richtige« Beziehung zwischen Vernunft und Offenbarung zu unterminieren drohten). Auch richtete er sich gegen eine uneingeschränkte Befolgung der Ansichten der Begründer der *madhāhib*-(Rechts-und-Theologie-)Schule durch *taqlīd* [unkritisches Akzeptieren von Normensetzungen]. Er lehnte sektirerische und *madhhab*-basierte Separierungen ab und prangerte die »Exzesse« des populären *taṣwwuf* sowie die Doktrin der *waḥdat al-wudschūd* als eine bedrohliche Unterminierung des *tawḥid* und der Göttlichen Transzendenz an. Aufgrund seiner reformistischen Stoßrichtung sollte sein Vermächtnis schließlich eine der Hauptinspirationsquellen für jene sunnitischen *'ulamā* werden, welche die vorherrschende Kultur der Asch'arīya-Lehre herauszufordern

Muḥammad Abū'l-Fatḥ b. Abū Bakr (Zayn al-Dīn / al-Zayn) al-Marāghī (Scharaf al-Dīn al-Quraschī al-Makkī)

üF · gestorben 859 AH / 1455 AD

Bekannt als al-Marāghī al-ṣaghīr (»der Jüngere«). Er wurde 775 AH in Medina geboren und war ein *faqīh* (Jurist) und Hadith-Gelehrter, der eine Anzahl Werke hinterlassen hat und in vielen Überlieferungsketten auftaucht. Gemäß einer von diesen übermittelte er die Werke von Ibn ʿArabī und alles, was dieser übermittelte, an ↗ Zakarīyā al-Anṣārī. Er überlieferte seine *fihris* (Bibliografie) an ↗ ʿUmar b. Taqī al-Dīn Ibn Fahd.[45] Er starb in Mekka und wurde als ein Heiliger beschrieben.[46]

Muḥammad b. Muqbil al-Ḥalabī al-Ṣīrafī

üE · gestorben 870 AH / 1466 AD

Er war ein sehr wichtiger Hadith-Überlieferer (galt als *musnid al-dunyā fī ʿaṣrihi,* »der wichtigste Haidth-Überlieferer der Welt zu seiner Zeit«) und war die letzte lebende Person, die noch von al-Fakhr Ibn al-Bukhārīs letztem lebenden Gefährten (al-Ṣalaḥ M. b. Ibrāhīm b. Abū ʿUmar al-Maqdisī al-Ṣāliḥī al-Ḥanbalī) überlieferte und damit von al-Fakhr selbst durch einen einzigen Vermittler.[47] Diejenigen, die Hadithe von Muḥammad b. Muqbil während dessen langem Leben übermittelten, gehörten zum angesehenen Kreis derer, die mit seiner »hohen« Kette von Autoritäten verknüpft wurden, die seinem Status als letztverbliebene Verbindung zu einer ehrenvollen, vergangenen Generation entsprang. Zu ihnen gehörten Muḥammad b. ʿAbd al-Raḥmān al-Sakhāwī[48] und ↗ Dschalāl ad-Dīn al-Suyūṭī, dem Muḥammad b. Muqbil 869 AH eine schriftliche *idschāza* von Aleppo nach Ägypten sandte.[49]

und Aspekte von Sufi-Glauben und -Praxis zu reformieren versuchten. Für eine bündige Einführung in Ibn Taymīyas Lehre und Vermächtnis siehe ITZCHAK WEISMANN: *Taste of Modernity: Sufism, Salafiyya and Arabism in Late Ottoman Damascus,* Leiden 2001, Seiten 263–268. Siehe ferner HENRI LAOUST: *Essai sur les doctrines sociales et politiques de Taki al-Din Ahmad b. Taimiya,* Kairo 1939.

45. Siehe AL-KATTANI: *Fihris al-fahāris,* Seiten 319 und 554.

46. Ebenda, Seiten 617 und 554.

47. Über Hanbali *faqīh* al-Fakhr Ibn al-Bukhārī (Abū'l-Ḥasan ʿAlī b. Aḥmad b. ʿAbd al-Wāḥid al-Maqdisī, 596–690 AH / 1200–1291 AD) siehe ebenda, Seiten 633–634. Zu seiner Bedeutung als wichtiger Hadith-Überlieferer aufgrund seiner »hohen« Kette siehe ebenda, Seiten 588, 947, 1013.

48. Siehe zum Beispiel ebenda, Seite 991.

49. Ebenda, Seite 549. Weitere Berichte zur Überlieferung von Muḥammad b. Muqbil an al-Suyūṭī finden sich ebenda, Seiten 627 und 634.

Sirādsch al-Dīn / al-Sirādsch ʿUmar (Nadschm al-Dīn) b. Muḥammad (Taqī al-Dīn) Ibn Fahd al-Makkī

üD · gestorben 885 AH / 1480 AD

Er wurde um 812 AH geboren, war auch bekannt als Abū'l-Qāsim oder Abū Ḥafṣ und war ein Scharīf (Nachkomme des Propheten durch die Abstammungslinie al-Hāschimī al-ʿAlawī) sowie ein Schāfiʿit. Sein Großvater hatte sich mit seinem Vater Taqī al-Dīn (geboren 787 AH in Ägypten) in Mekka niedergelassen, wo er Werke von vielen Scheichs studierte, von denen er auch *idschāzas* erhielt, und selbst ein fruchtbarer und respektierter Autor wurde.[50] Die Familie brachte neben ʿUmar eine Anzahl weiterer wichtiger Übermittler hervor.[51] ʿUmar erörterte unter anderem Hadithe von einigen Gelehrten, die im *muʿdscham* von ↗ Abū'l-Fatḥ Muḥammad al-Marāghī aufgelistet sind.[52] Er selbst übermittelte an ↗ Zakarīyā al-Anṣārī, an ↗ al-Suyūṭī und andere.[53] Er hinterließ eine Reihe von Bibliografien und Auflistungen von Lehrern (*maschyakha*) von ihm und anderen, und verschiedene Bücher einschließlich wichtiger historischer Werke über Mekka: *Itḥāf al-warā bi-akhbār Umm al-Qurā, al-Taysīr bi-tarādschim al-Ṭabarīyīn* und *al-Durr al-kamīn bi-dhayl al-ʿIqd al-thamīn (fī taʾrīkh al-balad al-amīn).*[54]

ZEHNTES JAHRHUNDERT AH

Dschalāl al-Dīn al-Suyūṭī

üE · gestorben 911 AH / 1505 AD

Ein großer ägyptischer Universalgelehrter, fruchtbarer Autor und ›orthodoxer‹ (Schādhilīya-)Sufi, der den Sufismus und dessen Führungsfiguren an vorderster Front rechtfertigte. Dazu gehörten Verteidigungsschriften der Orthodoxie des Ibn ʿArabī, zum Beispiel *Tanbīh al-ghabī bi-tabriʾat Ibn ʿArabī,* verfasst als Widerlegung von al-Biqāʿīs *Tanbīh al-ghabī bi-takfīr Ibn al-Fāriḍ wa Ibn ʿArabī.*[55]

50. Zum Vater siehe ebenda, Seite 270.

51. Ebenda, Seite 910 ff.

52. Ebenda, Seiten 617 und 911.

53. Ebenda, Seiten 110–111 und 669.

54. Ebenda, Seite 669; *al-Taysīr bi-tarādschim al-Ṭabarīyīn* ist auch bekannt unter dem Titel *al-Tabyīn fī tarādschim al-Ṭabarīyīn;* siehe dazu AL-MUḤIBBĪ: *Khulāṣat al-athar,* Band 2, Seite 457.

55. Zu ihm siehe *EoI,* Band 9, Seiten 913–916. Zu Details in Bezug auf seinen Beitrag zur Debatte im späten neunten Jahrhundert AH über Ibn ʿArabīs Lehren siehe KNYSH: *Ibn ʿArabī,* Seiten 79–81, 119–120, 213 und 223. YAHYA: *Histoire,*

Zu denjenigen, von denen er übermittelte, gehörte ↗ Muḥammad b. Muqbil al-Ḥalabī.[56]

(ʿIzz al-Dīn) ʿAbd al-ʿAzīz b. ʿUmar Ibn Fahd al-Makkī

üD · gestorben 921/922 AH / 1515/1516 AD

Er wurde 850 AH in Mekka geboren, war ein Schāfiʾit und auch bekannt als Abūʾl-Khayr und Abū Fāris. Er studierte Werke von seinem Vater ↗ ʿUmar Ibn Fahd al-Makkī und seinem Großvater Taqī al-Dīn. Sein Vater erlangte *idschāzas* für ihn von verschiedenen Gelehrten einschließlich ↗ Ibn Ḥadschar al-ʿAsqalānī[57] und ließ ihn Werke unter anderem von ↗ al-Marāghī studieren. Er bereiste ausgiebig den Hedschas, Ägypten, Syrien und Palästina und sammelte unzählige *samaʿ* und *idschāzas*. Er las Werke mit ↗ Zakarīyā al-Anṣārī und verbrachte Zeit unter anderem bei al-Sakhāwī. Besonders berühmt war er als Hadith-Gelehrter im Hedschas (und signierte als *khādim al-ḥadīth fīʾl-ḥaram al-Makkī*, »Diener der Hadithe in der heiligen Stätte Mekka«).[58] Sein *muʿdscham schuyūkh* umfasst eintausend Scheichs.[59] Neben Werken zu den Hadithen schrieb er *Nuzhat dhawī al-aḥlām bi-akhbār al-khuṭabāʾ waʾl-aʾimma wa quḍāt balad Allāh al-ḥarām* (»Des Träumers Spaziergang durch die Geschichten von Predigern, Imamen und Richtern in Gottes Heiligem Land«). Zu denjenigen, die von ihm überlieferten, gehörte der Historiker Muḥammad Ibn Ṭūlūn,[60] während er selbst unter anderem an ↗ Yaḥyā b. Makram b. Muḥibb al-Dīn (Abūʾl-Maʿālī) b. Aḥmad al-Ṭabarī überlieferte.[61]

Zakarīyā b. Muḥammad al-Anṣārī

üF, üA · geboren 926 AH / 1520 AD

Geboren 823/824 AH, verehrter ägyptischer Sufi und schāfiʾitische Autorität. Er studierte unter anderem bei ↗ Ibn Ḥadschar al-

Band 1, Seite 134, listet ihn unter die Verteidiger Ibn ʿArabīs. Siehe auch KNYSH: *Ibn ʿArabī,* Seiten 312 und 316–317.

56. AL-KATTANI: *Fihris al-fahāris,* Seite 1014.
57. Siehe auch ebenda, Seite 853.
58. Ebenda, Seiten 755–756.
59. Siehe ebenda, Seiten 619, 755.
60. Ebenda, Seiten 755–756, 677 und 684.
61. Siehe ebenda, Seiten 756, 853, 958–959 und 1125.
62. Siehe NADSCHM AL-DĪN AL-GHAZZĪ: *al-Kawākib al-sāʾira bi-aʿyān al-miʾa al-ʿāschira,* herausgegeben von Jibrail S. Jabbur, Harissa, Libanon, 1959, Band 1, Seiten 197–198.

'Asqalānī[62] und war mit mehreren Sufi-Orden (*ṭuruq*) verbunden. Sein Ruf in exoterischen Wissenschaften, insbesondere in der *fiqh*, der Jurisprudenz (er übte zwanzig Jahre lang das Amt des Großkadis aus und seine Kommentare zum schāfi'itischen Recht wurden Teil des Lehrplans der Medrese), ermöglichte es ihm, sein spirituelles Leben von äußerer Überwachung zu beschützen. Seine Einsichten teilte er nur seinen engsten Schülern mit, wie etwa ↗ 'Abd al-Wahhāb al-Scha'rānī, der ihn in erster Linie als Heiligen betrachtete und über seine *karāmāt* schrieb.[63] Zu seinen vielen Werken gehören solche über den *taṣawwuf* (Sufismus), wie etwa seine Kommentare zu den Schriften des al-Quschayrī und des Scheichs Arslān.[64] Während der Kontroverse in Kairo im Jahr 874 AH / 1469 AD, ausgelöst durch die anti-monistische Kampagne des al-Biqā'ī gegen die Lehren Ibn al-Fāriḍs und Ibn 'Arabīs, suchte der Sultan seinen Expertenrat, um der Agitation ein Ende zu bereiten, worauf Zakarīyā die beiden verteidigte.[65] Zu seinen vielen Studenten gehörte ↗ Badr al-Dīn al-Ghazzī,[66] der *idschāzas* zu allen seinen Werken erhielt, als er während eines Aufenthalts in Kairo bei ihm studierte.[67] Gemäß einer Kette überlieferte Zakarīyā al-Anṣārī die Werke von Ibn 'Arabī (und all dessen, was dieser übermittelt hatte) von ↗ Abū'l-Fatḥ al-Marāghī.[68]

63. Siehe Michael Winter: *Society and Religion in Early Ottoman Egypt: Studies in the Writings of 'Abd al-Wahhab al-Scha'rani*, New Brunswick, NJ, 1982, Seiten 54–55; sowie *EoI*, Band II, Seite 406. Für autobiografische Schilderungen, die von Zakarīyā al-Anṣārī an al-Scha'rānī übermittelt wurden, und Berichte über ihn von al-Scha'rānī siehe zum Beispiel al-Ghazzī: *al-Kawākib*, Band I, Seiten 196–198 und 200–201. Sein früher Ruf als jemand, der die Sufis mag, ihre *dhikr*-Versammlungen besucht und ihre Werke studiert, hatte seine Mitgelehrten zu der Überzeugung gebracht, er sei als ein *faqīh* »nicht zu gebrauchen«; als er dennoch fortfuhr, sich auch in den exoterischen Wissenschaften auszuzeichnen, wurden einige von ihnen neidisch auf ihn. Siehe ebenda, Seiten 198 und 200.

64. Siehe al-Ghazzī: *al-Kawākib*, Band I, Seite 202.

65. Siehe ebenda, Seiten 203–204, wo al-Ghazzī schreibt: »Er verstand die Worte der Leute aufgrund von *dhawq* [spirtuellem »Geschmack«], erklärte, was die Menschen des Weges gesagt hatten, auf die vollkommenste Weise und gab dann ausgezeichnete Antworten, wenn Teile davon für jemanden unklar waren.« Siehe auch Knysh: *Ibn 'Arabī*, Seite 212; sowie Th. Emil Homerin: *From Arab Poet to Muslim Saint: Ibn al-Farid, His Verse and His Shrine*, Columbia, SC, 1994, Seiten 69–73; und Winter: *Society and Religion*, Seiten 163–164. Yahya: *Histoire*, Band I, Seite 134, listet ihn unter die Verteidiger Ibn 'Arabīs.

66. al-Ghazzī: *al-Kawākib*, Band I, Seite 199.

67. Ebenda, Seite 202.

68. al-Kattani: *Fihris al-fahāris*, Seite 319.

ʿAbd al-Wahhāb b. Aḥmad al-Schaʿrānī[69]

üF · gestorben 973 AH / 1565 AD

Ägyptischer Historiker, schāfiʾitischer Mufti, Sufismus-Historiker (durch seine *ṭabaqāt* oder biografischen Sammelwerke, darunter das höchst populäre *al-Ṭabaqāt al-kubrā*), Sufi und Sufi-Verteidiger. Er war ein Student von und Verteidiger der Orthodoxie des Ibn ʿArabī (unter anderem mit seiner Theorie der »bewussten Verfälschung«)[70] und popularisierte dessen Lehren mittels Büchern wie zum Beispiel dem weitverbreiteten *al-Yawāqīt wa'l-dschawāhir.* Der bekannteste und angesehenste seiner Lehrer war ↗ Zakarīyā al-Anṣārī, der ihn 914 AH in den Weg initiierte.[71] Sein Sufismus wurde als »orthodox-gemäßigt« beschrieben (er identifizierte sich mit dem orthodoxen Weg al-Dschunaids und attackierte die »Exzesse« einiger *ṭuruq*).[72] Seine Stellung als Sufi, *faqīh* (Jurist)[73] und Hadith-Gelehrter wurde unterstützt von reformistischen und sogar von salafistischen Strömungen.[74]

ʿAlī b. ʿAbd al-Quddūs al-Schinnāwī

üF

Er war der Enkel von Muḥammad al-Schinnāwī (gestorben 932 AH / 1526 AD), einem beliebten Führer und Aḥmadīya-Scheich in der Nachfolge des berühmten Aḥmad (al-Sayyid) al-Badawī (gestorben 675 AH / 1276 AD), der seinen *dhikr* [die Praxis des Gottgedenkens] von seinem *zāwiya* (Sufi-Zentrum) in Mahallat Ruh westlich von

69. Auch Scha'rāwī geschrieben, siehe BROCKELMANN: *GAL,* Band II, Seite 441.

70. Vergleiche zum Beispiel KNYSH: *Ibn ʿArabī,* Seite 311; sowie WINTER: *Society and Religion,* Seiten 165–172. Die Hypothese der »bewussten Verfälschung« war ein in der islamischen Kultur verwendeter historischer Kunstgriff zur Bewältigung von Schwierigkeiten, die bestimmte Texte aus dem Blickwinkel der »Orthodoxie« bereiteten. Im Falle Ibn ʿArabīs wurde sie beispielsweise angewandt, um ihn dadurch zu entlasten, dass man anzweifelte, die *Fuṣūṣ al-ḥikam* seien ihm in genau ihrer erhalten gebliebenen Version zuzuschreiben, und man behauptete, gewisse problematische Passagen seien später eingefügt worden.

71. WINTER: *Society and Religion,* Seite 55.

72. Siehe *EoI,* Band 9, Seite 316. Zu ihm siehe ferner WINTER: *Society and Religion.*

73. Siehe zum Beispiel DAVID COMMINS: *Islamic Reform: Politics and Social Change in Late Ottoman Syria,* New York und Oxford 1990, Seite 50. Bezüglich seiner Haltung zur *madhāhib* und seiner *madhhab*-Verbindung siehe WINTER: *Society and Religion,* Seiten 224 und 236–241.

74. Siehe NAFI: "Abū al-Thanā' al-Ālūsī", Seite 489 Anmerkung 7.

Kairo aus verbreitete und auch den Massen, sogar einschließlich Frauen und Kindern, die Erlaubnis gab, *dhikr*-Treffen abzuhalten.[75] Muḥammad al-Schinnāwī hatte ↗ ʿAbd al-Wahhāb al-Schaʿrānī 932 AH in seinen Pfad initiiert und ihn dazu bestimmt, den *dhikr* zu lehren und *murīdūn* (Schülerinnen und Schüler, Singular: *murīd*) auszubilden.[76] Nach Muḥammads Tod verhielten sich seine Söhne wie auch ʿAbd al-Quddūs, der sein Nachfolger geworden war, feindselig gegenüber dem mächtigen Schüler al-Schaʿrānī, doch dieser diente ihnen trotzdem und bat darum, von ʿAbd al-Quddūs als Scheich geführt zu werden. Letzten Endes wurde jedoch ʿAbd al-Quddūs ein Schüler von al-Schaʿrānī, der ihn in den Aḥmadīya-Weg initiierte und darin führte.[77] Diese Beziehung erstreckte sich vermutlich auch auf ʿAbd al-Quddūsʾ Sohn ʿAli, den Vater von ↗Abūʾl-Mawāhib Aḥmad al-Schinnāwī.

Muḥammad Badr al-Dīn al-Ghazzī

ÜA und ÜE · gestorben 984 AH / 1576 AD

Zehn Generationen vor seiner Geburt im Jahr 904 AH / 1499 AD war seine Familie von Gaza nach Damaskus ausgewandert, wo sie sich schnell etablierte und für ihre Gelehrsamkeit respektiert wurde. Sein Vater, Raḍī al-Dīn, so wird berichtet, habe ihn als Kleinkind zu einem Scheich gebracht, der ihm seinen *khirqa* (Mantel) verliehen, ihn den *dhikr* gelehrt und ihm *idschāzas* gegeben habe.[78] Auf seine frühe Erziehung durch seinen Vater folgte eine Bildung durch die *ʿulamāʾ* von Damaskus (so studierte er die Hadithe und den *taṣawwuf* insbesondere bei Badr al-Dīn Ḥasan Ibn al-Schuwaykh al-Maqdisī). Im Alter von zwölf begleitete er sei-

75. Siehe WINTER: *Society and Religion,* Seiten 57; sowie AL-GHAZZĪ: *al-Kawākib,* Band 1, Seiten 97–98.

76. WINTER: *Society and Religion,* Seiten 99 und 139–140. Dieser war der einzige seiner Scheichs, der ihm eine solche Autorisierung gab. Al-Schaʿrānī nennt al-Schinnāwī ausdrücklich »al-Aḥmadī«. Mehrere seiner anderen Scheichs waren ebenfalls Aḥmadīs, also mit den Aḥmadīya verbunden, dem »Orden des Aḥmad al-Badawī«; siehe ebenda, Seite 98. Dieser, besser bekannt als »die Badawīya«, zeichnet sich aus durch einen besonderen populären Kult um die Figur al-Badawīs, dessen *mawlid* (Geburtstag) und dessen Grab in Tanta, Ägypten. Zu al-Schaʿrānīs Berichten über die Gespräche zwischen al-Schinnāwī und al-Badawī an dessen Grab siehe AL-GHAZZĪ: *al-Kawākib,* Band 1, Seite 98.

77. WINTER: *Society and Religion,* Seiten 99 und 138.

78. Bei diesem Scheich handelte es sich um Abūʾl-Fatḥ Muḥammad al-Iskandarī al-Mazzī. Dieser Bericht stützt sich auf AL-GHAZZĪ: *al-Kawākib,* Band 3, Seiten 3–10.

nen Vater nach Kairo, wo er fünf Jahre blieb, während derer er bei verschiedenen Autoritäten studierte, besonders bei ↗ Zakarīyā al-Anṣārī. Sein Vater erwirkte für ihn ebenfalls *idschāzas* von Dschalāl al-Dīn al-Suyūṭī und führte ihn in die ägyptischen Heiligen ein. 921 kehrten sie nach Damaskus zurück.

Dort begann Badr al-Dīn eine lange Karriere als Lehrer (auch in der Umayyaden-Moschee) und als schāfi'itischer Mufti. Er verfasste zahlreiche Werke, hatte viele Ämter inne und zog Studenten von nah und fern an, unter ihnen Ismāʿīl (gestorben 993 AH / 1585 AD), den Urgroßvater von ʿAbd al-Ghanī al-Nābulusī.[79] Er liebte die Sufis und gab sich alle Mühe, sie zu beraten, wenn er vernahm, dass sich einige von ihnen im Widerspruch zur Scharia verhalten hätten. Er war eine berühmte und respektierte Persönlichkeit und der Vater von ↗ Nadschm al-Dīn al-Ghazzī.

ELFTES JAHRHUNDERT AH

Abū'l-Mawāhib Aḥmad b. ʿAlī b. ʿAbd al-Quddūs al-Schinnāwī

üF · gestorben 1028 AH / 1619 AD

Er stammte aus der wichtigen ägyptischen Sufi-Familie al-Schinnāwī, wurde 975 AH / 1568 AD in Mahallat Ruh westlich von Kairo geboren, studierte dort wie auch in Medina, wo er sich schließlich niederließ, und war auch unter dem Namen al-Khāmī bekannt.[80] Auch er selbst wurde ein bekannter Sufi und der führende Scheich des Naqschbandīya-Ordens in Medina. Dieser wie auch der Schattarīya-Orden waren vom indischen Scheich Ṣibghatallāh b. Rūḥallāh al-Sindī (al-Barwadschī) in Medina eingeführt worden, der sich 1596 oder 1605 AD dort niedergelassen hatte. Er initiierte al-Schinnāwī, wurde sein Lehrer und autorisierte ihn, *murīdūn* auszubilden, den *dhikr* zu lehren und vermachte ihm seinen *khirqa*.[81] Obwohl al-Schinnāwī bei seinen wichtigsten Lehrern die Hadithe

79. Siehe Barbara Rosenow von Schlegell: *Sufism in the Ottoman Arab World: Shaykh ʿAbd al-Ghanī al-Nābulusī (died 1143/1731)*, Phd thesis, Berkley: University of California, 1997, Seite 29.

80. Siehe Brockelmann: *GAL*, Band II, Seite 514.

81. Siehe al-Muḥibbī: *Khulāṣat al-athar*, Band 1, Seite 244; sowie Martin van Bruinessen: "Origins and Development of the Sufi Orders (*tarekat*) in Southeast Asia" in *Studia Islamika*, Jakarta, 1:1 1994; und derselbe: "Shariʿa Court, Tarekat and Pesantren: Religious Institutions in the Sultanate of Banten" in

studierte, scheint er selbst nicht als Hadith-Gelehrter betrachtet worden zu sein.[82] Nichtsdestotrotz stieg er zu einer tonangebenden Figur im intellektuellen Millieu der Ḥaramayn (der heiligen Stätten Mekka und Medina) auf, wo er ein ausgesprochener Anhänger der Doktrin der *waḥdat al-wudschūd* (der Einheit des Seins) wurde. Zu seinen vielen Studenten zählte ↗ Ṣafī al-Dīn al-Quschāschī (der seinen Lehrer als das »heilige Siegel seiner Zeit« verehrte). Brockelmann listet fünf von al-Schinnāwīs Werken auf einschließlich *al-Iqlīd al-farīd fī tadschrīd al-tawḥīd,* über das später al-Nābulusī einen Kommentar verfasste.[83]

ʿAbd al-Qādir b. Muḥammad b. Yaḥyā al-Ḥusaynī al-Ṭabarī al-Makkī al-Schāfiʿī

üD · gestorben 1033 AH / 1624 AD

Der Enkel von ↗ Yaḥyā b. Makram b. Muḥibb al-Dīn al-Ṭabarī (üD) und Mitglied einer wichtigen, seit Langem in Mekka etablierten scharīfischen Familie, die seit 673 AH die Imam-Position an der Maqām Ibrāhīm (Station Abrahams) innehatte. Er wurde 976 AH / 1568 AD geboren, hatte im Alter von zwölf Jahren den Koran auswendig gelernt und leitete Ramadan-Abendgebete an der Maqām. Ab 991 studierte er bei prominenten Scheichs (wie zum Beispiel al-Schams Muḥammad al-Ramlī al-Miṣrī al-Schāfiʿī und ʿAbd al-Raḥmān al-Scharbīnī) und erhielt von einigen von ihnen *idschāzas,* deren Werke weiterzugeben, die er bereits auswendig kannte. Nach umfassenden Studien vielfältiger Fächer und Werke verfasste er selbst zahlreiche Bücher, wie beispielsweise *Durrat al-aṣdāf al-sanīya fī dharwat al-awṣāf al-Ḥusaynīya, ʿUyūn al-masāʾil min aʿyān al-rasāʾil, Ifḥām al-madschārī fī ifḥām al-Bukhārī* und

Archipel, 50 1995, Seite 179. Zu Ṣibghatallāh (gestorben 1015 AH / 1606 AD) siehe ATALLAH S. COPTY: "The Naqshbandiyya and its Offshoot, the Naqshbandiyya-Mujaddidiyya in the Haraman in the 11th/17th Century" in *Die Welt des Islams,* 43:3 2003, Seite 323. Er hatte Ibn ʿArabīs Lehre (die er später in den Ḥaramayn verbreitete) von seinem Scheich Wadschīh al-Dīn al-ʿAlawī (gestorben 1609 AD) unterrichtet bekommen, einem »prominenten Verfechter« von Ibn ʿArabī und seiner Doktrin in Indien. Siehe weiter KHALED EL-ROUAYHEB: "Opening the Gate of Verification: The Forgotten Arab-Islamic Florescence of the 17th Century" in *IJMES,* 38 2006, Seiten 271 und 247 Anmerkung 51.

82. Siehe JOHN O. VOLL: "ʿAbdallah Ibn Salim al-Basri and 18th Century Hadith Scholarship" in *Die Welt des Islams,* 42:3 2002, Seite 367.

83. Siehe BROCKELMANN: *GAL,* Band II, Seite 514. Er schrieb auch das *Risāla fī waḥdat al-wudschūd;* siehe AL-MUḤIBBĪ: *Khulāṣat al-athar,* Band 1, Seite 244.

ʿArāʾis al-akbār wa gharāʾis al-afkār. Der Biograf al-Muḥibbī beschreibt ihn als »den Imam der Imame des Hedschas«.[84]

Nadschm al-Dīn al-Ghazzī

ÜA und ÜE · gestorben 1061 AH / 1651 AD

Er wurde 977 AH / 1570 AD geboren, besuchte die öffentlichen Lektionen seines Vaters ↗ Badr al-Dīn al-Ghazzī und erhielt von ihm *idschāzas,* als er noch ein Kind war (sein Vater starb in seinem Alter von sieben Jahren). Er studierte unter vielen Gelehrten, von denen er ebenfalls *idschāzas* erhielt,[85] übernahm dann Ämter und lehrte von jungen Jahren an sein ganzes langes Leben hindurch an unterschiedlichen Orten. Bis zu seinem Tod war er fünfunddreißig Jahre lang schāfiʾitischer Mufti in Damaskus. Auch lehrte er die Hadithe und las al-Bukhārī in der Umayyaden-Moschee während siebenundzwanzig Jahren.[86] Unter seinen zahlreichen und bekannten Studenten waren Ismāʿīl, der Vater von ʿAbd al-Ghanī al-Nābulusī, (gestorben 1052 AH).[87] Auch war er ein früher Lehrer und Scheich von ↗ ʿAbd al-Ghanī al-Nābulusī selbst[88] wie auch von ↗ Ibrāhīm al-Kūrānī.[89] Seine zahlreichen Schriften umfassen Werke zu den Hadithen, *tafsīr* (Exegesen), zur *fiqh* und zum *taṣawwuf* sowie Reiseberichte. Als Historiker ist er Autor des biografischen Werks *al-Kawākib al-sāʾira bi-aʿyān al-miʾa al-ʿāschira* und seiner Fortsetzung *Lutf al-samar wa qatf al-thamar: min tarādschim aʿyān al-ṭabaqa al-ūlā min al-qarn al-ḥādī ʿaschar.* Sein Ruf und ins-

84. Dieser Absatz basiert auf AL-MUḤIBBĪ: *Khulāṣat al-athar,* Band 2, Seiten 457–464.

85. Zu seinen Lehrern siehe NADSCHM AL-DĪN AL-GHAZZĪ: *Lutf al-samar wa qatf al-thamar min tarādschim aʿyān al-ṭabaqa al-ūlā min al-qarn al-ḥādī ʿaschar,* herausgegeben von Maḥmūd al-Schaykh, Damaskus 1981, Band 1, Seiten 31–36. Besonders erwähnenswert ist sein Scheich Schihāb al-Dīn Aḥmad b. Yūnus al-ʿĪthāwī, ein schāfiʾitischer Mufti.

86. Siehe ʿABD AL-RAZZAQ AL-BITAR: *Ḥilyat al-baschar fī taʾrīkh al-qarn al-thālith ʿaschar,* Beirut 1993 / 1961, Band 1, Seite 153; sowie AL-GHAZZĪ: *al-Kawākib,* Band 1, Seiten xi–xxi. Für weitere Details zu seinen Posten siehe AL-GHAZZĪ: *Lutf al-samar,* Band 1, Seiten 45–55.

87. Siehe AL-GHAZZĪ: *Lutf al-samar,* Band 1, Seite 97.

88. Siehe VON SCHLEGELL: *Sufism,* Seiten 32, 43 und 78; sowie ZUHAYR KHALIL AL-BURQAWI: *ʿAbd al-Ghanī al-Nābulusī wa taṣawwufuhu,* Amman 2003, Seite 95.

89. AL-GHAZZĪ: *Lutf al-samar,* Band 1, Seite 96; sowie MUḤAMMAD KHALĪL B. ʿALĪ AL-MURĀDĪ: *Silk al-durar fī aʿyān al-qarn al-thānī ʿaschar,* Kairo 1301 AH, Band 1, Seite 5; und BASHEER M. NAFI: "Tasawwuf and Reform", Seite 321.

besondere seine Hadith-Expertise[90] hallten über Syrien hinaus, vor allem in den Hedschas. Er unternahm zwölf Reisen nach Mekka und Medina, auf deren letzter (1059 AH) er von Anfragen nach *idschāzas* förmlich überschwemmt wurde, unter anderem auch von Gelehrten wie al-Schams Muḥammad al-Bābilī, die ihre Bewunderung für sein außergewöhnlich großes Wissen ausdrückten.[91] Was seine *ṭarīqa*-Beziehungen betrifft, war er in erster Linie dem Qādirīya-Orden verbunden. Einige seiner Zeitgenossen beschrieben ihn als einen der drei *abdāl* (eine Kategorie von Heiligen) in Syrien.[92]

Ṣafī al-Dīn Aḥmad b. Muḥammad b. Yūnus al-Quschāschī

üB, üC, üD und üF · gestorben 1071 AH / 1661 AD

Sein Vater, der aus einer Jerusalemer Familie scharīfischer Abstammung kam und dessen Scheich ein Mālikite namens Muḥammad b. ʿĪsā al-Tilimsānī war, war nach Medina ausgewandert. Seine früheste Erziehung erhielt Ṣafī al-Dīn von seinem Vater; sie beinhaltete eine Reise in den Jemen im Jahr 1011 AH, wo er Anschluss an prominente *ʿulamāʾ*-Kreise fand. Als er, nach einem Zwischenhalt in Mekka, nach Medina zurückkehrte, lernte er ↗ Abū'l-Mawāhib al-Schinnāwī kennen, der ihn in den Sufi-Pfad initiierte. Er studierte unter al-Schinnāwī, Ṣibghatallāh und vielen weiteren (möglicherweise bis zu einhundert) Scheichs und wurde in viele *ṭuruq* aufgenommen einschließlich des Qādirīya-, des Schattarīya-, des Schādhilīya- und des Naqschbandīya-Ordens. Er wurde ein enger Freund al-Schinnāwīs, heiratete dessen Tochter und wurde sein *khalīfa* (Stellvertreter) und nach seinem Tod sein Nachfolger als Schattarīya-Scheich. Als charismatische Figur zog er in Medina sehr viele Studenten und Schüler an und wurde als einer der größten Sufis seiner Zeit verehrt wie auch als eigenständiger Lehrer der Theologie und der Scharia.[93] ↗ Ibrāhīm al-Kūrānī war der bekann-

90. Für seine Werke auf diesem Gebiet siehe AL-GHAZZĪ: *Lutf al-samar,* Band 1, Seiten 108–111.

91. AL-MUḤIBBĪ: *Khulāṣat al-athar,* Band 4, Seite 199.

92. Ebenda, Seite 200; sowie AL-GHAZZĪ: *Lutf al-samar,* Band 1, Seite 84.

93. JOHN O. VOLL: "Muhammad Hayya al-Sindi and Muhammad Ibn ʿAbd al-Wahhab: An Analysis of an Intellectual Group in the Eighteenth-century Madina" in *Bulletin of the School of Oriental and African Studies,* 38:1 1975, Seiten 32–33, weist hin auf die Bedeutung al-Quschāschīs für die *ʿulamāʾ*-Kreise in

teste seiner Studenten (und al-Quschāschī war al-Kūrānīs wichtigster und einflussreichster Lehrer); ein weiterer war ʿAbdallāh b. Sālim al-Baṣrī (gestorben 1134 AH / 1722 AD).[94] Er zählt zu den vier einflussreichsten *ʿulamāʾ*, die das intellektuelle Milieu in Medina im späten siebzehnten Jahrhundert prägten. Dank seines Charismas und seiner Gelehrsamkeit hinterließ al-Quschāschī einen festen Zusammenhalt unter der Gruppe von Anhängern, die seinem Ansatz folgten, und zwar über verschiedene *fiqh madhhabs* (Rechtsschulen) und *ṭuruq* (Sufi-Orden) hinweg.[95]

Der Biograf al-Muḥibbī beschrieb al-Quschāschī als »den Imam all jener, die an die *waḥdat al-wudschūd* glauben«.[96] Unterstrichen wurde auch seine Bedeutung bei der Verbreitung der Lehren von Ibn ʿArabīs Schule in verschiedenen Teilen der muslimischen Welt durch seine Studenten; so lernte beispielsweise ʿAbd al-Raʾūf Singkel aus Sumatra zwanzig Jahre lang bei ihm.[97] Al-Quschāschī gilt als ein Verbindungsglied in einer der noch immer »lebendigen« Überlieferungsketten des *khirqa akbarīya*. Angeblich behauptete er für sich selbst die Rolle des Siegels der mohammedanischen Heiligkeit, das er erlangt habe, nachdem er unter fünf Lehrern studiert habe.[98]

Auch al-Quschāschīs Interesse an Theologie wurde anerkannt. Obwohl es sich bei der Mehrheit seiner Schriften um Erläuterungen oder Kommentare zu wichtigen Sufi-Traktaten handelt (wie etwa al-Dschīlīs *al-Insān al-kāmil*) oder um Bücher zu den *uṣūl* (den Glaubensprinzipien), verfasste er auch drei Abhandlungen zur Frage der *kasb* (Aneignung; das Verhältnis von menschlicher Frei-

Medina im achtzehnten Jahrhundert aufgrund einiger ihrer intellektuellen Traditionslinien, die auf ihn zurückführen.

94. Siehe ebenda, Seite 34. Al-Baṣrī war der Herausgeber der sechs großen sunnitischen Hadith-Sammlungen, wurde von al-Dschabartī »das Siegel der Hadith-Gelehrten« genannt und war ein Lehrer von Muḥammad Ḥayāt al-Sindī. Über ihn siehe Voll: "ʿAbdallah Ibn Salim al-Basri", Seiten 356–372.

95. Basheer M. Nafi: "Tasawwuf and Reform", Seiten 312–320.

96. al-Muḥibbī: *Khulāṣat al-athar,* Band 1, Seite 345.

97. Siehe *EoI,* Band 5, Seiten 525–526. Zu Singkel siehe weiter unten. Man beachte, dass al-Quschāschī stark involviert war in der Polemik gegen Sirhindīs *khalīfa* Ādam al-Banūrī im Rahmen von in Medina abgehaltenen Versammlungen über spezifische Lehrinhalte und derern Interpretation durch Ādam. Siehe Copty: "The Naqshbandiyya", Seiten 332–337.

98. Michel Chodkiewicz: *Seal of the Saints: Prophethood and Sainthood in the Doctrine of Ibn ʿArabī,* Cambridge 1993, Seiten 135–136; sowie al-Muḥibbī: *Khulāṣat al-athar,* Band 1, Seite 345.

heit und Göttlicher Allmacht), einem grundlegenden Prinzip der Asch'arīya-Lehre, von denen zumindest eine zu ziemlichen Kontroversen geführt hat. Er war zudem ein Hadith-Gelehrter und befasste sich mit Sufi-Interpretationen der Hadithe[99] sowie einem Konzept, das neue Trends skizzierte, die erst in der kommenden Generation klarer hervortreten sollten.[100] Aufgrund dieser und anderer Arbeiten lässt sich bei ihm, neben seiner mystischen Berufung und seiner entschlossenen Pflege der Sufi-Traditionen, auch eine mögliche (noch embryonale) Reformtendenz erkennen.[101]

Zayn al-'Ābidīn b. 'Abd al-Qādir al-Ṭabarī al-Ḥusaynī al-Makkī al-Schāfi'ī

üD · gestorben 1078 AH / 1667 AD

Er wurde 1002 AH / 1594 AD geboren und studierte bei seinem Vater ↗ 'Abd al-Qādir b. Muḥammad b. Yaḥyā al-Ḥusaynī al-Ṭabarī und den prominenten Scheichs von Mekka und Medina, wie zum Beispiel 'Abd al-Wāḥid al-Ḥiṣārī al-Mu'ammar, von denen er *idschāzas* erhielt. Zu jenen, denen er *idschāzas* gewährte, gehörten unter anderem Muḥammad al-Schillī Bā'alawī und al-Ḥasan b. 'Alī al-'Udschaymī al-Makkī. Er wurde nicht so gefeiert wir sein Vater.[102]

ZWÖLFTES JAHRHUNDERT AH

Ibrāhīm al-Kūrānī

üB, üC, üD und üF · gestorben 1101 AH / 1689 AD

Als prominentester Schüler von ↗ Aḥmad al-Quschāschī stand er in einer besonderen Beziehung zu seinem Lehrer und wurde sein Schwiegersohn und designierter Erbe.[103] Er war 1023 AH / 1615 AD

99. *'Mazdsch al-ḥaqā'iq bi'l-aḥādīth al-nabawīya'* wie beschrieben in AL-KATTANI: *Fihris al-fahāris,* Seite 971.

100. Siehe VOLL: "'Abdallah Ibn Salim al-Basri", Seite 368.

101. Siehe BASHEER M. NAFI: "Tasawwuf and Reform", Seite 314, (für weitere ausführliche Quellen zu al-Quschāschī siehe ebenda, Seite 312 Anmerkungen 10–13); sowie AL-KATTANI: *Fihris al-fahāris,* Seite 971.

102. AL-MUḤIBBĪ: *Khulāṣat al-athar,* Band 2, Seiten 195–196. VOLL: "Muhammad Hayya al-Sindi", Seite 33 Anmerkung 8, erwähnt ihn als Angehöriger einer Gruppe von Lehrern in Medina im achtzehnten Jahrhundert. Sein Bruder 'Alī (gestorben 1070 AH / 1659 AD) war Imam und hanafitischer Mufti an der Ḥaram (heiligen Stätte) in Mekka. Siehe COPTY: "The Naqshbandiyya", Seiten 330–331.

103. Siehe AL-MUḤIBBĪ: *Khulāṣat al-athar,* Band 1, Seite 345.

geboren worden und studierte eine große Bandbreite von Themen bei vielen Lehrern in seiner Heimat Schahrazor (Kurdistan) und später in Bagdad, Damaskus, Kairo und Medina, wo er sich schließlich niederließ.[104] Er wurde in mehrere *ṭuruq* initiiert einschließlich des Schattarīya-, Qādirīya- und Chischtīya- sowie des Naqschbandīya-, seines Hauptordens, von denen er auch die Lehrerlaubnis erhielt. Nach al-Quschāschīs Tod 1661 folgte er diesem nach als oberster Scheich und führender Lehrer der Schattarīya[105] sowie als »Hauptexponent von Ibn ʿArabīs Vermächtnis in Medina«.[106]

Als schāfiʾitischer *ʿālim* war al-Kūrānīs Bedeutung für das intellektuelle Leben Medinas zu seinen Lebzeiten derart groß, dass er als »Doyen der städtischen *ʿulamāʾ*« galt.[107] Doch ging sein Einfluss als »unangefochtener Führer« der Schule Ibn ʿArabīs in seiner Epoche weit über Medina hinaus.[108] So ist beispielsweise seine Wirkung auf den indonesischen Islam, durch Vermittlung seiner wichtigen indonesischen Schüler wie etwa ʿAbd al-Raʾūf Singkel, dokumentiert.[109] Eines seiner Werke über das Prinzip des *waḥdat al-wudschūd,* die *Itḥāf al-dhakī,* verfasste al-Kūrānī auf Bitten seiner indonesischen Schüler, und ein weiteres (eine Widerlegung

104. Zu einer ausführlichen Übersicht über seine Ausblidung siehe BASHEER M. NAFI: "Tasawwuf and Reform", Seiten 321ff.

105. VOLL: "Muhammad Hayya al-Sindi", Seite 34.

106. Siehe ALEXANDER KNYSH: "Ibrahim al-Kurani (died 1101/1690), An Apologist for *waḥdat al-wudschūd*" in *Journal of the Royal Asiatic Society* [nachfolgend *JRAS*], Series 3:5:1 1999, Seite 46.

107. MARTIN VAN BRUINESSEN: "Kurdish ʿUlama and their Indonesian Disciples" auf https://www.researchgate.net/publication/27703433_Kurdish_Ulama_and_their_Indonesian_disciples, Seiten 4–5. Zu seiner Größe siehe weiter KHALED EL-ROUAYHEB: "Opening the Gate", Seite 274.

108. KNYSH: "Ibrahim al-Kurani", Seite 45. VAN BRUINESSEN: "Kurdish ʿUlama", Seite 5, beschreibt den reifen al-Kūrānī als den »führenden Vertreter von Ibn ʿArabīs Lehre in Medina und vielleicht in der gesamten islamischen Welt.«

109. Singkel kam al-Kūrānī besonders nahe, und dieser gab ihm eine *idschāza,* den Schattarīya-*ṭarīqa* zu lehren. Er war der Erste, der diesen *ṭarīqa* in Indonesien einführte und ihn als moderate Kraft im Rahmen einer breiteren Versöhnung von Mystikern und Legalisten aufbaute, was ihn zu einem wichtigen Einfluss für die Wiedergeburt des orthodoxen, mit der Scharia kombinierten Sufismus in Sumatra werden ließ. Siehe VAN BRUINESSEN: "Kurdish ʿUlama", Seite 4; sowie VOLL: "Muhammad Hayya al-Sindi", Seite 39; und derselbe: "ʿAbdallah Ibn Salim al-Basri", Seite 370; und ANTHONY JOHNS: "Islam in Southeast Asia: Problems and Perspectives" in *Southeast Asian History and Historiography: Essays Presented to D.G.E. Hall,* herausgegeben von C.D. Cowan and O.W. Walters, Ithaca, NY, 1976, Seiten 314–319.

einer früheren Denunziation dieses Prinzips als häretischen Pantheismus durch Naruddin Raniri, gestorben 1666) schrieb er für ein indonesisches Publikum.[110] Im Jahr 1682 baten führende indische *'ulamā'* ihn (als einen der angesehensten *'ulamā'* des Hedschas) um eine Fatwa bezüglich der Thesen des Aḥmad Sirhindī (gestorben 1624), des Gründers des Mudschaddidīya-Zweigs des Naqschbandīya-Sufi-Ordens, den sie ablehnten.[111]

Al-Kūrānī war ein vielseitiger und fruchtbarer Autor, dessen Interessen die Hadithe, die *fiqh* (Jurisprudenz), die *kalām* (Theologie) sowie den *taṣawwuf* (Sufismus) umspannten. Seine Betonung der Hadithe als einem Mittel zum Verständnis und zur Definition von Aspekten der Religion wie auch der Scharia (und

110. VAN BRUINESSEN: "Kurdish 'Ulama", Seite 5; sowie NAFI: "Tasawwuf and Reform", Seiten 334ff. Zu al-Kūrānīs Rolle bei der Hadith-Überlieferung durch die jemenitische Mizdschadschi-Familie siehe JOHN O. VOLL: "Linking Groups in the Networks of Eighteenth Century Revivalist Scholars: The Mizjaji Family in Yemen" in *Eighteenth-Century Islamic Renewal and Reform,* herausgegeben von Nehemia Levtzion and John O. Voll, Syracuse, NY, 1987, Seite 76.

111. Al-Kūrānī antwortete persönlich und bat auch seinen Studenten Muḥammad b.'Abd al-Rasūl al-Barzandschī um eine Antwort. Letzterer schrieb zwei Abhandlungen (datiert 1682 und 1683), in denen er Sirhindī schwer kritisierte; diesen schlossen sich führende *'ulamā'* des Hedschas an, die die Ansicht teilten, dass Sirhindīs Ideen zu ernsthaften Abweichungen führten. Allerdings ist es unwahrscheinlich, dass al-Kūrānī mit ihnen darin übereingestimmt hätte, Sirhindī als einen »Ungläubigen« (*kāfir*) zu bezeichnen. Siehe dazu COPTY: "The Naqshbandiyya", Seiten 338–345, der auch den politischen Kontext der indischen Anfrage um eine Fatwa sowie die Interessen des Scharīfen von Mekka hinsichtlich seiner Beziehungen zum Mogul-Herrscher beleuchtet. Im Kontext dieser Kontroverse über Sirhindīs Ansichten scheinen viele weitere vergleichbare Werke verfasst worden zu sein; siehe dazu weiter YOHANAN FREIDMANN: *Shaykh Ahmad Sirhindi: An Outline of his Thought and a Study of his Image in the Eyes of Posterity,* Montreal und London 1971, Seiten 7–8 und 96–97; sowie ATHAR ABBAS RIZVI: *A History of Sufism in India,* Neu-Delhi 1983; und VAN BRUINESSEN: "Kurdish 'Ulama", Seite 5.

Über Sirhindī, der sich als der Erneuerer des zweiten Jahrtausends AH gab und versuchte, die Lehre der *waḥdat al-wudschūd* [Einheit des Seins] durch jene der *waḥdat al-schuhūd* [Einheit der Erscheinung] zu ersetzen und damit die Sufi-Orden vor die schwere reformistische Herausforderung stellte, den *taṣwwuf* mit der Scharia zu versöhnen und die zentrale Stellung der Sunna wiederherzustellen, siehe weiter MUHAMMAD ABDUL HAQ ANSARI: *Sufism and Schari'ah: A Study of Shaykh Ahmad Sirhindi's Efforts to Reform Sufism,* Leicester 1986.

NAFI: "Tasawwuf and Reform", Seiten 247 und 324–325, weist darauf hin, dass, als al-Kūrānī von al-Quschāschī in den Naqschbandīya-Orden initiiert wurde, dies *nicht* durch die Sirhindī-Linie geschah; im Verlauf seiner späteren Karriere jedoch wurden seine Studenten durch diese Linie initiiert.

dadurch seine Rolle im erstarkenden Interesse im siebzehnten bis achtzehnten Jahrhunde an der Hadith-Lehre als einem Werkzeug zur Reform von *fiqh* und *kalām*) war derart ausgeprägt, dass es nach seinem Tod unter seinen Studenten und jüngeren Kollegen in Medina zu einem beachtlichen Anstieg in der Produktion von Kommentaren über Hadith-Sammlungen kam.[112] Er wurde als »geborener Schlichter« beschrieben,[113] und tatsächlich versöhnten seine komplexen intellektuellen Positionen seine Loyalität zur Lehre Ibn ʿArabīs mit salafistischen Anschauungen. So interpretierte er die Doktrin der *waḥdat al-wudschūd* neu in Übereinstimmung mit der orthodoxen islamischen Sicht, indem er den Koran und die Sunna als endgültigen Bezugsrahmen betonte und auf der gegenseitigen Abhängigkeit von Sufi-Vision und Scharia-Verpflichtungen im Einklang mit *al-salaf al-ṣāliḥ* (den ehrwürdigen Vorfahren) beharrte. Es scheint, dass er eine Neubetrachtung der hauptsächlichen Streitfragen zwischen Sufismus und Theologie versuchte im Hinblick darauf, ihre jeweiligen Hauptpfeiler (nämlich die *waḥdat al-wudschūd* und das spät-aschʿarītische Dogma) umzubauen, um sie mit dem in Übereinstimmung zu bringen, was er als die ursprünglich islamische Sichtweise betrachtete, wobei er sich bei der Darlegung seiner Auffassung dieser Ursprünge auf das Vermächtnis von Ibn Ḥanbal und Ibn Taymīya (sowie dessen Student Ibn Qayyim al-Dschawzīya) berief.[114] Das machte ihn zu

112. Siehe Basheer M. Nafi: "He was a Teacher of Ibn ʿAbd al-Wahhab: Muhammad Hayat al-Sindi and the Revival of the Traditionist Methodology", unveröffentlichter Aufsatz. Voll: "ʿAbdallah Ibn Salim al-Basri", Seite 366, behauptet, der Ansatz seiner Hadith-Studien sei Teil eines aufkeimenden, stärker wörtlichen Textverständnisses gewesen. Es gilt auch zu bedenken, dass al-Kūrānī einer der Hadith-Lehrer von ʿAbdallāh b. Sālim al-Baṣrī war; siehe ebenda, Seiten 354–365. Zum Interesse an der Hadith-Lehre unter den *ʿulamāʾ* mit starken Sufi-Bezügen im siebzehnten und achtzehnten Jahrundert siehe John O. Voll: "Hadith Scholars and Tariqahs: An Ulama Group in the 18th Century Haramayn and their Impact in the Islamic World" in *Journal of the Asian and African Studies,* XV:3–4 1980, Seiten 264–272.

113. Siehe beispielsweise *EoI, Band* 5, Seite 433; sowie Knysh: "Ibrahim al-Kurani", Seite 42.

114. Wie Nafi: "Tasawwuf and Reform", Seiten 323–324, betont, war al-Kūrānīs Meinung über Ibn Taymīya positiv beeinflusst von seinem Lehrer, dem Mufti und prominentesten hanbalitischen *ʿālim* seiner Zeit in Damaskus, ʿAbd al-Bāqī Taqī al-Dīn b. Mawāhib al-Ḥanbali (gestorben 1070 AH / 1660 AD). Siehe derselbe: "He was a Teacher."

Hinsichtlich von Problemen der *kalām* und der späten Aschʿarīya-Lehre untersucht Nafi die Haltung al-Kūrānīs zu Fragen des Korans und der Göttlichen

einem bedeutenden Vorläufer der reformistischen Strömungen, die im achtzehnten Jahrhundert in der gesamten muslimischen Welt machtvoll Ausdruck finden sollten. Indem er al-Quschāschīs Autorität erfolgreich ablöste, wurde er zu einer wichtigen Bezugsfigur für eine große Zahl von *'ulamā'* während des achtzehnten und des neunzehnten Jahrhunderts, trug zur Rehabilitierung Ibn Taymīyas bei und half, die Türen zu öffnen für einen Wiederaufstieg der salafistischen Schule in verschiedenen Teilen der muslimischen Welt.[115]

Muḥammad al-Budayrī al-Dimyāṭī

üB · gestorben 1140 AH / 1728 AD

Auch bekannt als Ibn al-Mayyit; er stammte aus einer scharīfischen Familie, deren Vorfahren aus Jerusalem nach Damiette gekommen waren. Nach seiner Grundausbildung in Damiette studierte er an der al-Azhar-Universität. 1091 AH / 1680 AD schloss er sich für ein

Rede, den Eigenschaften Gottes sowie dem Konzept der *kasb* (Aneignung von Handlungen) und zeigt auf, wo dieser sich vom spät-asch'arīschen Dogma entfernte und seine Übernahme der salafistischen Position begann, womit er gleichzeitig die Rehabilitation der letzteren in den führenden Sufi-Asch'arīya-Kreisen unterstützte; siehe Nafi: "Tasawwuf and Reform", Seiten 330–334 und 339–342. Er behauptet, durch seine Zurückweisung von Körperlichkeit, Anthropomorphismus und allegorischer Interpretation habe al-Kūrānī eigentlich eine »salafistische Begründung des Sufismus« konstruiert; siehe ebenda, Seite 337. Für Details zu al-Kūrānīs Sicht der *waḥdat al-wudschūd,* die »einem Versuch [ihrer] Legitimierung nicht nur in den Augen des strengen Muslims, sondern in jenen des [...] Salafisten« gleichkomme, siehe ebenda, Seiten 337–338.

Es ist beachtenswert, dass 'Abd al-Ghanī al-Nābulusī die (stark salafistische) Ansicht al-Kūrānīs in Bezug auf die *kasb* zutiefst ablehnte; siehe von Schlegell: *Sufism,* Seite 19 Anmerkung 51. Zu weiteren Reaktionen auf seine Meinung über den freien Willen siehe El-Rouayheb: "Opening the Gate", Seite 281 Anmerkung 86.

Schließlich gilt es eine *idschāza* (von 1095 AH) und einen Ratschlag (von 1096 AH) von al-Kūrānī an bestimmte Personen zu beachten, bezüglich deren persönlichem Gebrauch von Ibn 'Arabīs Werken und der Frage des Lesens derselben mit und für andere. Er erklärt darin die richtige Haltung und Herangehensweise für ein förderliches und segensreiches Studieren und Diskutieren von Ibn 'Arabīs Worten (nämlich: *bi-scharṭ al-īmān bi'l-mutaschābihāt ma'a laysa kamithlihi schay'*) und warnt, dass in solchen Lesungen ein rigides Festhalten am Glauben der Theologen (*mutakallimūn*) fruchtlos sei. Falls sie hingegen jemanden mit der richtigen Einstellung fänden (*idhā ra'aytum aḥadan yu'min bi'l-mutaschābihāt al-qur'ānīya wa'l-tanzīh*), sei es in Ordnung, diese Schriften mit ihnen zu lesen. Siehe A 3239 (Bibliothek der Universität Istanbul), Blatt 151a.

115. Siehe Nafi: "Tasawwuf and Reform", Seiten 342 und 350.

Jahr ↗ Ibrāhīm al-Kūrānī an, identifizierte sich stark mit ihm und studierte bei ihm Werke über den *taṣawwuf,* die Hadithe und die *fiqh.* Obwohl er sich grundsätzlich als Naqschbandi verstand (später wurde für ihn jedoch die Zuordnung zu einer auf Sirhindī zurückgehenden *silsila* wichtiger), war er auch anderen Sufi-Orden verbunden. Er reiste viel zwischen Damiette, Kairo, Medina und Jerusalem und wurde allerorten mit den damals erlauchtesten *ʿulamāʾ*-Schichten vertraut. In Kairo kam er in engen Kontakt mit den Bakrīs und in Damaskus mit den Kreisen um ↗ ʿAbd al-Ghanī al-Nābulusī und dessen Schülern.[116] Er war sehr angesehen als Hadith-Gelehrter und Sufi-Lehrer. ↗ Muṣṭafā al-Bakrī studierte bei ihm in Jerusalem die Hadithe und wurde von ihm in den Naqschbandīya-Orden initiiert. Al-Budayrī war auch der wichtigste Lehrer von ↗ Muḥammad b. Sālim al-Ḥifnāwī.[117]

ʿAbd al-Ghanī al-Nābulusī

üA und üE · gestorben 1143 AH / 1731 AD

Er war ein Damaszener Sufi, Hadith-Gelehrter,[118] Reisender und Dichter. Seine zahlreichen Schriften sind getragen von seiner Verehrung Ibn ʿArabīs und der Verteidigung von dessen metaphysischem System und dominiert vom Konzept der *waḥdat al-wudschūd.* Er verstand sich selbst als Ibn ʿArabīs geistiger Sohn und Schüler und interpretierte dessen Lehren. Er unterrichtete an der Umayyaden-Moschee und ab 1115 AH an der Salīmyya-Medrese bei Ibn ʿArabīs Grabesmoschee, doch seine selbstgewählte Rolle war die eines Verteidigers des Sufismus und dessen kontroverser Praktiken und Grundsätze. Seine Haltung trug ihm ernsthafte Kritik und Attacken ein, insbesondere weil er die Werke Ibn ʿArabīs nicht nur die Eliten, sondern auch das einfache Volk lehrte.[119] Zwar war er dem Qādirīya- und dem Naqschbandīya-Sufi-Orden verbunden, doch scheint er weniger Interesse und Anteilnahme am *ṭarī-*

116. Über seine Beziehung zu al-Nābulusī siehe ʿABD AL-GHANĪ AL-NĀBULUSĪ: *al-Ḥaqīqa wa'l-madschāz fi riḥlat bilād al-Schām wa Miṣr wa'l-Ḥidschāz,* herausgegeben von Riyad ʿAbd al-Hamid Murad, Damaskus 1989, Seiten 324ff.

117. Siehe NAFI: "Tasawwuf and Reform", Seiten 346–347; sowie AL-KATTANI: *Fihris al-fahāris,* Seiten 216–218.

118. Sein *Dhakhāʾir al-mawārīth fi'l-dalāla ʿalā mawāḍiʿ al-aḥādīth* bietet ein Verzeichnis aller fundierten Hadith-Sammlungen nach dem Namen ihrer ersten Überlieferer; siehe VON SCHLEGELL: *Sufism,* Seite 3.

119. Ebenda, Seite 49.

qa-Sufismus gehabt zu haben, sondern legte größeren Wert auf seinen eigenen *uwaisīya*- oder »theodidaktischen« Sufismus,[120]

120. Anmerkung der Übersetzer: Das Verständnis einer nicht-formalen, nicht (ausschließlich) auf persönlicher Übermittlung basierenden *silsila* oder Übertragungskette der Autorität. Sie wird (auch im Fall Ibn ʿArabīs) *uwaisīya* genannt, weil sie gemäß ihren Vertretern zurückgeht auf Uwais al-Qaranī, den Zeitgenossen des Propheten und islamischen Mystiker aus dem siebten Jahrhundert, der als der »erste Sufi« gilt und von Mohammed dessen »zweiten« *khirqa* (Mantel) als Ausdruck der inneren (spirituellen) Nachfolge geerbt haben soll. Siehe dazu Suha Taji-Farouki: *Beshara and Ibn ʿArabī,* Seiten 166–167:

> Wie können die historischen Beziehungen zwischen den beiden Strängen des Sufismus [der *suluki*-Mystik, die sich im Laufe der Geschichte in der *ṭarīqa*-Struktur niederschlug, und der *uwaisīya*-Mystik] verstanden werden? Als sich die sufische Suche innerhalb des Rahmens der *ṭarīqa*-Organisationen institutionalisierte, in deren Zentrum die Rolle des Scheichs steht, wurde ab dem vierzehnten Jahrhundert die Notwendigkeit eines Scheichs immer unbestrittener, besonders im Osten der muslimischen Welt (während sie im muslimischen Spanien und in Nordafrika auch weiterhin hinterfragt wurde). Ausgedrückt im Sufi-Sprichwort (und mutmaßlichen Ausspruch des Propheten): »Wer keinen Scheich hat, hat den Teufel zum Scheich«, war diese Auffassung verknüpft mit dem Konzept der *silsila* oder Kette der spirituellen Autorität, der letztendlichen Basis der Legitimität sowohl des Scheichs als auch des *ṭarīqa.* Einige behaupten, die bereits etwas marginalisierte *uwaisīya*-Tradition mit ihrer Methode der transhistorischen Initiation sei durch die Institutionalisierung der *ṭuruq* weiter an den Rand gedrängt worden. Ein nuancierterer Blick auf die Geschichte des Sufismus zeigt indes, dass Stränge der *uwaisīya*- und *suluki*-Mystik in den Biografien zahlreicher Sufis gefunden werden können. Manche von ihnen mögen sich selbst nicht namentlich als *uwaisi* bezeichnet haben, doch lassen sie sich aufgrund der von ihnen berichteten Verbindungen mit der unsichtbaren Welt als solche betrachten. Durch die Jahrhunderte hindurch haben viele, die in Verbindung mit einem lebenden Scheich standen (und durch einen solchen mit einer »regulären« *silsila*) tatsächlich einen bereits *verstorbenen* Heiligen als ihren wahren Lehrer verstanden. Sowohl Ibn ʿArabī als auch Üftade [gestorben 1580], die beide bedeutende Inspirationsquellen für Bülent Rauf waren, wurden von *uwaisīya*-Persönlichkeiten unterrichtet, obschon jeder von ihnen auch sichtbare irdische Lehrer hatte, und praktizierten *suluki*-Sufismus.

Als Beispiel einer solchen »transhistorischen Initiation« lässt sich die *silsila* von Bülent Rauf anführen, der sie in einem Brief vom 4. Juli 1973 an seinen Schüler Reshad Feild (1934–2016) mit folgenden Worten beschreibt:

> Wir beginnen bei Uwais al-Qaranī, ʿAbd al-Qādir al-Dschīlānī [1078–1166] und Muḥyīddīn Ibn ʿArabī und gelangen mit Hilfe von Chiḍr zu [Dschalāl ad-Dīn] Rūmī [1207–1273], der von der Linie der Universalen Heiligkeit

besonders auf seine Verbindung zu Ibn ʿArabī als *uwaisīya*-Meister (der, obschon er enge Schüler gehabt hatte, nie einem offiziellen *ṭarīqa* angehörte).[121]

Im Alter von zwölf Jahren hatte ʿAbd al-Ghanī im Beisein seines Vaters, Ismāʿīl, bereits *idschāzas* (auch für Werke Ibn ʿArabīs) erhalten von ↗ Nadschm al-Dīn al-Ghazzī und weiteren hochgestellten *ʿulamāʾ*, wie zum Beispiel ʿAbd al-Bāqī Taqī al-Dīn b. Mawāhib al-Ḥanbalī (dem hanbalitischen Mufti von Damaskus). Sein Vater, der sein erster Lehrer war und starb, als ʿAbd al-Ghanī zwölf Jahre alt war, erscheint als vorangehendes Verbindungsglied in vielen von dessen *idschāzas* für Hadith-Sammlungen und Schriften von Ibn ʿArabī. Tatsächlich erteilte der Vater seinem noch jungen Kind massenhaft *idschāzas.*[122] Bemerkenswert ist, dass eine seiner letzten Schriften ein Kommentar über die *ṣalawāt* des Ibn ʿArabī war.[123]

Ṭahir b. Ibrāhīm b. Ḥasan al-Kūrānī (Muḥammad Abū'l-Ṭāhir)

ÜD · gestorben 1145 AH / 1733 AD

Er wurde 1081 AH in Medina geboren und studierte bei seinem Vater, ↗ Ibrāhīm al-Kūrānī, und weiteren großen Scheichs, wie etwa al-Ḥasan b. ʿAlī al-ʿUdschaymī al-Makkī und ʿAbdallāh b. Sālim al-Baṣrī, zwei Kollegen und Gefährten seines Vaters.[124] Er übernahm von seinem Vater auch den Posten als Lehrer an der Prophetenmoschee in Medina und stieg für einige Zeit zum schāfiʿitischen Mufti der Stadt auf. Nach dem Tod seines Vaters

ist, deren Prototyp Jesus darstellt – wobei ich mit den Worten »von der Linie« so viel meine wie »gleich ausgerichtet« oder »in Einklang« oder »von vergleichbarem Potenzial« wie jene Heiligen, die Repräsentanten der Emanation sind, die als »Universale Heiligkeit« definiert wird [Quelle: Archiv des Chalice Verlags].

121. Siehe VON SCHLEGELL: *Sufism*, Kapitel 2–4. Weitere Details zu al-Nābulusī finden sich in ELIZABETH SIRREYEH: *Sufi Visionary of Damascus: ʿAbd al-Ghani al-Nabulusi, 1641–1731*, London und New York 2005; sowie in BAKRI ALADDIN: *Abdalghani al-Nabulusi (mort 1143/1731): œuvre, vie et doctrine*, 2 Bände, PhD thesis, University of Paris 1985; und AL-BURQAWI: "ʿAbd al-Ghanī al-Nābulusī wa taṣawwufuhu" in *EoI*, Band 1, Seite 60.

122. Siehe VON SCHLEGELL: *Sufism*, Seiten 33, 43 und 250–251. In Bezug auf die *Futūḥāt al-Makkiyya* erwähnt al-Nābulusī explizit, er habe innere (*bāṭinī*) Pfade der Übermittlung, die er nicht öffentlich machen könne.

123. Siehe ebenda, Seite 8.

124. Siehe VOLL: "ʿAbdallah Ibn Salim al-Basri", Seiten 363 und 369.

folgte er ihm als oberster Scheich des Schattarīya-Ordens nach (doch die Führungsrolle der *'ulamā'* in Medina fiel an einen von Ibrāhīms Studenten). Zu seinen Werken gehört die *Ikhtisār scharḥ schawāhid al-Riḍā al-Baghdādī.*[125] Unter den Studenten, die seine zahlreichen Lektionen besuchten (durch welche die Werke seines Vaters weiter übermittelt wurden), war auch der indische Hadith-Gelehrte Muḥammad Ḥayāt al-Sindī (gestorben 1749),[126] der später seinerseits in Medina fünfundzwanzig Jahre lang zahlreiche Schüler in den Hadithen unterrichtete, zu denen auch Muḥammad b.'Abd al-Wahhāb zählte. Weiter war auch der große indische Naqschbandīya-Reformer Schāh Walī Allāh (gestorben 1763) unter seinen Studenten. Dessen Aufenthalt in Medina 1731–32 und sein Anschluss an Ṭāhirs Kreis hatte einen dauerhaften Einfluss auf seine intellektuelle Ausrichtung: Gemäß Schāh Walī Allāhs Sohn, führte dies zu einem Wendepunkt in seiner Karriere.[127] Al-Kattani bemerkt, dass seine eigene Überlieferung von Ṭāhir unter anderem über ↗ Muḥammad Sa'īd Sunbul verläuft.[128]

Muṣṭafā Kamāl al-Dīn al-Bakrī

üA, üB und üC · gestorben 1162 AH / 1749 AD

Er wurde in Damaskus geboren und soll angeblich den Khalwati-Sufi-Orden im arabischen *maschriq,* also im Orient, im achtzehnten Jahrhundert wiederbelebt haben. Er war der gefeiertste und wichtigste Schüler von ↗ 'Abd al-Ghanī al-Nābulusī: Unter ihm las er während seines Aufenthalts in Damaskus mehrere von Ibn 'Arabīs Werken, und auch seine eigenen Schriften wurden von Ibn

125. Für weitere Details siehe AL-KATTANI: *Fihris al-fahāris,* Seiten 495–496; sowie AL-BITAR: *Ḥilyat al-baschar,* Band 2, Seite 715; und AL-MURĀDĪ: *Silk al-durar,* Band 4, Seite 27; und VOLL: "Muhammad Hayya al-Sindi", Seiten 33 und 39; und KNYSH: "Ibrahim al-Kurani", Seite 46.

126. Zu ihm siehe NAFI: "He was a Teacher"; sowie VOLL: "Muhammad Hayya al-Sindi".

127. Siehe AZIZ AHMAD: "Political and Religious Ideas of Shah Wali-ullah of Delhi", in *The Muslim World,* LII:1 1962, Seite 22; sowie J.M.S. BALJON: *Religion and Thought of Shah Wali Allah, 1702–1762,* Leiden 1986, Seiten 5–6.; und HAFIZ A. GHAFFAR KHAN: "Shah Wali Allah: On the Nature, Origin, Definition and Classification of Knowledge" in *Journal of Islamic Studies,* 3:2 1992, Seiten 203–213; und NAFI: "Tasawwuf and Reform", Seite 344.

Ein dritter Student war der führende Naqschbandīya-Scheich in Medina, Ismā'īl b.'Abdallāh al-Uskudārī (gestorben 1182 AH / 1768 AD); siehe COPTY: "The Naqshbandiyya", Seite 345.

128. Siehe AL-KATTANI: *Fihris al-fahāris,* Seite 497.

ʿArabīs Denken stark beeinflusst. Die Hadithe studierte er bei ↗ Muḥammad al-Budayrī al-Dimyāṭī in Jerusalem sowie bei ʿAbdallāh b. Sālim al-Baṣrī. Auch war er ein Student von al-Kūrānīs Sohn Ilyās (gestorben 1138 AH), der nach Damaskus gezogen war.[129] Er wurde in den Naqschbandīya-, den Qādirīya- und den Khalwati-Orden initiiert, in den Letzteren durch einen Scheich, der dem Zweig der Qarabāschīya folgte. Nach dessen Tod 1709 wurde al-Bakrī sein einziger Nachfolger mit der generellen Erlaubnis, *khulafāʾ* (Stellvertreter, Singular: *khalīfa*) zu initiieren und einzusetzen. Er scharte viele Schüler um sich, besonders in Kairo und Jerusalem; sein bedeutendster *khalīfa* war ↗ Muḥammad b. Sālim al-Ḥifnāwī. Al-Bakrī war ein fruchtbarer Autor (hauptsächlich zu Themen wie *sulūk* und *adab,* der Haltung und den Manieren auf dem Sufi-Pfad; doch schrieb er auch *awrād* (Gebete), dessen berühmtestes das *Wird al-saḥar* ist). Wie sein Lehrer al-Nābulusī (über den er eine ehrfürchtige Biografie verfasste und von dem er, wie er berichtet, eine generelle *idschāza* für alle von dessen Überlieferungslinien und eine besondere für dessen Schriften erhalten habe) behauptete er eine unmittelbare Verbindung zu und eine direkte Autorisierung durch Ibn ʿArabī. Und ebenso wie al-Nābulusī unternahm er mehrere ausgedehnte Reisen und war viel zwischen Jerusalem und Kairo unterwegs, wo er auch starb.[130]

Muḥammad Saʿīd (b. Muḥammad) Sunbul (al-Makkī)

ÜD · gestorben 1175 AH / 1762 AD

Ein prominenter Mekkanischer Gelehrter und schāfiʾitischer Mufti, der unter anderem von ↗ Ṭāhir b. Ibrāhīm al-Kūrānī übermittelte und weitervermittelte an seinen Sohn ↗ Muḥammad Ṭāhir Sunbul und andere.[131]

129. Siehe NAFI: “Tasawwuf and Reform”, Seite 347.

130. Siehe *EoI,* Band 1, Seiten 965–966; sowie VOLL: “ʿAbdallah Ibn Salim al-Basri”, Seiten 369; und VON SCHLEGELL: *Sufism,* Seiten 55–58, 128 und 277. FREDERICK DE JONG: “Mustafa Kamal al-Din al-Bakri (1688–1749): Revival and Reform of the Khalwatiyya Tradition?” in *Eighteenth-Century Islamic Renewal and Reform,* herausgegeben von Nehemia Levtzion und John O. Voll, Syracuse, NY, 1987, Seiten 117–132, erörtert frühere Vorstellungen über ein von al-Bakrī inspiriertes Wiederaufleben und Reformieren der Khalwatīya im achtzehnten Jahrhundert. Für eine andere Sicht der Dinge siehe N. KEDDIE [Hrsg.]: *Scholars, Saints and Sufis: Muslim Religious Institutions since 1500,* Berkeley 1972, Seiten 275–305.

131. AL-KATTANI: *Fihris al-fahāris,* Seiten 100–102, sowie Index.

Muḥammad b. Sālim al-Ḥifnāwī / al-Ḥifnī[132]

üB und üC · gestorben 1181 AH / 1767 AD

Er war ein bedeutender Schüler und Gefährte von ↗ Muṣṭafā al-Bakrī und beteiligt an der Widerbelebung der Aktivität der Khalwatīya in Ägypten. Er war 1100 AH in Hifna, einem Dorf im ägyptischen Bezirk Bilbis, geboren worden und begann bereits in jungen Jahren sein Studium in Kairo. Nachdem er von seinen dortigen Lehrern *idschāzas* erhalten hatte (zu den bekanntesten gehörte ↗ Muḥammad al-Budayrī al-Dimyāṭī, von dem er in den Naqschbandīya-Orden aufgenommen wurde), gab er ab 1122 Unterricht in Logik, *fiqh, uṣūl,* den Hadithen und *kalām,* der von zahlreichen Studenten besucht wurde. Er schrieb viele Bücher und wurde für seine *karāmāt* berühmt. In den Sufi-Pfad war er von einem gewissen Aḥmad al-Schādhilī al-Maghribī (bekannt als al-Maqqarī) eingeführt worden, bevor er 1133 ↗ Muṣṭafā al-Bakrī kennenlernte, der ihn in den Qarabāschīya-Zweig des Khalwati-Ordens einführte und initiierte. Al-Bakrī setzte ihn schließlich an die Spitze all seiner *khulafā'* (Stellvertreter) und machte ihn zum einzigen (ihn Überlebenden), dem er die absolute Autorität verliehen hatte. Es wird berichtet, al-Hifnāwī habe den *ṭarīqa* in Ägypten erfolgreich wiederbelebt, eine große Zahl von Menschen zu ihm hingezogen und ihn in den *'ulamā'*-Kreisen der al-Azhar-Universität eingeführt. Zu seinen wichtigen *khulafā'* und Schülern gehörten ↗ Maḥmūd al-Kurdī, (Schaykh al-Azhar) 'Abdallāh al-Scharqāwī und, vielleicht als der bekannteste, Aḥmad al-Dardayr.[133]

132. Man beachte, dass in der Kette üB der Eintrag »al-Ḥanafī« eine Fehlinterpretation von al-Ḥifnī durch den Kopisten ist. Derselbe Kopist interpretiert auch al-Bakrī fälschlich als al-Kubrā.

133. Zu al-Ḥifnāwī siehe 'Abd al-Raḥmān al-Dschabartī: *'Adschā'ib al-āthār fī'l-tarādschim wa'l-akhbār,* Beirut, undatiert, Band 1, Seiten 339–354; sowie de Jong: "Mustafa Kamal al-Din al-Bakri", Seiten 118, 120 und 126–127. Zu seinen Schriften siehe al-Murādī: *Silk al-durar,* Band 4, Seite 49. Für weitere Quellen über ihn siehe Nafi: "Tasawwuf and Reform", Seite 347 Anmerkung 121. Man beachte, dass al-Ḥafnāwī von 1757 bis zu seinem Tod 1767 selbst die Stellung des Schaykh al-Azhar innehatte.

Al-Dardayr führte bestimmte Änderungen in der Liturguie der Khalwatīya-*ṭarīqa* ein und nahm seine *ṣalawāt* und sein *Manẓūma* darin auf (siehe Kapitel 1, Fußnote 4). Diese Änderungen wurden von den meisten der Zweige dieses Ordens in der Folgezeit beibehalten. Siehe de Jong: "Mustafa Kamal al-Din al-Bakri", Seiten 127 und 132 Anmerkung 82.

Muḥammad al-Tāfilātī al-Khalwatī

ÜB · GESTORBEN 1191 AH / 1777 AD

Brockelmann gibt seinen vollen Namen mit Muḥammad b. Muḥammad b. al-Ṭayyib al-Tāfilātī al-Maghribī an,[134] al-Murādī, auf dessen biografische Angaben[135] wir nachfolgend aufbauen, als Muḥammad b. Muḥammad al-Ṭayyib al-Mālikī al-Ḥanafī al-Tāfilātī al-Maghribī.[136] Er wurde in Marokko geboren und studierte zuerst bei seinem Vater, einem Mann von bescheidener Bildung. Noch vor seiner Pubertät unterrichtete er Studenten [die Lehre des Yūsuf] al-Sanūsī [gestorben 1490], die er unter Scheich Muḥammad al-Saʿdī al-Dschazāʾirī studiert hatte. Er reiste nach Tripolis und von dort an die al-Azhar-Universität in Kairo, wo er zwei Jahre und acht Monate verbrachte und bei ↗ Muḥammad b. Sālim al-Ḥifnāwī und vielen anderen studierte. Auf einer Seereise zum Besuch seiner Mutter wurde er überfallen und nach Malta entführt, wo man ihn während zweier Jahre gefangen hielt. Dort führte er mit christlichen Mönchen, von denen einer etwas Arabisch sprach, lange Debatten über den muslimischen Glauben. Dieser Mönch gab sich schließlich geschlagen und zeigte sich erstaunt, dass ein Mensch, der so jung war, dass er sein Enkel hätte sein können, ein solches Wissen besaß. So verbreitete sich Muḥammads Ruf auf Malta unter den Mönchen und Notabeln, und er wurde respektvoll behandelt, wo immer er hinkam. Schließlich besiegelte eine Vision, die er hatte, seine Freilassung und er reiste nach Ägypten zurück und von dort aus mehrmals in den Hedschas. Er besuchte den Jemen, Oman, Basra, Aleppo, Damaskus und Anatolien (*al-Rūm*) und ließ sich schließlich in Jerusalem nieder, wo er zum hanafitischen Mufti ernannt wurde. Insgesamt schrieb er rund achtzig Bücher: Neben seinem Kommentar zum *Dawr* (*al-Durr al-aghlā bi scharḥ al-Dawr al-aʿlā*)[137] erwähnt Brockelmann sein Werk *Ḥusn al-istiqṣā bi-mā ṣaḥḥa wa thabata fīʾl-masdschid al-aqṣā.*[138] Al-Tāfilātī taucht in den Autorisierungsketten mehrerer späterer Damaszener Gelehrten auf.[139]

134. Brockelmann: *GAL*, Band II, Seite 436.

135. Siehe al-Murādī: *Silk al-durar*, Band 4, Seiten 102–108. Zu weiteren Quellen siehe al-Kattani: *Fihris al-fahāris*, Seiten 268–269.

136. Ebenda, Seite 102. Das Wadi Tafilat im südöstlichen Marokko war im achten bis neunten Jahrhunder AD das Zentrum des Charidschiten-Emirats rund um [den Handelsort] Sidschilmasa. Hierher stammte die Dynastie der Idrisiden.

137. mB und A 4305 (Bibliothek der Universität Istanbul) ist eine weitere Kopie (40 Blatt), ungefähr datiert auf 1273 AH / 1856 AD.

Maḥmūd al-Kurdī

ÜC · gestorben 1195 AH / 1780 AD

Er wurde in Kurdistan geboren, war auch als al-Khalwatī bekannt und ein *khalīfa* von ↗Muḥammad b. Sālim al-Ḥifnāwī. Schon früh wählte er ein Leben der frommen Andacht, der Askese und des Rückzugs von der Welt. Es wird von ihm berichtet, er habe sich häufiger mit Chiḍr getroffen und der Inhalt von al-Ghazālīs Werk *Iḥyā' 'ulūm al-dīn* sei ihm gewährt worden, ohne dass er es gelesen habe. Im Alter von achtzehn Jahren erschien ihm al-Ḥifnāwī in einem Traum und es wurde ihm mitgeteilt, dies sei sein Scheich. Also reiste er nach Ägypten, um ihn zu finden, wurde von ihm in den Khalwati-Weg initiiert und erhielt die *idschāza,* andere Menschen auf diesen Sufi-Pfad zu führen; al-Ḥifnāwī schickte fortan alle Aspiranten dieses Weges zu ihm. Al-Kurdī entwickelte auch eine enge Beziehung zu ↗Muṣṭafā al-Bakrī, als dieser nach Kairo kam. Er war berühmt für seine *baraka* und dafür, dass er in seinen Träumen häufig dem Propheten begegnete. Nach al-Ḥifnāwīs Tod soll al-Kurdī viele Menschen zum Sufi-Weg gebracht und selbst *khulafā'* ernannt haben. Er schrieb eine Abhandlung über die Folgen eines Traums, in welchem er Ibn 'Arabī sah, der ihm einen Schlüssel gab und ihn anwies: »Öffne die Gruft!« (darüber gibt es einen Kommentar seines *khalīfa,* des *schaykh al-Azhar* 'Abdallāh al-Scharqāwī). Auch ist er Autor von *al-Sulūk li-abnā' al-mulūk.*[140]

Muḥammad Kamāl al-Dīn al-Bakrī, Abū'l-Futūḥ

ÜA · gestorben 1196 AH / 1781 AD

Er wurde 1143 AH / 1731 AD in Jerusalem geboren und war der Scheich des Historikers al-Murādī (des Autors des Werks *Silk al-durar*).[141] Er studierte unter anderem bei ↗Muḥammad b. Sālim

138. BROCKELMANN: *GAL,* Band II, Seite 436; und auch Band I, Seite 580. Zu weiteren Details seiner Werke siehe AL-KATTANI: *Fihris al-fahāris,* Seiten 268–269.

139. Zum Beispiel in der von al-Kuzbarī al-Waṣīt (Muḥammad b.'Abd al-Raḥmān), dem Sohn des berühmtesten Hadith-Gelehrten in den osmanischen Provinzen Syriens (gestorben 1221 AH / 1807 AD). Auch findet er sich in der *thabat* (Liste der Autoritäten) von Maḥmūd Ḥamza al-Ḥusaynī (gestorben 1305 AH / 1888 AD). Siehe AL-KATTANI: *Fihris al-fahāris,* Seiten 485 und 880.

140. Zu ihm siehe AL-DSCHABARTĪ: *'Adschā'ib al-āthār,* Band 1, Seiten 553–558; hier gestützt auf Seite 348.

141. DE JONG: "Mustafa Kamal al-Din al-Bakri", Seite 177; sowie VON SCHLEGELL: *Sufism,* Seite 57 Anmerkung 157 und Seite 277.

al-Ḥifnāwī und bei Muḥammad, dem dritten Sohn von Ibrāhīm al-Kūrānī. Er schloss sich dem Khalwati-*ṭarīqa* seines Vaters, ↗ Muṣṭafa al-Bakrī, an. Zu seinen Schriften zählen eine Biografie seines Vaters, *Kashf al-ẓunūn fī asmāʾ al-schurūḥ wa'l-mutūn,* ein Kommentar zum *al-Ṣalāt al-Maschīschīya* und ein Diwan.[142]

Muḥammad b. Maḥmūd b. ʿAlī al-Dāmūnī

ÜC · gestorben 1199 AH / 1785 AD

Mit vollem Namen hieß er Muḥammad b. Maḥmūd b. ʿAlī al-Dāmūnī al-Schāfiʾī al-Khalwatī al-Naqschbandī al-Dschalwatī, stammte aus al-Dāmūn in Palästina und verfasste in seinem Todesjahr das Werk *Ḥikam.*[143] Seinem Kommentar zum *Dawr* gab er den Titel *al-Durr al-thamīn li-scharḥ Dawr al-aʿlā li-sīdī Muḥyī al-Dīn.* Darin beschreibt er, wie er von seinem nahen und heiligen Gefährten Ḥusayn al-Ḥiṣnī[144] ersucht wurde, ihm den Inhalt des Gebets zu erläutern. Nachdem er den Koran befragt und um ein leitendes Zeichen gebeten hatte, verbrachte er einige Tage in der Erwartung einer Göttlichen Erlaubnis fortzufahren, und zwar durch die Vermittlung Ibn ʿArabīs, der, als Autor des Gebets, ihm dessen Geheimnisse enthüllen möge. Al-Dāmūnī nennt Ibn ʿArabī seinen wichtigsten Lehrer, »dessen Einsicht ein Allheilmittel ist.« Nach der Darlegung seiner Autoritätskette fügt er an, er habe noch »eine weitere, erhabenere Kette – die von mir zu ihm [Ibn ʿArabī] reicht: Er war es, der mir von seinem reinen Wein zu trinken gab, meinen Durst stillte in der Welt der Gleichnisse (oder der Ähnlichkeiten: *ʿālam al-mithāl*) und mich zu sich führte. Er war es, der mich nach Damaskus ziehen ließ und mir die Erlaubnis gewährte, die Eliten wie auch das einfache Volk zu leiten. Dank sei Gott für diese bedeutenden Gnaden und für den größten aller Segen: meine Zugehörigkeit (*intisābī*) zu diesem Imam.«[145] Sein Vater, Maḥmūd b. ʿAlī al-Dāmūnī, war Autor einer Verteidigungsschrift für al-Nābulusī: *al-Schihāb al-qabasī fī radd man radda ʿalā ʿAbd al-Ghanī.*[146]

142. Siehe AL-MURĀDĪ: *Silk al-durar,* Band 4, Seiten 14–15.
143. BROCKELMANN: *GAL,* Supplementband II, Seite 479.
144. Sohn einer wichtigen und angesehenen Familie in Damaskus.
145. MC, Blatt 2b–3a.
146. BROCKELMANN: *GAL,* Supplementband II, Seite 474.
147. AL-BITAR: *Ḥilyat al-baschar,* Band 1, Seite 3.
148. Siehe VON SCHLEGELL: *Sufism,* Seiten 36ff.

DREIZEHNTES JAHRHUNDERT AH

Ibrāhīm b. Ismā'īl b. 'Abd al-Ghanī al-Nābulusī

ÜE · getsorben 1222 AH / 1807 AD

Ibrāhīms Vater, Ismā'īl (geboren 1085 AB / 1674 AD), war der einzige von 'Abd al-Ghanīs Söhnen, die ihn überlebten. Er wurde 1138 AH / 1726 AD geboren und wurde ein prominenter *'ālim* seiner Zeit.[147] Als bekanntes Mitglied der Damaszener Gesellschaft erbte er den Lehrposten seines Vaters an der Salīmyya-Moschee[148] und wurde *schaykh qurrā'* (oberster Koranrezitator).[149] Bemerkenswert ist, dass mehrere Überlieferungsketten der *Futūḥāt al-Makkiyya* durch ihn verlaufen.[150]

Muḥammad al-Dschundī al-'Abbāsī al-Ma'arrī

ÜA · gesorben 1264 AH / 1848 AD

Er diente an seinem Geburtsort, Ma'arrat Nu'man in Syrien, als hanafitischer Mufti. Ursprünglich war er ein Anhänger von Scheich Khālid al-Naqschbandī, der im frühen neunzehnten Jahrhundert den Mudschaddidīya-Zweig des Naqschbandīya-Sufi-Ordens unter Arabern, Kurden und Türken weit verbreitete, doch ist es sehr wahrscheinlich, dass er nach dem Tod dieses Scheichs im Jahr 1241 AH / 1827 AD keinen Kontakt zu dessen Nachfolgern aufrechterhielt.[151]

149. Siehe AL-BUDAYRĪ AL-ḤALLĀQ: *Ḥarwādith Dimaschq*, Seite 52.

150. Siehe YAHYA: *Histoire*, Band 2, Seiten 540–541.

151. Zu Muḥammad al-Dschundī siehe AL-BITAR: *Ḥilyat al-baschar*, Band 1, Seiten 349–350; sowie WEISMANN: *Taste of Modernity*, Seite 61.

Khālid al-Naqschbandī (1776–1826) wurde in Schahrazor im Nordirak geboren. Er studierte dort, in Damaskus und im Hedschas und reiste auch nach Delhi, wo er beim führenden Naqschbandīya-Meister in die Schule ging, der ihm eine *idschāza* und die Anweisung gab, den *ṭarīqa* in den osmanischen Gebieten zu verbreiten. Darin war er in der Frühzeit des neunzehnten Jahrhunderts derart erfolgreich (er ernannte unter den Kurden, den Türken und den Arabern mindestens siebenundsechzig *khulafā'* oder Stellvertreter), dass die Linie, in die er initiierte, als Naqschbandīya-Khalidīya (oder Mudschaddidīya-Khalidīya) bekannt wurde. Er lebte nacheinander in Sulaimaniyya, Bagdad und Damaskus. Zu ihm siehe ALBERT H. HOURANI [Hrsg.]: "Sufism and Modern Islam: Mawlana Khalid and the Naqshbandi Order" in *The Emergence of the Modern Middle East*, London 1981, Seiten 75–89; sowie WEISMANN: *Taste of Modernity*, Kapitel 1–2; und VAN BRUINESSEN: "Kurdish 'Ulama", Seiten 9–10; und BUTRUS ABU-MANNEH: "Salafiyya and the Rise of the Khalidiyya in Baghdad in the Early Nineteenth Century" in *Die Welt des Islams*, 43:3 2003, Seiten 364–367.

Muḥammad Amīn al-Dschundī al-ʿĀbbāṣī al-Maʿarrī

ÜA · gestorben 1285 AH / 1868 AD

Er wurde 1229 AH / 1814 AD im syrischen Maʿarrat Nuʿman geboren und von seinem Vater, ↗ Muḥammad al-Dschundī,[152] unterrichtet, von dem er den Khalwati-Sufi-Pfad annahm. In Aleppo studierte er die Hadithe unter Maḥmūd Efendi al-Marʿaschī und war ein Student des Mufti ʿAbd al-Raḥmān al-Mudarris. Nach seiner Rückkehr nach Maʿarrat Nuʿman diente er dort als *qāḍī* (Richter) und anschließend als Nachfolger seines 1264 AH verstorbenen Vaters als Mufti, bis er zwei Jahre später nach Damaskus berufen wurde, um in der türkischen Armee als arabischer Schreiber in Syrien zu dienen. 1277 AH wurde er zum hanafitischen Mufti von Damaskus ernannt, eine Stellung, die er bis zu seiner Abberufung 1284 AH ausübte. Danach wurde er in der Hauptstadt in die osmanische Staats-*schūrā* (den Rechtsbeirat) berufen und diente in mehreren wichtigen offiziellen Missionen. Zu seinen (teils arabischen, teils osmanischen) Schriften gehören ein Buch über die Vorzüge Syriens sowie ein Diwan. Sein auf Osmanisch verfasster Kommentar zum *Dawr* entstand 1280 AH, als er noch Mufti war. Als reformistischer *ʿālim* war er bewandert in den Lehren Ibn ʿArabīs wie auch in den neuen Wissenschaften der Epoche. Als sich der Emir ʿAbd al-Qādir al-Dschazāʾirī in Damaskus niederließ, wurde al-Dschundī sein enger Gefährte, nahm auch daran teil, als dieser [in der Folge des Bürgerkriegs im Libanongebirge mehrere Tausend] Christen [vor Massakern durch die Drusen] rettete, und schrieb Lobgedichte auf ihn.[153]

152. In der Überlieferungskette ÜA erwähnt Amīn al-Dschundī seinen Vater schlicht als »Muḥammad Efendi al-Dschundī«, während er ihn in einer Anmerkung am Ende seines Kommentars (MA, Blatt 52a) als »Muḥammad Saʿīd Efendi *min sulālat* Āl Ramaḍān b. al-ḥadsch Ischāq Efendi al-muftī fī madīnat Aṭana [al-Astāna?] fī-mā maḍā min al-zamān« identifiziert. Er selbst unterzeichnet an derselben Stelle mit »Dschundī Zāde Muḥammad Amīn al-ʿAbbās al-muftī bi-Dimaschq«. AL-BITAR: *Ḥilyat al-baschar,* Band 1, Seite 343, bestätigt Amīns Abstammung von al-ʿAbbās, dem Onkel des Propheten, und schließt in seinen vollen Namen noch die Erwähnung von »Ischāq« ein: Amīn Efendī b. Muḥammad b. ʿAbd al-Wahhāb b. Ischāq b. ʿAbd al-Raḥmān b. Ḥasan b. Muḥammad al-Dschundī al-Maʾarrī. (Man beachte die Existenz eines fast gleichzeitig lebenden Namensverwandten, Amīn b. Muḥammad Saʿīd, erwähnt in AL-BITAR: *Ḥilyat al-baschar,* Band 1, Seite 342.

153. Siehe AL-BITAR: *Ḥilyat al-baschar,* Band 1, Seiten 343–364; sowie MUHAMMAD JAMIL AL-SHATTI: *Aʿyān Dimaschq fīʾl-qarn al-thālith ʿaschar wa nisf al-qarn al-rābiʿ ʿaschar, 1201–1350,* Publikationsort unbekannt, 1972, 2. Ausgabe,

Muḥammad Ṭāhir Sunbul (al-Makky)

üD

Ein Sohn von ↗ Muḥammad Sa'īd Sunbul und prominenter Gelehrter aus dem Hedschas, der von seinem Vater übermittelte und selber unter anderem an ↗ Yāsīn b. 'Abdallāh al-Mīrghanī weiterübermittelte.[154]

Muḥammad Yāsīn b. 'Abdallāh b. Ibrāhīm al-Mīrghanī

üD

Sein 1207 AH / 1793 AD verstorbener Vater, 'Abdallāh b. Ibrāhīm al-Mīrghanī al-Makkī al-Ṭā'ifī, bekannt als al-Maḥdschūb, war ein bekannter Sufi und einflussreicher *'ālim.* Er wurde in Mekka in eine scharīfische Familie hineingeboren und schloss sich Yūsuf al-Mahdalī an (der als *quṭb* oder Achse seiner Zeit galt) und wurde nach dessen Tod ein *uwaisīya*-Sufi, da er seine Lehren direkt vom Propheten erhielt. Die Geschichten über sein *karāmāt* sind zahlreich, und er hinterließ eine substanzielle Zahl von Büchern.[155]

Seiten 67–69. Für weitere Hinweise siehe WEISMANN: *Taste of Modernity,* Seite 216 Anmerkungen 72–73.

Zur Rolle des Emirs 'Abd al-Qādir und zum Erwachen des Interesses an Ibn 'Arabī unter den mit ihm verbundenen *'ulamā'* von Damaskus siehe MICHEL CHODKIEWICZ: *The Spiritual Writings of Amir 'Abd al-Kader,* Albany, NY, 1995; sowie WEISMANN: *Taste of Modernity,* Kapitel 5–6; und COMMINS: *Islamic Reform,* Seiten 26–30 und (zu seiner Rettung von Christen) Seite 28.

154. Siehe AL-KATTANI: *Fibris al-fahāris,* Seite 1137; sowie R.S. O'FAHEY: *Enigmatic Saint: Ahmad b. Idris and the Idrisi Tradition,* London 1990, Seite 66 Anmerkung 44. Bezüglich dieses Mannes besteht in der Literatur einiges Durcheinander. Al-Kattani erwähnt einen Muḥammad Ṭāhir b. Sa'īd Sunbul *al-Makkī* (Register und z.B. auf Seiten 364, 805 und 1147), nennt aber auch einen Muḥammad Ṭāhir b. Sa'īd Sunbul *al-Madanī* (z.B. auf Seiten 199 und 694), wie dies auch O'Fahey tut. An gewissen Stellen spricht al-Kattani einfach von einem Muḥammad Ṭāhir Sunbul. Das Durcheinander wird noch vergrößert durch AL-BITAR: *Ḥilyat al-baschar,* Band 2, Seite 747, der einen Ṭāhir b. Sa'īd Sunbul, bekannt als Sunbul al-Dimaschqī (1150–1218 AH / 1738–1804 AD), nennt; siehe auch Band 3, Seite 1325, wo er Muḥammad b. Sa'īd Sunbul (gestorben 1218 AH / 1804 AD) erwähnt. Was uns hier letztendlich interessiert, ist, in der Literatur die Existenz eines Muḥammad Ṭāhir b. Sa'īd Sunbul aus dem Hedschas zu verifizieren, der von seinem Vater und an Yāsīn al-Mīrghanī übermittelte. Al-Kattanis wichtiger Hinweis beschreibt, dass Yāsīn von Ṭāhir übermittelte, ohne zu spezifizieren, ob dieser al-Makkī oder al-Madanī hieß; siehe dazu Seite 1137. Zu seiner Beziehung mit der Familie Mīrghanī siehe O'FAHEY: *Enigmatic Saint,* Seiten 65–66.

155. AL-BITAR: *Ḥilyat al-baschar,* Band 2, Seiten 1101–1102, der sich auf AL-DSCHABARTĪ: *'Adschā'ib al-āthār,* bezieht. Siehe auch O'FAHEY: *Enigmatic*

Er wird zum Reform-Netzwerk des späten achtzehnten Jahrhunderts gezählt, dessen Zentrum die Ḥaramayn waren, und zu seinen Studenten gehörte zum Beispiel Muḥammad al-Murtaḍā al-Zabīdī. Die Mīrghanī-Familie scheint politisch aktiv gewesen zu sein, denn 1166 AH / 1752 AD, zur Zeit politischer Unruhen in Mekka, zog ʿAbdallāh, offensichtlich infolge seiner Opposition gegen die zaiditischen Scharīfen, von Mekka, nach Ta'if.[156]

Einer von ʿAbdallāhs Söhnen wurde der Vater von Muḥammad ʿUthmān al-Mīrghanī (gestorben 1852). Dieser kam ein Jahr nach dem Tod seines Großvaters ʿAbdallāh zur Welt und wurde einer der bedeutendsten Studenten des wichtigen marokkanischen reformistischen Sufi-Lehrers Aḥmad b. Idrīs (gestorben 1837) und der Gründer des Khatmīya- oder Mīrghanīya-Ordens.[157] Nach dem Tod von ʿUthmāns Vater wurde dessen kinderloser Bruder Muḥammad Yāsīn sein Vormund, als er zehn Jahre alt war, und übernahm die Erziehung seines Enkels. Später lehrte Muḥammad Yāsīn noch einen weiteren Studenten von Aḥmad b. Idrīs die Hadithe, nämlich den Jemeniten al-Ḥasan ʿĀkisch, als dieser nach Mekka kam. Auch war er einer der Lehrer von Muḥammad b. ʿAlī al-Sanūsī (gestorben 1276 AH / 1859 AD), dem 1241 AH / 1826 AD nach Mekka gekommenen engsten Schüler von Aḥmad b. Idrīs und Gründer des Sanusīya-*ṭarīqa.* Muḥammad Yāsīn schrieb zumindest ein Werk, *ʿUnwān ahl al-ʿināya ʿalā kaschf ghawāmid al-nuqāya,* eine Erläuterung zu al-Suyūṭīs Itmām al-dirāya.[158]

Abūl'l-Maḥāsin Muḥammad b. Khalīl (al-Maschīschī) al-Qāwuqdschī al-Ṭarābulusī al-Schāmī al-Ḥanafī

üD · gestorben 1305 AH / 1888 AD

Er kam 1225 AH / 1819 AD zur Welt, war möglicherweise auch als as-Schams al-Dīn bekannt und ein Hadith-Gelehrter, Sufi und *faqīh.* Man nannte ihn den *ʿmusnid bilād al-Schām'* (den »wichtigsten Hadith-Überlieferer Großsyriens«) seiner Zeit, und in Ägyp-

Saint, Seiten 61 und 143. R.S. O'Fahey und Bernd Radtke: "Neo-Sufism Reconsidered" in *Der Islam,* 70:1 1993, Seite 58, deuten an, er habe sich in Bezug auf die fromme Meditation gegen die wahhabitische Doktrin gestellt.

156. O'Fahey: *Enigmatic Saint,* Seite 143.

157. Zu diesem Orden siehe Stichwort *Mirghaniyya* in *EoI,* Band 7, Seite 124. Zu ʿUthmān siehe O'Fahey und Radtke: "Neo-Sufism Reconsidered" Seite 58.

158. Siehe O'Fahey: *Enigmatic Saint,* Seiten 93, 132–133 und 143 Anmerkung 34. Siehe weiter al-Kattani: *Fihris al-fahāris,* Seiten 103, 122, 197, 253, 557, 904, 906 und 1143.

ten, in Syrien und im Hedschas waren seine Überlieferungsketten von zentraler Rolle bis weit ins zwanzigste Jahrhundert hinein. Er überlieferte von vielen Gelehrten einschließlich Muḥammad b. ʿAlī al-Sanūsī, al-Burhān al-Bādschūrī und ↗ Yāsīn b. ʿAbdallāh al-Mīr ghanī (über dessen *al-Muʿdscham al-wadschīz* er einen Kommentar verfasste).[159] Er war ein fruchtbarer Autor und schrieb rund einhundert Werke, darunter viele über die Hadithe.[160] Sein *al-Ṭawr al al-aghlā ʿalā al-wird al-musammā biʾl-Dawr al-aʿlā* wurde 1301 AH / 1883 AD in Damaskus gedruckt.[161] Brockelmann listet von ihm auch einen Kommentar über das *Ḥizb al-baḥr* auf mit dem Titel *Khulāṣat al-zahr ʿalā Ḥizb al-baḥr*.[162] Bemerkenswert ist auch sein *Schawāriq al-anwār al-dschalīya fī asānīd al-sāda al-Schādhilīya,* denn al-Qāwuqdschī war ein Schādhilīya-Scheich und Gründer eines Unterordens dieses *ṭarīqa,* der scheinbar seinen Namen annahm.[163] Er starb in Mekka.[164]

159. Zu seiner Überlieferung siehe zum Beispiel AL-KATTANI: *Fihris al-fahāris,* Seite 1137.

160. Siehe ebenda, Seiten 104–106. Ein weiteres gedrucktes Werk ist *al-Luʾlu al-marsūʿ fī-mā lā aṣl lahu aw aṣluhu mawḍūʿ,* Kairo 1305 AH; ebenda, Seite 106; sowie BROCKELMANN: *GAL,* Supplementband II, Seite 776.

161. Eine Zweitauflage trägt den Titel *Kitāb al-Ṭawr al-aghlā fī scharḥ al-Dawr al-aʿlā,* Kairo, undatiert.

162. Siehe BROCKELMANN: *GAL,* Supplementband II, Seite 776; sowie weiter MCGREGOR: *Sanctity and Sainthood,* Seiten 176–177 Anmerkung 50.

163. Siehe zum Beispiel MD, Titelseite und Seite 159. Sein eigener Scheich war angeblich ein Schādhilīya und Namensverwandter von ʿAbd al-Wahhāb al-Schaʿrānī, den Qāwuqdschī sehr verehrte und als wichtiges Verbindungsglied in den Ketten der Schādhilīya-Lehrer beschrieb; siehe WINTER: *Society and Religion,* Seiten 70 und 88. Er schrieb auch das *Bawāriq al-anwār al-dschalīya fī asānīd al-sādāt al-ṣūfīya;* AL-KATTANI: *Fihris al-fahāris,* Seite 254.

164. Zu ihm siehe ferner AL-KATTANI: *Fihris al-fahāris,* Register, unter »Muḥammad b. Khalīl al-Qāwuqdschī«.

Ketten der Überlieferung und Autorisation

DIE HIER ERLÄUTERTEN KETTEN SIND EINGEBETTET IN EIN weites Netz von Verbindungen zwischen den Mitgliedern der *ahl al-ʿilm* (Gemeinschaft der Gelehrten), das die Jahrhunderte der islamischen Geschichte überspannt, in ein Gewebe aus persönlichen Kontakten wie einem Fernstraßennetz, entlang dem Berechtigungen und (Lehr)erlaubnisse, Gelehrsamkeit und *baraka* (Segenskaft) aus der Vergangenheit in die Zukunft und kreuz und quer durch die Länder des Islams gereist sind. Einzelne Personen baten um *idschāzas* im persönlichen Kontakt mit Scheichs, welche ihrerseits um *idschāzas* durch persönliche Übermittlung nachgesucht hatten: Somit war die *idschāza* teilweise ein »Emblem der Bindung an einen Scheich«.[165] Während sie dem Aufbau von Beziehungen zu einflussreichen (älteren und weiseren) Angehörigen der gebildeten Elite diente, ermöglichte sie auch die Teilhabe an deren Autorität und derjenigen der Vorgänger in den entsprechenden Überlieferungsketten. Des Weiteren wirkte sie als ein Medium zur Erlangung und Übermittlung von *baraka,* von der *ʿilm* oder Wissen eine wichte Form war. Die Gewährung einer *idschāsa* nahm eine Person in eine bestimmte gelehrte oder spirtuelle Genalogie auf, und dies war genauso wichtig wie die exakten Titel und Inhalte der übermittelten Werke (in manchen Fällen tatsächlich sogar noch wichtiger). Allgemein gesagt war der *mudschīz* (Gewährer einer Autorisierung) der Schlüssel zur Aufnahme in derart hoch geachtete Überlieferungsketten von *ʿilm,* dass die resultierenden Stammbäume mit den Blutslinien um Bedetung wetteiferten.[166] Diese Bedeutung spiegelt sich in der Sorgfältigkeit mit der die Überlieferungsketten von Texten, wie im Fall des *Dawr,* aufgezeichnet und vervollständigt wurden.

Wenn wir uns die Plausibilität einzelner Verbindungen innerhalb unserer Ketten und die sie stützenden *idschāzas* betrachten, scheinen diese im Allgemeinen in Einklang zu stehen mit der Chronolgie, den bekannten Verbindungen (besonders zu Scheichs

165. Siehe CHAMBERLAIN: *Knowledge and Social Practice,* Seite 89.
166. Siehe zum Beispiel ebenda, Seiten 109–110.

und Lehrern) und den geografischen Bewegungen der betreffenden Figuren. Von besonderem Interesse sind dabei neun Verbindungen, gestützt von *idschāzas,* die jungen Kindern gewährt wurden, die noch nicht das allgemeine Alter des abstrakten Denkvermögens erreicht hatten.[167] In einigen Fällen haben wir, wie oben geschildert, Berichte darüber, dass diese Kinder die *idschāzas* von den betreffenden Autoritäten in Gegenwart ihrer Väter erhielten (und in einem Fall durch den Vater, der die *idschāzas* spezifisch für das

167. Das in der islamischen Kultur verankerte Prinzip von der überragenden Bedeutung der mündlichen Zeugenschaft wurde seit frühester Zeit aufrechterhalten mittels einer zunehmed elastischen Anwendung der *idschāza* auf Übermittlungen, die nicht garantiert werden konnten durch ein direktes Studium des überlieferten Textes und ein persönliches Treffen zwischen einem Überlieferer und einem Empfänger, der den Text auch verstehen konnte (zwei Bedingungen, die häufig eine beträchliche Zeit der Gefährtenschaft zwischen zwei solchen voraussetzten). Obwohl frühe Autoritäten wie etwa al-Schāfiʿī ernsthafte Vorbehalte dagegen äußerten, wurden *idschāzas,* auch wenn sie keine Bestätigung eines echten abgeschlossenen Studiums ausdrückten, in der Praxis weitherum akzeptiert. Die »Kinder-*idschāza*« ist eines von mehreren Beispielen dieser Kategorie; andere sind *idschāzas,* die an noch Ungeborene oder für noch gar nicht geschriebene Werke verliehen wurden, solche, die anläßlich einer beiläufigen Begegnung oder eines kurzen Gesprächs gegeben wurden, solche, die aufgrund einer Korrespondenz ohne persönliches Zusammentreffen von Autorisierendem und Autorisiertem erfolgten (und die somit eher die »Bestätigung« eines vorhandenen Wissens als eine eigentliche Übertragung anzeigten) wie auch die »allgemeine *idschāza*«, die ein ganzes Œuvre umfasste und typischerweise ohne ein eigentliches Hören der Texte erfolgte. Siehe Stichwort *idschāza* in *EoI,* Band 3, Seiten 1020–1022; sowie weiter von Schlegell: *Sufism,* Seiten 53 und 125–128; und Richard W. Bulliet: *The Patricians of Nishapur,* Cambridge, MA, 1972, Seite 50. Man beachte, dass bei einer Fokussierung auf die *idschāza* als einer Beglaubigung von Wissen, das erlangt wurde aufgrund einer Übermittlung im Rahmen des direkten Textstudiums und des persönlichen Zusammentreffens eines Übermittlers und eines des Verstehens mächtigen Empfängers, (und dem Abstempeln aller anderen *idschāza*-Arten als »formelhaft« oder »fiktiv«) die Gefahr besteht, anderen Dimensionen der Bedeutung und der Rolle der *idschāza* nicht gerecht zu werden. Wie hier aufgezeigt wird, treten diese weiteren Dimensionen in den Vordergrund im Falle eines kurzen Gebets wie dem *Dawr,* das weder große Kraftakte des Verstehens verlangte noch lange Zeiten von Gefährtenschaft und direktem Studium.

In unserer Auflistung von Überlieferungsketten finden sich die folgenden offensichtlich von »Kinder-*idschāzas*« beglaubigten Verbindungen: üD Ibn ʿArabī → Raḍī al-Dīn al-Ṭabarī, üF Ibn ʿArabī → al-Wānī, üA Zakarīyā al-Anṣārī → Badr al-Dīn al-Ghazzī, üE al-Suyūṭī → Badr al-Dīn al-Ghazzī, üE al-Dimyāṭī → al-Harāwī, üE al-Ḥarāwī → al-Ḥalabī, üA und üE Badr al-Dīn al-Ghazzī → Nadschm al-Dīn al-Ghazzī, üA und üE Nadschm al-Dīn al-Ghazzī → ʿAbd al-Ghanī al-Nābulusī sowie üE ʿAbd al-Ghanī al-Nābulusī → Ibrāhīm b. Ismāʿīl b. ʿAbd al-Ghanī al-Nābulusī.

Kind erbeten hatte – ebenfalls eine verbreitete Praxis).[168] Vielleicht hält eine »Kinder-*idschāza*« der kritischen Prüfung besser stand, wenn es sich beim betreffenden Text um ein kurzes Gebet handelt, das Kinder, die es von klein auf gewohnt waren, Koranstellen zu lernen, leicht auswendig aufzusagen vermochten, wenn sie von ihren Vätern dazu angehalten wurden, die sie unter den Schutz des Gebets stellen und für sie zusätzlich die potenzielle Unterstützung erlangen wollten, die mit der entsprechenden *idschāza* und Überlieferungskette verbunden wurde.[169]

Die Aufnahme einer Person in eine unserer Ketten durch eine *idschāza* übertrug auf sie die *baraka* der betreffenden Überlieferungslinie und verstärkte gleichzeitig die *baraka* des Gebets als solchem. Auch brachte es die Person in den grundsätzlichen Kontakt mit dem Autor des Gebets. Das war mehr, als nur den Gebetstext zu erhalten, ihn auswendig zu lernen und sich zu Herzen zu nehmen (obschon er an sich zweifellos *baraka* trägt und das »vollkommene und vollständige« Wort umfasst, wie wir noch sehen werden), also etwas, das auch mittels einer schriftlichen Kopie zu erlangen gewesen wäre. Die Initiation in das Gebet war vielmehr gleichbedeutend mit der Teilhabe am spirituellen Stammbaum seines heiligen Autors und wurde von einem lebenden Scheich vermittelt.[170]

168. Um ein weiteres Beispiel zu nennen: Als der Sohn des Historikers ʿAbd al-Raḥmān Abū Schāma im Alter von acht Jahren starb, schrieb sein Vater, er habe ihn zur Rezitation von Hadithen und anderen Texten zu über einhundertsiebzig Scheichs mitgenommen; siehe CHAMBERLAIN: *Knowledge and Social Practice,* Seite 140. Väter nahmen ihre Söhne üblicherweise zu Scheichs mit wegen deren *baraka.* Für die Hadith-Überlieferung brachten sie ihre Söhne in sehr jungem Alter zu den ältesten Scheichs, um die Kette zwischen ihnen und dem Propheten möglichst kurz zu halten, womit sie ihrer Besorgins Ausdruck gaben, »ihre eigenen Scheichs und deren Scheichs seien zu jung, um den Inhalt dessen zu verstehen, was sie überlieferten«; siehe ebenda, Seite 139. Siehe ferner BULLIET: *The Patricians of Nishapur,* Seiten 50–51, der betont, dass »die wichtigste Verbindung in der Erziehung zwischen dem Kind und dem alten Mann besteht.« Im Allgemeinen stellte die Einfügung junger Menschen in Überlieferungsketten einen zentralen Aspekt ihrer Initiation in die Kultur der gebildeten Elite dar; siehe CHAMBERLAIN: *Knowledge and Social Practice,* Seiten 88, 118–119, 124–125 und 139–140.

169. Vergleiche zum Beispiel Nadschm al-Dīn al-Ghazzīs allgemeine *idschāza* für sämtliche einundvierzig Werke von Zakarīyā al-Anṣārī, die er von seinem Vater, Badr al-Dīn, erhielt, der starb, als er sieben Jahre alt war; siehe AL-GHAZZĪ: *al-Kawākib,* Band 1, Seite 202.

170. Ganz allgemein wurden junge Menschen im mittelalterlichen Damaskus davor gewarnt, sich »Texte als Scheichs zu nehmen«, und angehalten, einen Text ausschließlich unter der persönlichen Führung durch einen Scheich zu lesen; dies

Wahrscheinlich wurden Gebete wie das *Dawr* sogar noch bis in die moderne Zeit vor allem als mündliche Rezitation erfahren, und weniger als geschriebene Texte, was die Bedeutung des persönlichen Kontakts noch verstärkte.

Im Hinblick auf einige Besonderheiten der hier erörterten Ketten mag man sich fragen, ob irgendwelche unserer Figuren auch in Überliefererungsketten anderer Werke von Ibn ʿArabī auftauchen. Yahya listet einige solcher Ketten auf, die sich mit den sechs hier untersuchten vergleichen lassen.[171] üE von Ibn ʿArabī bis zu al-Suyūṭī findet sich bei ihm in vier weiteren Ketten, nämlich in 2a (angehängt an RG 13a *Akhbār maschāyikh al-Maghrib,* RG 30 *ʿAnqāʾ mughrib,* RG 38 *al-Arbaʿūn ḥadīth,* RG 134 *al-Fatḥ al-Fāsi,* RG 135 *al-Futūḥāt al-Makkiyya,* RG 150 *Fuṣūṣ al-ḥikam,* RG 336 *al-Kaschf al-kullī* und RG 725 *al-Tafsīr*) sowie in 6a, 6e und 6f (alle drei angehängt an RG 135 *al-Futūḥāt al-Makkiyya*).[172] Ebenso wird üF von Ibn ʿArabī bis zu al-Quschāschī wiederholt in Kette 6d, die angehängt ist an die *Futūḥāt al-Makkiyya* (wobei die Verbindung zwischen al-Dschabartī al-Zabīdi und Zakarīyā al-Anṣārī fehlt, stattdessen wird Abū'l-Fatḥ Muḥammad b. al-Qaymānī al-Marāʿī genannt), sowie von Ibn ʿArabī bis zu al-Schaʿrānī in Kette 6c, angehängt an die *Futūḥāt al-Makkiyya,* mit derselben Auslassung. Die in üB und üC fehlende Autorisierungskette, die, so wie in üF, al-Quschāschī zurück zu Ibn ʿArabī verbindet, wird durch Yahyas Kette 6d i weitgehend bestätigt.[173] Seine Ketten 6a, 6b, 6c, 6d, 6e und 6f (alle angehängt an *al-Futūḥāt al-Makkiyya*) kulminieren jeweils bei ʿAbd al-Ghanī al-Nābulusīs Enkel Ibrāhīm b. Ismāʿīl (siehe üE). Schließlich tauchen mehrere bekannte Verbindungen aus unseren Ketten in den von Yahya aufgelisteten wieder auf: dazu gehören Badr al-Dīn al-Ghazzī → Nadschm al-Dīn al-Ghazzī (üA; in Yahyas 6b und 6d ii) sowie Ibn Ḥadschar al-ʿAsqalānī → Zakarīyā al-Anṣārī (üA; in Yahyas 6d).

würde sie unter anderem mit all denen verbinden, die ihn vor ihnen übermittelt hatten, und ihnen die *baraka* der Überlieferungskette verleihen. Siehe CHAMBERLAIN: *Knowledge and Social Practice,* Seiten 138–139, 141–142 und 148.

171. Siehe YAHYA: *Histoire,* Band 2, Nachträge B und D.

172. Dieselbe Kette von Ibn ʿArabī zu al-Suyūṭī erscheint in al-Kattanis Beschreibung eines Weges, auf dem er alle Werke Ibn ʿArabīs (sowie alle von diesem übermittelten) weiter überliefert; siehe *Fihris al-fahāris,* Seite 319.

173. Die Kette von al-Quschāschī zurück zu Zakarīyā al-Anṣārī taucht auch auf in einer *idschāza* für die *Ṣaḥīḥ* in al-Quschāschīs Handschrift; siehe AL-KATTANI: *Fihris al-fahāris,* Seite 971.

Wie weiter oben bereits kurz erwähnt, ragt al-Quschāschīs Überlieferungskette von Ibn ʿArabī in unserer Tabelle durch ihre zentrale Stellung hervor wie auch wegen seines hohen Rangs sowie aufgrund seiner Verbindung zum *Dawr* in einer weiteren Kopie, in welcher er es mit eigenen Worten Ibn ʿArabī zuschreibt und die Eigenschaften des Gebets erörtert.[174] Sowohl al-Tāfilātī (ÜB) als auch al-Dāmūnī (ÜC) erwähnen diese Kette, ohne im Detail auf sie einzugehen, mit den Worten *bi-sanadihi al-muttaṣil ilā [Ibn ʿArabī]* (»durch diese Überlieferungskette, die zurückgeht auf [Ibn ʿArabī]«), was vielleicht impliziert, dass sie zu ihrer Zeit sehr bekannt war.[175] (Man beachte, dass die *silsila* des *khirqa akbarīya,* wie al-Murtaḍā al-Zabīdī sie angibt, ebenfalls ohne weitere Erklärung al-Quschāschī mit Ibn ʿArabī verbindet.)[176] ÜF gibt einen Hinweis auf eine Kette von Ibn ʿArabī zu al-Quschāschī, während ÜD eine Alternative über Zayn al-ʿĀbidīn al-Ṭabarī al-Makkī angibt.[177]

Mehr als fünf Generationen nach dem Tod Ibn ʿArabīs verlaufen die sich aus der Tabelle ergebenden hauptsächlichen Wege des Gebets durch die geografischen Regionen des Hedschas (Mekka und Medina), Syriens (Damaskus), Ägyptens (Kairo) und Palästinas (Jerusalem). Zwei Figuren aus dem siebzehnten bis achtzehnten Jahrhundert, die als Knotenpunkte zwischen verschiedenen geo-

174. MI, Blatt 62a. Neben al-Quschāschī verdienen aufgrund ihrer wichtigen Stellungen in der Tabelle ebenfalls ewähnt zu werden: Ibrāhīm al-Kūrānī, al-Dimyāṭī, al-Ḥifnāwī und al-Bakrī, Zakarīyā al-Anṣārī, die Ghazzīs und ʿAbd al-Ghanī al-Nābulusī.

175. In diesem Kontext ist die Möglichkeit, dass dies eine Kurzform für eine direkte oder *uwaisīya*-Verbindung ist, aufgrund der besonderen Wortwahl sehr eingeschränkt.

176. Siehe ADDAS: *Quest for the Red Suplphur,* Seite 320.

177. Im Text «ṭarīq al-shaykh Muḥyī al-Dīn» gibt al-Quschāschī seine *silsila* folgendermaßen an: al-Quschāschī ← Abū'l-Mawāhib al-Schinnāwī ← (dessen Vater) ʿAlī b. ʿAbd al-Quddūs ← ʿAbd al-Wahhāb al-Schaʿrānī ← Dschalāl al-Dīn al-Suyūṭī ← Kamāl al-Dīn M. b. M. b. ʿAbd al-Raḥmān al-Schāfiʿī (auch bekannt als Imām al-Kamālīya) ← Schams al-Dīn M. b. M. al-Dschazarī ← Zayn al-Dīn Abū Ḥafs ʿUmar b. al-Ḥasan b. Yazīd b. Amīla al-Maraschī ← ʿIzz al-Dīn Aḥmad b. Ibrāhīm al-Fārūthī al-Wāsiṭī ← Ibn ʿArabī; siehe AḤMAD AL-QUSCHĀSCHĪ: *al-Simṭ al-madschīd fī talqīn al-dhikr wa'l-bayʿa wa ilbās al-khirqa wa salāsil ahl al-tawḥīd,* Hyderabad 1327/28 AH, Seiten 105–106. Siehe ferner ebenda, Seite 122: al-Quschāschī ← sein Vater und al-Schinnāwī ← Ismāʿīl al-Dschabartī ← Dschamāl al-Dīn al-Dadschāʿī al-Zabīdī ← Burhān al-Dīn Ibrāhīm b. ʿUmar b. ʿAlī al-ʿAlawī al-Zabīdī ← Dschamāl al-Dīn ʿAbd al-Ḥamīd b. Kūhī al-Aschkāhi ← Nadschm al-Dīn ʿAbdallāh b. M. al-Iṣfahānī ← ʿIzz al-Dīn Aḥmad al-Fārūthī al-Wāsiṭī ← Ibn ʿArabī. Die Autorin dankt Michel Chodkiewicz für diese Informationen.

grafischen Zentren dienten, sind Muḥammad al-Budayrī al-Dimyāṭī (ÜB) und Muṣṭafā al-Bakrī (ÜA, ÜB und ÜC).[178] Al-Budayrī verband das einflussreiche Zentrum des Hedschas[179] mit Kairo (wo al-Ḥifnāwī) und mit Jerusalem (wo Muṣṭafā al-Bakrī bei ihm studierte). Auch al-Bakrī stellte eine Verknüpfung zwischen Damaskus und Kairo (sowie mit Jerusalem) dar, jedoch ohne direkten Bezug zum Hedschas:[180] Die Verbindung zwischen al-Bakrī (geboren 1688 AD) und Ibrāhīm al-Kūrānī (gestorben 1689 AD) in ÜC, muss sehr wahrscheinlich ausgeschlossen werden zugunsten einer Auslassung, möglicherweise des Sohnes des Letzteren, Ilyās, mit dem zusammen al-Bakrī in Damaskus studierte. Bemerkenswert ist, dass al-Tāfilātī das Gebet erstmals offenbar während seines frühen Aufenthaltes in Kairo von al-Ḥifnāwī erhielt, was ihm die Weitergabe auf seinen vielen späteren Reisen ermöglichte. Häufig waren solche Persönlichkeiten Teil sehr weitläufiger Netzwerke von Gelehrten, durch die das Gebet sehr wohl in abgelegenere Regionen der islamischen Welt verbreitet worden sein mag.[181]

In unserer Tabelle sind unter den Figuren des siebzehnten Jahrhunderts starke Naqschbandīya- und Khalwatīya-Einflüsse erkennbar,[182] doch waren für viele von ihnen gleichzeitige Beziehungen

178. Es wurde argumentiert, dass die Reisen von *'ulamā'* in Kombination mit dem großen Einfluss der Sufi-Orden insbesondere das achtzehnte Jahrhundert zu einer Epoche erhöhter kosmopolitischer Interaktion in Teilen der muslimischen Welt gemacht haben. Siehe LEVITZON und VOLL [Hrsg.]: *Eighteenth-Century Islamic Renewal and Reform,* Einleitung, Seite 5.

179. Aufgrund ihrer zentralen Lage und der Erfordernis der Pilgerfahrt waren die Ḥaramayn ein wichtiger Treffpunkt, doch kamen Gelehrte und Studenten aus allen Teilen der muslimischen Welt insbesondere auch, um zu lehren und zu studieren, dorthin; vor allem in Medina fand ein fruchtbarer Austausch unter Gelehrten statt. Siehe ebenda, Seite 7; sowie VOLL: "Hadith Scholars and Tariqahs", ebenda, Seiten 264ff. Wie COPTY: "The Naqshbandiyya", Seiten 321–322, ausführt, steigerte sich der Ruf der Ḥaramayn als Zentren des Lernens infolge der mamlukischen und osmanischen Unterstützung von Institutionen und Positionen mit *'ilm-* wie auch mit *taṣawwuf*-Bezügen.

180. Kairo und Damaskus dienten als Tore zu den Ḥaramayn, waren aber auch wichtige selbstständige Lehrzentren.

181. Zu allgemeinen Mustern der Kommunikation und Interaktion unter den Gelehrten dieser Zeit siehe LEVITZON und VOLL: *Eighteenth-Century Islamic Renewal and Reform,* Einleitung, Seite 8.

182. Ab dem nachfolgenden Jahrhundert weiteten sich die Einflüsse beider Sufi-Orden besonders aus; siehe dazu beispielsweise BUTRUS ABU-MANNEH: "Transformations of the Naqshbandiyya, 17th–20th Century: Introduction" in *Die Welt des Islams,* 43:3 2003, Seite 303. Bezeichnenderweise führt ROUAYHEB:

zu mehreren Sufi-Orden die Norm, insbesondere vor dem achtzehnten bis neunzehnten Jahrhundert. So wurde das Gebet neben liturgischen und Andachtspraktiken eingesetzt, die mit einem bestimmten *ṭarīqa* oder auch mit mehreren *ṭuruq* in Zusammenhang standen. Gebete, die dem namensgebenden Gründer eines Ordens zugeschrieben wurden, waren bei den Anhängern des betreffenden Ordens natürlich besonders beliebt und wurden während gemeinsamer Rituale auch üblicherweise rezitiert. Tatsächlich wurde das Erblühen eines neuen, unabhängigen *ṭarīqa* aus einem bestehenden oft begleitet von der Komposition neuer *aḥzāb* (Gebete, Plural von *ḥizb*).[183] Obschon er selbst keinem bestimmten Orden angehörte, scheint die heilige Statur des Autors des *Dawr* die Verbreitung und den Gebrauch dieses Gebets innerhalb vieler *ṭuruq* befördert zu haben.

Fenster zur islamischen Kultur und Denktradition

INWIEFERN KÖNNEN DIE HIER ERÖRTERTEN ÜBERLIEFErungsketten, die mehrere wichtige Figuren der islamischen Gelehrsamkeit und des *taṣawwuf* umfassen, Tendenzen in der Geschichte der islamischen Kultur und Denktradition näher beleuchten? Bemerkenswert ist, dass dazu neben jenen Personen, welche als »nichtreformistisch« bezeichnet werden können (und die Sufi-Kultur einschließlich ihrer umstritteneren Elemente scheinbar kompromisslos verteidigten), auch reformistisch orientierte *ʿulamāʾ* zählen (die gewissen Aspekten des vorherrschenden religiös-kulturellen Milieus und der existierenden Ordnung kritisch gegenüberstanden). Einige der Letzteren versuchten, Sufi-»Exzesse« einzudämmen, indem sie die gegenseitige Abhängigkeit der Sphären des

"Opening the Gate", Seiten 264 und 271–273, die wachsende und zunehmend offene Unterstützung der Doktrin der *waḥdat al-wudschūd* und Ibn ʿArabīs in den arabischen Gebieten des Osmanischen Reiches ab dem siebzehnten Jahrhundert auf die dortige Ausbreitung ursprünglich nicht-arabischer *ṭuruq,* wie der Naqschbandīya und der Khalwatīya, zurück.

183. Als Beispiel hierfür nennt McGregor: *Sanctity and Sainthood,* Seite 74, das Hervorgehen der Wafāʾīya aus der Khalwatīya.

taṣwwuf und der Scharia geltend machten, und betonten im Hinblick auf weitere Aspekte der vorherrschenden Kultur den Vorrang von Koran und Sunna als letztgültigen Orientierungsrahmen für die religiöse Auslegung und als Quelle der Scharia. Solche *'ulamā'* drückten häufig ihre Sympathien für das reformistische Vermächtnis Ibn Taymīyas (gestorben 1328 AD) aus und ihre Positionen legten salafistische Tendenzen an den Tag, ob in Fragen der *kālām* oder der *fiqh*, in ihrer Haltung zu *madhhab*-Verbindungen oder im Gewicht, das sie zum Beispiel auf die Hadith-Gelehrsamkeit legten als Werkzeug zur Geltendmachung ihres Vorrangs in Fragen der Schrift. Die genauere Betrachtung solcher Figuren in den Überlieferungsketten dient der Erhellung von komplexen, sich mitunter überlagernden Identitäten in der Geschichte der islamischen Kultur, die es zu erwägen vermochten, eine tiefe Verbindung mit dem Sufismus zu pflegen (einschließlich der Akzeptanz der *waḥdat al-wudschūd*) bei gleichzeitigen salafistisch inspirierten Ansichten (wobei die letztgenannte Dimension im Rahmen von Ibn 'Arabī-Studien zeitweise vernachlässigt wurde). Während der Inhalt des *Dawr* für sie kein besonderes doktrinelles Problem darstellte, belegen der Gebrauch und die Überlieferung des Gebets insbesondere durch diese Gruppe von Gelehrten, dass auch sie von der Bedeutung (und dem heiligen Rang) seines Autors überzeugt waren, und unterstreichen, dass eine Verbundenheit mit dessen Vermächtnis auch zusammen mit salafistischen Tendenzen aufrechterhalten werden konnte.

Im neunten / fünfzehnten Jahrhundert AH / AD ist Ibn Ḥadschar al-'Asqalānīs Verbindung mit dem Gebet erwähnenswert im Licht seiner Ambivalenz gegenüber Ibn 'Arabī und Gewogenheit hinsichtlich Ibn Taymīya.[184] Seine Vorbehalte, welcher Art auch immer, in Bezug auf den Autor des Gebets entwerteten für ihn nicht die *baraka*, die aus dessen Gebrauch floss und direkt von dessen Autor empfangen wurde. Im zehnten / sechzehnten Jahrhundert AH / AD fällt 'Abd al-Wahhāb al-Scha'rānīs Bezug zum *Dawr* auf, und zwar nicht unter dem Gesichtspunkt seiner Rolle als Verteidiger Ibn 'Arabīs, sondern als Erster in einer langen Linie von reformistischen oder salafistisch orientierten Sufi-*'ulamā'*, dem im elften bis zwölften / siebzehnten bis achtzehnten Jahrhundert AH / AD der

184. Man beachte, dass er auch in Überlieferungsketten der *Futūḥāt al-Makkiyya* auftaucht; siehe YAHYA: *Histoire*, Band 2, Seite 540, 6b und 6d ii.

höchst einflussreiche al-Quschāschī (der Erbe von al-Schaʿrānīs Vermächtnis) folgte und insbesondere dessen Student Ibrāhīm al-Kūrānī sowie dessen Studenten aus der nächsten Generation. Wie es al-Kūrānī getan hatte, interpretierten eine Anzahl von diesen späteren sufistisch-salafistischen *ʿulamāʾ* die *waḥdat al-wudschūd,* in ihrer Eigenschaft als umstrittenste Lehre des Sufismus, neu, um sie mit der islamischen Orthodoxie in Einklang zu bringen. Gleichzeitig bekundeten sie ein wachsendes Interesse an Ibn Taymīyas intellektuellem Vermächtnis (nachdem dieses bis zur Mitte des vierzehnten Jahrhunderts AD mit dem Dominantwerden des *taṣawwuf* und der mit ihm verbundenen aschʿarītischen Theologie praktisch vollständig in der Versenkung verschwunden war)[185] und trugen dadurch möglicherweise zu einem Wiederauftauchen oder einem Revival der salafistischen Schule ab dem späten siebzehnten Jahrhundert bei.[186] Im dreizehnten / neunzehnten Jahrhundert AH / AD schließlich können die beiden al-Dschundīs, Vater und Sohn, erwähnt werden. Der Ältere war ein Anhänger des an der Scharia ausgerichteten, reformistischen Naqschbandīya-Scheichs Khālid, der zur Rückkehr zu Koran und Sunna aufgerufen hatte, jedoch die Werke Ibn ʿArabīs las und eine spirituelle Affinität zu ihm verspürte.[187] Sein Sohn, Muḥammad Amīn al-Dschundī, war

185. Siehe NAFI: "Tasawwuf and Reform", Seite 329.

186. Für weitere Ansichten in der Debatte zur möglichen Charakterisierung des bestimmenden Elements dieser Position hinsichtlich eines aufkommenden »Neo-Sufismus« durch »Erweckungsprediger« oder Reformisten (in Kombination mit gewissen weiteren Elementen) siehe zum Beispiel O'FAHEY: *Enigmatic Saint,* Seiten 2ff; sowie O'FAHEY und RADTKE: "Neo-Sufism Reconsidered"; und AHMAD DALLAL: "The Origines and Objectives of Islamic Revivalist Thought, 1750–1850" in *Journal of the American Oriental Society,* 113:3 1993, Seiten 341–359.

Bemerkenswert ist die Verbindung mehrerer dieser *ʿulamāʾ* zum Naqschbandīya-Orden: Medina war im siebzehnten Jahrhundert ein wichtiges Zentrum für diesen *ṭarīqa.* Siehe VAN BRUINESSEN: "Shariʿa Court", Seite 179; sowie VOLL: "Hadith Scholars and Tariqahs", Seite 258; und COPTY: "The Naqshbandiyya", Seite 322. Obwohl man dies nicht für den ganzen *ṭarīqa* verallgemeinern kann, hat er eine starke reformistische Tradition ausgebildet, zumindest in seinem Mudschaddidīya-Zweig. Zur Haltung gegenüber Ibn ʿArabī im Naqschbandīya-Orden vor der Zeit Sirhindīs siehe HAMID ALGAR: "Reflections of Ibn ʿArabī in Early Naqshbandi Tradition" in *JMIAS,* X 1991, Seiten 45–66.

187. Siehe ALGAR: "Reflections of Ibn ʿArabī", Seite 60. Zu seinem Vermächtnis siehe WEISMANN: *Taste of Modernity,* Kapitel 2. Wie ABU-MANNEH: "Salafiyya", aufzeigt, erfolgte Scheich Khālids Aufruf als Reaktion auf die (und als Herausforderung der) Expansion einer zumindest teilweise wahhabitisch inspirierten salafistischen Weltanschauung. Er bot der Gemeinschaft einen alternati-

selbst ein reformistischer *ʿālim* und ein enger Weggefährte von Amir ʿAbd al-Qādir (dessen eigenen reformistischen Tendenzen und dessen Scharia-orientierter und skripturalistischer Sufismus in Kombination mit seiner Hingabe an Ibn ʿArabī bereits vielfach erwähnt worden sind, und dessen Anhänger unter den *ʿulamāʾ* die salafistische Reformbewegung in Syrien anstießen).[188]

Die Vermischung von sufistischen und salafistischen Vorstellungen wird also von verschiedenen mit dem *Dawr* in Beziehung stehenden Figuren veranschaulicht, sowohl in vormoderner als auch in moderner Zeit. Innerhalb dieser Mischung, die an sich bereits zunehmend bedeutungsvoll wurde für spätere Reformisten oder »Erweckungsprediger«, war es der Salafismus, der unter den Bedingungen und Zwängen der Moderne schließlich die Oberhand gewann.[189] Wenn es möglich wäre, den Fortverlauf der hier beschriebenen Überlieferungsketten durch das zwanzigste Jahrhundert hindurch aufzuzeigen, könnte es interessant sein, in diesem Rahmen die Ausrichtungen neuerer Verbindungsfiguren zu untersuchen und insbesondere zu entdecken, ob unter denen, die sich die *baraka* des Gebets heutzutage zunutze machen, irgendwelche zu finden wären, die unter die zeitgenössischen Salafisten zu zählen wären und in Ibn Taymīyas Vermächtnis nach Inspiration suchen.[189] Ein definierender Aspekt der Selbstbestimmung moderner »salafistischer« Bannerträger ist natürlich ein starker Anti-Sufismus, in welchem die Auseinandersetzung mit Ibn ʿArabīs Vermächtnis eine große Rolle spielt. Doch dies ist nur die halbe Wahr-

ven religiösen Weg, den er so entwarf, dass er die Substanz des Islams besser widerspiegeln sollte als die rein salafistischen Glaubenslehren (wie sie in der Stadt im wachsenden Trend zum Salafismus zum Ausdruck kamen). Scheich Khālid war der Erbe des Vermächtnisses von Schāh Walī Allāh, »dessen Glaube an die *waḥdat al-wudschūd* ihn nicht daran hinderte, eine Abhandlung über die Tugenden des Ibn Taymīya zu verfassen und eine Reihe von dessen Vorstellungen zu übernehmen«; siehe Nafi: "Abū al-Thanāʾ al-Ālūsī", Seite 488.

188. Siehe David Commins: "ʿAbd al-Qādir al-Jazāʾirī and Islamic Reform" in *The Muslim World,* 78 1988, Seiten 121–131; sowie derselbe: *Islamic Reform,* Seiten 26–30. Zur Salafīya im spätosmanischen Damaskus siehe Weismann: *Taste of Modernity,* Kapitel 8.

189. Siehe weiter Stefan Reichmuth: "Arabic Literature and Islamic Scholarship in the 17th/18th Cenury: Topics and Biographies" in *Die Welt des Islams,* 42:3 2002, Seite 287.

190. Eine solche Untersuchung könnte auch durch eine tiefergehende Charakterisierung der weiter oben erwähnten zeitgenössischen Anwender des Gebets geführt werden.

heit. Am Beispiel der inkludierenden Haltungen einiger der bedeutendsten historischen Figuren aus *ʿilm* und *taṣawwuf,* die mit ihm in Verbindung gestanden haben, zeigt dieses kleine Gebet des Muḥyīddīn Ibn ʿArabī mit überraschender Klarheit den abnormalen Charakter jener kompromisslosen Spaltung zwischen Sufismus und Salafismus auf, die in einigen heutigen muslimischen Kreisen aufrechterhalten wird.

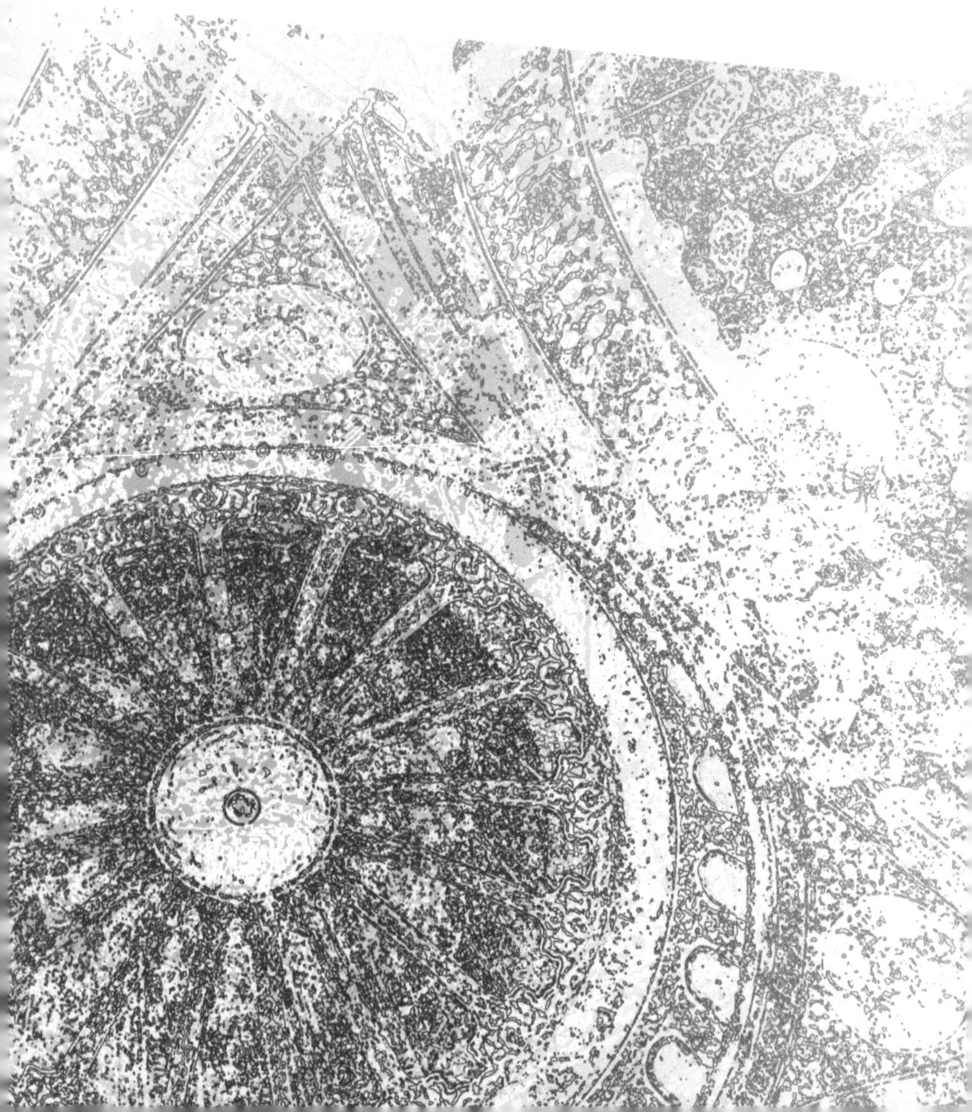

Anhang

كنزا اختصصنا به من خزائن الغيب والجود

استنزل به كل خير وادفع به كل شر

وافتق به كل رتق مسدود وانا لله وانا اليه

راجعون في كل امر نزل او هو نازل وفي

كل حال ومقام وخاطر ووارد ومصدر

وورود والله هو المرجو لكل شيء وفي

كل شيء هو المامول والمقصود والأفهام

منه والفهم عنه والموجود هو ولا انكار

ولا جحود اذا كشف فلا غير واذا استتر فكل

غير وكل محجوب مبعود باطن بالاحدية

ظاهر بالوحدانية وعنه وبه كان كون

Manuskriptkopien und Überlieferungsketten

DIE FÜR DIE WIEDERGABE DES ARABISCHEN TEXTES VERWENdeten Kopien MA bis MI sind nachfolgend aufgeführt. Was die Überlieferungsketten betrifft, sind die langen Beinamen der Figuren weggelassen, wo sie nicht zur sicheren Identifikation der Individuen notwendig waren; Titel und Funktionen wurden beibehalten und stehen in Klammern. Gemäß unserem Wissensstand wurden von den nachfolgenden Ketten nur diejenigen von MD und MG gedruckt.

MA – Haci Mahmud Efendi 3950

Al-Dschundī-Kommentar (auf Osmanisch), datiert 1280 AH / 1864 AD. 52 Blatt, einige vokalisiert. Al-Dschundī macht geltend, diese Kette (Blatt 50b–51a) umfasse das *Dawr* und »alle anderen *awrād* und Schriften Ibn 'Arabīs«. Er gewährte eine *idschāza* für das *Dawr* und die *ṣalawāt* von Ibn 'Arabī an 'Abd al-Nāfi' Efendi.

Dschundī Zāde Muḥammad Amīn al-'Abbās (Mufti von Damaskus) ← (sein Vater) Muḥammad Efendi al-Dschundī ← 'Umar al-Bāqī ← Muḥammad Kamāl al-Dīn al-Ṣiddīqī ← (sein Vater) Muṣṭafā al-Bakrī al-Ṣiddīqī ← 'Abd al-Ghanī al-Nābulusī ← Nadschm al-Din al-Ghazzī ← Badr al-Dīn al-Ghazzī ← (al-qāḍī) Zakarīya al-Anṣārī ← (ḥāfiẓ) Ibn Ḥadschar al-'Asqalānī ← Ibrāhīm 'Abd al-Wāḥid al-Tanūkhī ← Qāsim b. 'Askar (sic) ← Ibn 'Arabī.

MB – Düğümlü Baba 506

Al-Tāfilātī-Kommentar (auf Arabisch), datiert 1251 AH / 1835 AD, Medina, 30 Blatt, einige vokalisiert. Al-Tāfilātī macht geltend, diese Kette (Blatt 3a) umfasse das *Dawr* und »alle weiteren Schriften Ibn 'Arabīs«. Er fügt hinzu, dass er neben dieser noch andere Überlieferungsketten habe, nennt sie jedoch nicht.

Muḥammad al-Tāfilātī al-Khalwatī (Mufti von Jerusalem) ← (sein Lehrer) Muṣṭafā al-Kubrā (sic) al-Khalwatī und (dessen Scheich) Muḥammad b. Sālim (sic) al-Miṣrī (beide) ← (deren Scheich) Muḥammad al-Budayrī al-Dimyāṭī ← (sein Scheich) Mullā Ibrāhīm al-Kūrānī al-Madanī ← (sein Scheich) Aḥmad al-

Quschāschī al-Dadschānī al-Madanī (über dessen Linie) ← Ibn ʿArabī.

mC – Haci Mahmud Efendi 4212

Al-Dāmūnī-Kommentar (auf Arabisch), undatiert, 83 Blatt, nicht vokalisiert. Kette auf Blatt 3a.

Muḥammad Maḥmūd b. ʿAlī al-Dāmūnī ← (sein Lehrer) Maḥmūd al-Kurdī al-Kūrānī ← Muaḥmmad b. (al-shaykh) al-Sālim al-Ḥafnāwī (sic) ← Muṣṭafā al-Bakrī ← Mullā Ibrāhīm al-Kurdī al-Kūrānī al-Madanī ← Aḥmad al-Quschāschi al-Dadschānī (über dessen Linie) ← Ibn ʿArabī.

mD – Al-Qāwuqdschī-Kommentar

Gedruckte Version (auf Arabisch), 1301 AH / 1184 AD, Damaskus, Kopie von Haci Mahmud Efendi 4213, 160 Seiten, mit wenigen Vokalisierungen, endend mit einem Kommentar zu den *ṣalawāt* Ibn ʿArabīs (Seite 106ff). Al-Qāwuqdschī erklärt, dass er das *Dawr* »wie auch Ibn ʿArabīs anderen prächtigen Werke« durch folgende Kette (Seiten 3–4) überliefere:

Muḥammad b. Khalīl al-Qāwuqdschī al-Ṭarābulusī ← Yāsīn b. (al-quṭb) ʿAbdallāh al-Mīrghanī al-Makkī ← Muḥammad Ṭāhir Sunbul ← (sein Vater) Muḥammad Saʿīd Sunbul ← Muḥammad Ṭāhir al-Kurdī ← (sein Vater) Ibrāhīm al-Kūrānī al-Kurdī ← Ṣafī al-Dīn al-Quschāschī ← Zayn al-ʿĀbidīn al-Ṭabarī ← (sein Vater) ʿAbd al-Qādir b. Muḥammad b. Yaḥyā ← (sein Großvater) Yaḥyā al-Ṭabarī al-Makkī ← (al-ḥāfiẓ) ʿAbd al-Azīz b. (al-ḥāfiẓ) ʿUmar b. Fahd ← (sein Vater) ← al-Dschamāl Muḥammad b. Ibrāhīm al-Murschidī ← Abū Muḥammad ʿAbdallāh b. Sulaymān al-Schināwizī ← Raḍī al-Din al-Ṭabarī al-Makkī ← Ibn ʿArabī.

mE – Haci Mahmud Efendi 4053

Kopie nur des Gebets, undatiert, 5 Blatt, durchgehend vokalisiert. Die Kette (Blatt 5a) ist in einer anderen Handschrift hinzugefügt, nämlich in der von ʿAlī Efendi, und gewährt eine *idschāza* zur Lesung des *Dawr* an Aḥmad Muẓaffar b. Muṣṭafā Masʿūd.

ʿAlī Efendi b. Sulaymān b. (al-shaykh) Muṣṭafā b. (al-shaykh) ʿAbd al-Karīm (möglicherweise durchgestrichen) ʿUmar (Lehrer in Dār al-ʿAlīya) ← ʿAbdallāh Ṣidqī al-Diyarbakrī, (auch genannt) al-Qirmānī [oder: ʿAbdallāh Ṣidqī ← al-Diyarbakrī (auch genannt) al-Qirmānī] ← (sein Bruder) Muḥammad Zanqī [?] ← Ismāʿīl

Īdandschakī (in Medina, *al-mudschāwir fī*) ← Ibrāhīm (der Enkel von) ʿAbd al-Ghanī al-Nābulusī ← (sein Großvater) ʿAbd al-Ghanī al-Nābulusī ← (sein Scheich) Nadschm al-Dīn al-Ghazzī ← (sein Vater) Badr al-Ghazzī ← (al-ḥifẓ) al-Suyūṭī ← al-Schams Muḥammad b. Muqbil al-Ḥalabī ← Abū Ṭalḥa al-Ḥarāwī b. al-Zāhidī (sic) ← al-Scharaf al-Dimyāṭī ← Saʿd al-Dīn Muḥammad b. al-Shaykh al-Akbar ← (sein Vater) Ibn ʿArabī.

mF Reşid Efendi 1051

Persönliche Sammlung von Gebeten, *ṣalawāt,* Koranversen, Bittgebeten (einschließlich Kaʿb b. Zuhayrs berühmtes *Bānat Suʿād*), einer alphabetische Liste der Namen der Gefährten, die bei Badr kämpften (offenbar auf Bitte eines Herrschers zusammengestellt), Fragmenten von al-Buṣayrī und al-Suyūṭī, einem *ḥizb* von Abū'l-Hasan al-Schādhilī, einer Liste der Namen des Propheten und seiner Ehefrauen und einer aus den Hadithen abgeleiteten Zusammenfassung der Zeichen des Mahdi. Die Handschrift ist durchgehend offenbar die von Muḥammad Musawwid Zāde al-Ṭarabzūnī. Nicht vokalisiert, 160 Blatt. Das Blatt 144a trägt die Datierung 1169 AH / 1756 AD; das *Dawr* beginnt auf Blatt 144b. Das früheste in der Sammlung angegebene Datum ist 1159 AH, das jüngste ist 1171 AH. Die Kette steht auf Blatt 145a.

Muḥammad (al-schahīr) bi-Musawwid Zāde al-Ṭarabzūnī ← Ibrāhīm ← Khayr al-Dīn ← Muḥammad (al-maschhūr) bi-Kāmil Zāde al-Ṭarabzūnī ← ʿAbd al-Raḥmān al-Mawṣilī ← (sein Scheich) Fatḥ Allāh al-Mawṣilī ← (sein Scheich) Khalīl al-Baghhdādī (al-ṣūfī) ← Ibrāhīm al-Madanī (al-ṣūfī) ← Ṣafī al-Dīn Aḥmad b. Muḥammad (al-ṣūfī) ← (sein Scheich) Abū'l-Mawāhib Aḥmad b. ʿAlī b. ʿAbd al-Quddūs al-ʿAbbāsī al-Schinnāwī (damals al-Madanī al-ṣūfī) ← (sein Vater) ʿAlī b. ʿAbd al-Quddūs ← (sein Scheich) ʿAbd al-Wahhāb b. Aḥmad al-Schaʿrānī (al-ṣūfī) ← (sein Scheich) Zayn al-Dīn Zakarīyā b. Muḥammad (al-qāḍī al-faqīh al-ṣūfī) ← Abū'l-Fatḥ Muḥammad b. al-Qaymānī [?] al-Marāghī (al-ṣūfī) ← (sein Scheich) Scharaf al-Dīn Ismāʿīl b. Ibrāhīm ʿAbd al-Ṣamad al-Hāschimī al-ʿUqaylī al-Dschabartī al-Zabīdī (al-ṣūfī) ← Abū'-l Ḥasan ʿAlī b. ʿUmar al-Wānī (al-ṣūfī) ← Ibn ʿArabī.

mG – Laleli 1520

Wunderschöne goldverzierte Sammlung (siehe Fotos Seite 52 und 74) in einer durchgehenden Handschrift von Ibn ʿArabī zugeschriebenenen Gebeten (die *Awrād*, das *Dawr al-aʿlā*, das *Ḥizb al-aḥadīya*, die *Tawadschdschuh waqt al-saḥar* und die *Taḥsīn*), gefolgt von einem Abū Madyan zugeschriebenen Gebet sowie einer Liste der Namen und Todesdaten der rechtgeleiteten Kalifen und Imame der vier wichtigsten Rechtsschulen, den *fiqh madhāhib.* 70 Blatt, datiert 1164 AH / 1751 AD. Die Einleitung erwähnt eine offene *idschāza* (für alle, die die enthaltenen Texte studieren möchten) sowie eine Überlieferungskette (auf dem Frontispiz), die sich auf die gesamte Sammlung der *Awrād* und *adhkār'* zu beziehen scheint (siehe die Übersetzung und Beschreibung dieser Kette durch Pablo Beneito und Stephen Hirtenstein in IBN ʿARABĪ: *Die sieben Tage des Herzens,* Anhang, Manuskript MY). Der Text des *Dawr* (Blatt 31a–36a) ist sehr deutlich und durchgehend vokalisiert. Man beachte, dass Düğümlü Baba 489 und 490 sowie (das von Beneito und Hirtenstein verwendete) Haci Mahmud Efendi 4179 alles gedruckte Faksimileversionen von Laleli 1520 sind, wobei alle drei einige der Gebet dieser Sammlung auslassen, aber die *idschāza* und die Überlieferungskette beibehalten.

Muḥammad al-Madanī b. Saʿd al-Dīn al-Baṣrī ← Muḥammad b. ʿAlī al-ʿAlawī al-Yamanī ← ʿAbd al-Schakūr al-Muʿammar ← Schāh Masʿūd al-Iṣfarāʾīnī al-Muʿammar ← ʿAlī al-Qūnawī ← Ibn ʿArabī.

MH – Hamidiye 1440

In einer Handschrift gehaltene Zusammenstellung von Werken des Ibrāhīm b. Ḥasan al-Kūrānī (*Madschmūʿat rasāʾil,* einschließlich *Maslak al-taʿrīf bi-taḥqīq al-taklīf ʿalā maschrab al-kaschf waʾl-schuhūd al-qāʾilīn bi-tawḥīd al-wudschūd.*[1] mit 200 Blatt, die sich theologischen Fragen im Zusammenhang mit der Lehre der *waḥdat al-wudschūd* widmet. Dabei handelt es sich um Aufzeichnungen aus den Jahren 1086 AH / 1676 AD bis 1094 AH, die in al-Kūrānīs Gegenwart von einem Schüler in Medina gemacht wurden, mehrere davon im Haus al-Kūrānīs am Stadtrand[2] und eine hinter

1. KNYSH: "Ibrahim al-Kurani", Seite 46 Anmerkung 10, bezieht sich auf eine Kopie mit demselben Titel in einer vergleichbaren Sammlung: *Madschmūʿa,* Yahuda Sammlung #3869.)

2. Zum Beispiel Blatt 29a, 30a–b und 34b. Diese Texte enden mit Stellen wie dieser: »Unser Scheich, der Autor, möge Gott uns von ihm lernen lassen, sagte: ›Die Rohkopie wurde fertiggestellt zur Mittagszeit am 11. Ṣafar 1086 bei mir zuhause am Stadtrand von al-Madīna al-Munawwara, die besten Gebete und Segen möge über den Vorzüglichsten seiner Einwohner sein...‹«

dem dortigen Heiligtum des Propheten (dem Ḥaram al-Scharīf al-Nabawī).[3] In dieser Sammlung ist das *Dawr* (Blatt 31b–32b) das einzige Gebet und der einzige nicht von al-Kūrānī stammende Text. Es ist leicht vokalisiert. Der Text, der davor auf Blatt 31a endet, ist datiert 1089 AH / 1679 AD, was also wahrscheinlich auch auf die Abschrift des *Dawr* zutrifft.

Es ist bemerkenswert, dass **Ragip Paşa 1464** (193 Blatt) eine zweite Zusammenstellung mit demselben Titel wie MH ist, jedoch in einer anderen Handschrift; hier liegen aber keine Hinweise vor, dass es sich beim Schreiber ebenfalls um einen Schüler al-Kūrānīs handelt. Es scheint, als habe dieser eine zweite Kopie in Auftrag gegeben (wir nennen sie **MH2**), nachdem MH im Jahr 1094 AH fertiggestellt wurde. Einige Texte weisen dieselben Datums- und Ortsangaben auf wie in MH; einige nennen ein fünf oder sechs Jahre späteres Datum für die »finale Kopie«. Das *Dawr* (Blatt 31a–32b)[4] folgt auf demselben Blatt wie der Schluss eines Textes, von dem es heißt, dessen Rohkopie sei erstellt worden in al-Kūrānīs Haus am Stadtrand von Medina im Jahr 1089 AH und dessen finale Kopie in seinem Haus neben dem Bāb al-Raḥma der Prophetenmoschee im Jahr 1094 AH.[5] Auf das *Dawr* folgen (auf Blatt 32b) ein Vers von al-

3. Siehe Blatt 46a, datiert 1088 AH. Sein Schüler (und Schreiber) bittet hier Gott darum, Er möge al-Kūrānī beschützen, bewahren und ihm eine gute Gesundheit gewähren.

4. Der stark vokalisierte Text des *Dawr* in MH2 ist identisch mit dem in MH, abgesehen davon, dass der Schreiber vier Marginalzusätze weglässt, an einer Stelle einen eigenen Einschub an den Rand setzt (*sirr* nach *madschd* in Vers 4) und in Vers 7 anstelle des (im Text von MH) fehlerhaften *yahdī* das korrekte (und am Rand von MH angefügte) *yadīhi* wählt. Diese Differenzen allein rechtfertigen nicht unser Einbeziehen von MH2 für die Textrekonstruktion, doch dienen sie als Demonstrationsbeispiel für das Maß, in dem sich Kopisten und Schreiber berechtigt fühlten, eine ›persönliche‹ Version des Gebets wiederzugeben.

5. Auf Blatt 31a steht zum Beispiel: »Der Autor, mögen wir mit Gottes Hilfe von ihm lernen, sagte: ›Die Rohkopie wurde fertiggestellt am Vormittag des 30. Muḥarram zu Beginn des Jahres 1089 in meinem Haus am Stadtrand von al-Madīna al-Munawwara […], die finale Kopie [wörtlich: deren Abschrift und Verschönerung] wurde beendet am Nachmittag des 22. Radschab 1904 in meinem Haus neben dem Bāb al-Raḥma der Prophetenmoschee.‹« Ähnliche Zusätze stehen auf Blatt 26a und 30a.

Man beachte, dass der hintere Teil dieser Sammlung MH2 zwei weitere Texte von al-Kūrānī enthält (einer aufgeschrieben im Jahr 1084, einer nach seinem Tod) sowie zwei von al-Ghazālī. Ab Blatt 95a und einschließlich einer der beiden zusätzlichen al-Kūrānī-Texte ist sie in einer anderen Handschrift verfasst.

Schāfiʿī, ein anonymes Bittgebet sowie ein unbetitelter und ihm nicht zugeschriebener Auszug aus Ibn ʿArabīs Dienstagmorgengebet aus den *Awrād.*

MI – Pertev Paşa 644

Zusammenstellung aus einer Handschrift von Werken, die von Ibn ʿArabī stammen oder ihm zugeschrieben werden (*Kitāb al-Hū, Kitāb al-ḥaqq, Kitāb al-dschalāla, Kitāb al-bā', Kitāb al-naṣā'iḥ* und *Risālat al-anwār*) sowie mehreren weiteren Texte, einschließlich eines Fragments von al-Sulamī und einem Gebet von Abū'l-Ḥasan al-Schādhilī. Das *Dawr* (Blatt 62b–64a) weist eine einleitende Erörterung seiner Merkmale auf. Undatiert, doch das Vorwort lässt annehmen, dass diese Version von al-Quschāschī übermittelt wurde.

MJ – Murad Buhari 320

Persönliche Sammlung von Gebeten, Talismanen, Gedichten und mehr, datiert 1203 AH / 1789 AD (Blatt 127a) in der Handschrift und signiert von Muḥammad b. Muḥammad b. ʿAbdallāh al-Ḥādī. Das *Dawr* (Blatt 60b–63a) ist nicht vokalisiert.

MK – Izmirli Hakki 3635

In einer einheitlichen Handschrift gehaltene Zusammenstellung von Gebeten (einschließlich des Ibn ʿArabī zugeschriebenen *Ṣalāt al-kubrā* und Gebeten von al-Schādhilī) sowie begleitenden Kommentaren. 160 Blatt. Ein Kommentar zum *Dawr* von Ḥusayn b. Ismāʿīl b. Muṣṭafā al-Ḥiṣārī (Blatt 51b–120b, der Gebetstext wiederholt auf Blatt 121b–125b) trägt den Titel *Kaschf al-kurūb wa fatḥ dschamīʿ al-abwāb wa kaschf al-lughūb.* Datiert 1282 AH / 1866 AD (Blatt 125b), doch in der Einleitung (Blatt 51b) erklärt der Autor, er habe den Kommentar 1205 AH / 1791 AD geschrieben. Die Kopie A 3470 (Bibliothek der Universität Istanbul) ist unvollständig und undatiert.

ML – Esad Efendi 415

Sammlung in einer Handschrift von osmanischen und arabischen religiösen Texten und Gebeten (einschließlich des *ḥirz* von Abū Madyan. 161 Blatt. Das *Dawr* (Blatt 158b–161a) weist einige Vokalisierungen auf und ist datiert 1220 AH / 1806 AD.

MM – Reşid Efendi 501

In einer einzigen Handschrift gehaltene Zusammenstellung von Gebeten Ibn ʿArabīs (das *Ḥizb al-ʿārif biʾllāh,* das *Duʿāʾ asmāʾ Allāh al-ḥusnā,* das *Ḥizb al-nūr,* die *Awrād* und *Ṣalawāt scharīfa*) und anderer (einschließlich jenen von ʿAbd al-Qādir al-Dschīlānī, al-Schādhilī, ʿAbd al-Ghanī al-Nābulusī, ʿAbd al-Wahhāb al-Schaʿrānī, al-Schāfiʿī und Imām ʿAlī) sowie anonymen Bittgebeten und Schutzgebeten. 126 Blatt. Wahrscheinlich datierend aus der Lebenszeit von al-Nābulusī, das heißt vor 1143 AH / 1731 AD, da der Kopist, wahrscheinlich dessen Schüler, sich zweimal (zum Beispiel auf Blatt 94a) in Worten auf ihn bezieht, die darauf schließen lassen, dass er damals noch lebte. Das *Dawr* (Blatt 109b–111b) ist vollständig vokalisiert und weist in der Randspalte sehr zahlreiche Textalternativen auf.

Neben diesen Manuskripten, haben wir uns bei der Rekonstruktion des Textes insbesondere noch auf zwei weitere, durchgehend vokalisierte Kopien gestützt: Nafiz Paşa 702 und Ankara Milli 489.

Zusätzlich zu den in unserer Studie und in den Anmerkungen referenzierten Kopien, haben wir auch noch konsultiert: Izmirli Hakki 1516 (undatiert), Esad Efendi 1405 (undatiert), Ulu Cami (datiert 1194 AH / 1780 AD) und Esad Efendi 3430 (undatiert).

Bildnachweis

Seiten 52 und 74: Titel- und Folgeblatt des Manuskripts MG, Laleli 1520 (mehr dazu siehe Seite 151). Seiten 90 und 148: Titel- und Folgeblatt des Manuskripts Landberg 737 (Berlin). Der Verlag dankt Stephen Hirtenstein und der Muḥyīddīn Ibn ʿArabī Society für die Fotos und die Abdruckerlaubnis.

Die Kalligrafie auf den Seiten 18/19 bedeutet: *Bismi-llāhi-r-Raḥmāni-r-Raḥīm* (Im Namen Gottes, des Allerbarmherzigsten, des Allergnädigsten); diejenige auf den Seiten 48/49: *al-ḥamdu li-Llāhi ʿrabbi-l-ʿālamīn* (Lob sei Gott, dem Herrn der Welten). Adobe Stock © acd bzw. © Adel.

Das *Dawr al-aʿlā* in Mikroversion zum Herausschneiden, sodass es, zusammengefaltet oder gerollt, zum Beispiel in einem Medaillon um den Hals getragen werden kann

الدَّوْرُ الأَعْلَى

المُقَرِّبُ إِلَى كُلِّ مَقَامِ الأَعْلَى

للشيخ محي الدين محمد بن علي بن العربي

تحقيق سهى التاجي الفاروقي

بِسْمِ اللهِ الرَّحْمَانِ الرَّحِيمِ

[illegible]

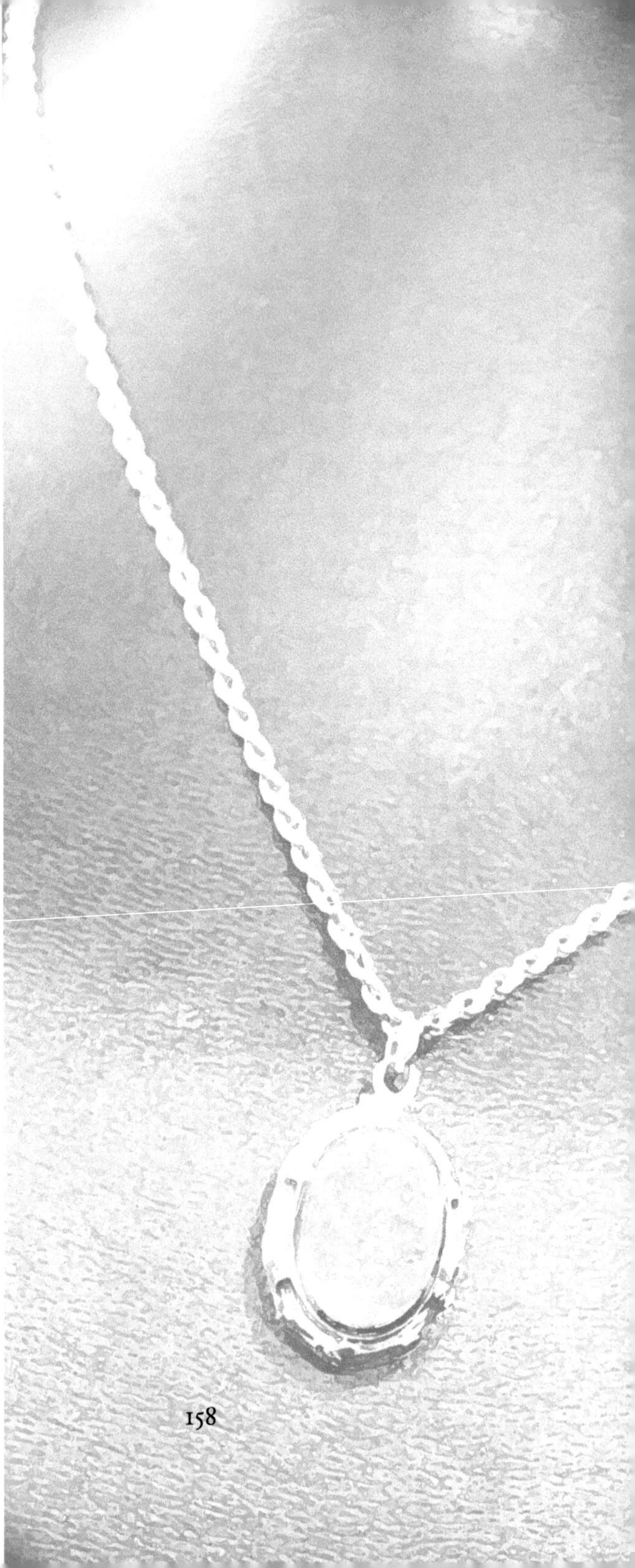

Bibliografie

'Ābidīn, Muḥammad Abū'l-Yusr [Zstlg.] und Bashir al-Bari [Hrsg]: *al-Awrād al-dā'ima ma'a al-ṣalawāt al-qā'ima,* Damaskus 1991.

Abu-Manneh, Butrus: "Salafiyya and the Rise of the Khalidiyya in Baghdad in the Early Nineteenth Century" in *Die Welt des Islams,* 43:3 2003.

Abu-Manneh, Butrus: "Shaykh Ahmed Ziya'üddin Gümüşhanevi and the Ziya'i-Khalidi Sub-order" in *Shia Islam, Sects and Sufism: Historical Dimension, Religious Practice and Methodological Considerations,* herausgegeben von Frederick de Jong, Utrecht 1992.

Abu-Manneh, Butrus: "Transformations of the Naqshbandiyya, 17th–20th Century: Introduction" in *Die Welt des Islams,* 43:3 2003.

Addas, Claude: *Quest for the Red Sulphur: The Life of Ibn 'Arabī,* Cambridge 1993.

Ahmad, Aziz: "Political and Religious Ideas of Shah Wali-ullah of Delhi", in *The Muslim World,* LII:1 1962.

Aladdin, Bakri: *Abdalghani al-Nabulusi (mort 1143/1731): œuvre, vie et doctrine,* 2 Bände, PhD thesis, University of Paris 1985.

Algar, Hamid: "Reflections of Ibn 'Arabī in Early Naqshbandi Tradition" in *JMIAS,* X 1991.

Ansari, Muhammad Abdul Haq: *Sufism and Schari'ah: A Study of Shaykh Ahmad Sirhindi's Efforts to Reform Sufism,* Leicester 1986.

Arberry, A.J.: The Koran Interpreted, Oxford 1991.

Asad, Muhammad: *The Message of the Qur'an,* Bristol 2003.

al-'Asqalānī, Aḥmad Ibn Ḥadschar: *al-Durr al-kāmina fī a'yān al-mi'a al-thāmina,* herausgegeben von Muhammad Sayyid Dschadd al-Haqq, Kairo 1966.

Atlagh, Ryad: «À propos de *Da'wat asmā' Allāh al-ḥusnā,* attribuée à Ibn 'Arabī» in *Bulletin d'études orientales,* LI 1999, Seiten 41–107.

BALJON, J.M.S.: *Religion and Thought of Shah Wali Allah, 1702–1762,* Leiden 1986.

BAYRAK AL-JERRAHI AL-HALVETI, SHAYKH TOSUN: *Der Name und das Benannte: Die heiligen Eigenschaften Gottes,* aus dem Englischen von Wolfgang Herrmann, Herrliberg: Edition Shershir, 2000.

BENEITO, PABLO und STEPHEN HIRTENSTEIN: "The Prayer of Blessing [upon the Light of Muhammad] by ʿAbd al-ʿAziz al-Mahdawi" in *JMIAS,* XXXIV 2003.

AL-BITAR, ʿABD AL-RAZZAQ: *Ḥilyat al-baschar fī taʾrīkh al-qarn al-thālith ʿaschar,* Beirut 1993 / 1961.

BROCKELMANN, CARL: *Geschichte der arabischen Literatur [GAL],* Leiden 1943–1949.

AL-BUDAYRĪ AL-ḤALLĀQ, AḤMAD: *Ḥarwādith Dimaschq al-yawmīya 1154–1175 / 1741–1762,* herausgegeben von Ahmad ʿIzzat ʿAbd al-Karim, Dasamkus 1959.

BULLIET, RICHARD W.: *The Patricians of Nishapur,* Cambridge, MA, 1972.

AL-BURQAWI, ZUHAYR KHALIL: *ʿAbd al-Ghanī al-Nābulusī wa taṣawwufuhu,* Amman 2003.

CHAMBERLAIN, MICHAEL: *Knowledge and Social Practice in Medieval Damascus 1190–1350,* Cambridge 1994.

CHITTICK, WILLIAM C.: *The Sufi Path of Knowledge: Ibn al-ʿArabī's Metaphysics of Imagination,* Albany, NY, 1989.

CHODKIEWICZ, MICHEL: *Seal of the Saints: Prophethood and Sainthood in the Doctrine of Ibn ʿArabī,* Cambridge 1993.

CHODKIEWICZ, MICHEL: *The Spiritual Writings of Amir ʿAbd al-Kader,* Albany, NY, 1995.

COMMINS, DAVID: "ʿAbd al-Qādir al-Jazāʾirī and Islamic Reform" in *The Muslim World,* 78 1988.

COMMINS, DAVID: *Islamic Reform: Politics and Social Change in Late Ottoman Syria,* New York und Oxford 1990.

COPTY, ATALLAH S.: "The Naqshbandiyya and its Offshoot, the Naqshbandiyya-Mujaddidiyya in the Haraman in the 11th / 17th Century" in *Die Welt des Islams,* 43:3 2003.

CORNELL, VINCENT J.: *The Way of Abu Madyan: The Works of Abu Madyan Shuʿayb,* Cambridge 1996.

DALLAL, AHMAD: "The Origines and Objectives of Islamic Revivalist Thought, 1750–1850" in *Journal of the American Oriental Society,* 113:3 1993.

AL-DARDAYRĪ, AḤMAD: *Ṣalawāt ʿalā al-nabī al-karīm syyidinā rasūl Allāh li'l-schaykh Aḥmad al-Dardayrī al-Khalwatī,* Damaskus, undatiert.

DE JONG, FREDERICK: "Mustafa Kamal al-Din al-Bakri (1688–1749): Revival and Reform of the Khalwatiyya Tradition?" in *Eighteenth-Century Islamic Renewal and Reform,* herausgegeben von Nehemia Levtzion und John O. Voll, Syracuse, NY, 1987.

AL-DHAHABĪ, SHAMS AL-DĪN: *Dhayl ta'rīkh al-Islām,* herausgegeben von Mazin b. Salim al-Bawazir, Riad 1998.

DIVANE, SELIM: *Miftah-u müşkilāt'il-arifīn ādāb-u tarīki'l-vāsilīn,* aus dem Osmanischen, Istanbul 1998.

AL-DSCHABARTĪ, ʿABD AL-RAḤMĀN: *ʿAdschā'ib al-āthār fī'l-tarādschim wa'l-akhbār,* Beirut, undatiert.

AL-DSCHAZŪLĪ, ABŪ ʿABDALLĀH MUḤAMMAD B. SULAYMĀN: *Dalā'il al-khayrāt wa yalīhi qaṣīdat al-burda wa qaṣīdat al-munfaridscha [wa bi-hāmischihi madschmūʿat al-awrād wa'l-aḥzāb wa'l-adʿīya wa'l-istighāthāt],* mit einer Einleitung von Ṣalāh al-Dīn Abū'l-Dschihād Nakāhmayy, Aleppo 1420.

AL-DSCHAZŪLĪ, ABŪ ʿABDALLĀH MUḤAMMAD B. SULAYMĀN: *Delāil-i-Hayrat: Salāvāt-i-Şerifler,* Istanbul, undatiert.

AL-DSCHAZŪLĪ, ABŪ ʿABDALLĀH MUḤAMMAD B. SULAYMĀN: *Delāil'ul Hayrāt ve Şeevārik'ul Envār,* Istanbul, undatiert.

AL-DSCHAZŪLĪ, ABŪ ʿABDALLĀH MUḤAMMAD B. SULAYMĀN: *Delāilü'l-Hayrat ve Şeevarikü'l Envār fi zikri's-salāti ale'n-nebiyyi'l-muhtār: Delāilü'l-Hayrat ve Tercümesi,* Istanbul, undatiert.

EICKELAMN, DALE F.: "The Art of Memory: Islamic Education and its Social Reproduction" in *Comparing Muslim Societies: Knowledge and the State in a World Civilization,* herausgegeben von Juan I. Cole, Ann Arbor, MI, 1992.

EICKELAMN, DALE F.: "Islamic Religious Commentary and Lesson Circles: Is there a Copernican Revolution?" in *Commentaries – Kommentare,* herausgegeben von G.W. Most, Göttingen 1999.

*Encyclopedia of Islam [**EoI**],* 2. Ausgabe, Leiden 1954–2005, 12 Bände.

ERNST, CARL: *The Shambala Guide to Sufism,* Boston und London 1997.

FARAH, MADELAIN: *Marriage and Sexuality in Islam: A Translation of al-Ghazali's Book on the Etiquette of Marriage from the Ihya,* Salt Lake City 1984.

Farid, A. H.: *Prayers of Muhammad,* Lahore 1999.

Freidmann, Yohanan: *Shaykh Ahmad Sirhindi: An Outline of his Thought and a Study of his Image in the Eyes of Posterity,* Montreal und London 1971.

al-Ghazālī, Abū Ḥāmid: *The Ninety-nine Beautiful Names of God: al-Maqṣad al-asnā fī scharḥ asmā' Allāh al-ḥusnā,* übersetzt und mit Anmerkungen versehen von David B. Burrell und Nazih Daher, Cambridge 1999.

al-Ghazzī, Nadschm al-Dīn: *al-Kawākib al-sā'ira bi-aʿyān al-mi'a al-ʿāschira,* herausgegeben von Jibrail S. Jabbur, Harissa, Libanon, 1959.

al-Ghazzī, Nadschm al-Dīn: *Lutf al-samar wa qatf al-thamar min tarādschim aʿyān al-ṭabaqa al-ūlā min al-qarn al-ḥādī ʿaschar,* herausgegeben von Maḥmūd al-Schaykh, Damaskus 1981.

Ghunaym, Aḥmad b. Muḥammad: *al-ʿĀrif bi'llāh al-schaykh Aḥmad al-Hārūn: sīratuhu wa karāmātuhu,* Damaskus 1992.

al-Ghurāb, Maḥmūd Maḥmūd: *al-Ṭarīq ilā Allāh: al-shaykh wa'l-murīd min kalām al-shaykh al-akbar,* Damaskus 1991.

Gilsenan, Michael: *Saint and Sufi in Modern Egypt: An Essay in the Sociology of Religion,* Oxford 1973.

Gümüşhanevi, Ahmed Ziya'üddin: *Madschmūʿat al-aḥzāb,* Istanbul, undatiert, 3 Bände.

al-Ḥāfiẓ, Muḥammad Mutiʿ und Nizar Abaza: *Ta'rīkh ʿulamā' Dimaschq fī'l-qarn al-rābiʿ ʿaschar al-hidschrī,* Damaskus 1986.

Hasrīya, ʿIzzat: *al-Schaykh Arslān al-Dimaschqī wa fīhi lamḥa ʿan al-schaykh Aḥmad al-Ḥārūn,* keine Ortsangabe, 1965.

Hirtenstein, Stephen: *Der grenzenlos Barmherzige – Das spirituelle Leben und Denken des Ibn ʿArabī,* Zürich: Chalice Verlag, 2008.

Homerin, Th. Emil: *From Arab Poet to Muslim Saint: Ibn al-Farid, His Verse and His Shrine,* Coumbia, SC, 1994.

Hourani, Albert H.: *Arabic Thought in the Liberal Age 1798–1939,* Cambridge 1989.

Hourani, Albert H. [Hrsg.]: "Sufism and Modern Islam: Mawlana Khalid and the Naqshbandi Order" in *The Emergence of the Modern Middle East,* London 1981.

Ibn ʿArabī, Muḥyīddīn: *Awrād usbūʿīya li'l-schaykh al-ʿārif Muḥyī al-Dīn Ibn ʿArabī,* Istanbul und Damaskus, undatiert.

Ibn 'Arabī, Muḥyīddīn: *al-Dawr al-a'lā li-sīdī Sulṭān al-'Ārifīn wa 'Umdat al-Mukāschifīn wa Zubdat al-Wāṣilīn wa Khātimat al-Awliyā al-Muḥaqqiqīn, al-Schaykh al-Akbar Mawlānā Muḥyī al-Dīn ibn al-'Arabī, raḍiya Allāhu ta'ālā 'anhu wa arḍāhu,* Damaskus, undatiert.

Ibn 'Arabī, Muḥyīddīn: *Deuter der Sehnsüchte (Turjumān al-Ashwāq),* Herrliberg: Edition Shershir, 2013.

Ibn 'Arabī, Muḥyīddīn: *Die sieben Tage des Herzens – Des größten Sufi-Meisters Morgen- und Abendgebete für jeden Tag der Woche,* Xanten: Chalice Verlag, 2019.

Ibn 'Arabī, Muḥyīddīn: *al-Futūḥāt al-Makkiyya,* Beirut, undatiert.

Ibn 'Arabī, Muḥyīddīn: *The Ḥizbu-l Wiqāyah of Muḥyīddīn Ibn 'Arabī,* Oxford: Muhyiddin Ibn Arabi Society, Nachdruck 2003.

Ibn 'Arabī, Muḥyīddīn: *Kitāb al-Dschalāl wa'l-dschamāl,* übersetzt von R.T. Harris in *JMIAS,* VIII 1989.

Ibn 'Arabī, Muḥyīddīn: *Kitāb Kaschf al-ma'na 'an asmā' Allāh al-ḥusna,* übersetzt und herausgegeben von Pablo Beneito, Murcia 1997, zweite, überarbeitete Ausgabe.

Ibn 'Arabī, Muḥyīddīn: *Madschmū' ṣalawāt wa awrād sīdī Muḥyī al-Dīn Ibn 'Arabī raḍiya Allāhu 'anhu,* zusammengestellt von Muhammad Ibrahim Salim, ohne Ortsangabe, 2000.

Ibn 'Arabī, Muḥyīddīn: *Der sagenhafte Greif des Westens ('Anqā' Mughrib),* Herrliberg: Edition Shershir, 2012.

Ibn 'Arabī, Muḥyīddīn: *Şeyh'ül Ekber Muhyiddīn Ibn'ül Arabī (K.S.) Özel Dua'si "Hizb-ud'Devr'ul A'lā": Orjinali, Turkçe okunuşu ve Mānāsi,* Istanbul, undatiert.

Ibn 'Arabī, Muḥyīddīn: *The Tarjumān al-Ashwāq,* herausgegeben von Reynold A. Nicholson, London 1978.

Ibn 'Arabī, Muḥyīddīn: *Wird,* übersetzt und kommentiert von Pablo Beneito und Stephen Hirtenstein, Oxford 1988.

Ibn al-'Imād, 'Abd al-Ḥayy: *Schadharāt al-dhahab fi akhbār man dhahab,* Kairo 1351 AH.

Ibn al-Irāqī, Aḥmad b. 'Abd al-Raḥīm b. al-Ḥusayn: *al-Dhayl 'alā al-'ibar fī khabar man 'abar,* herausgegeben von Salih al-Mahdi 'Abbas, Beirut 1989.

Johns, Anthony: "Islam in Southeast Asia: Problems and Perspectives" in *Southeast Asian History and Historiography: Essays Presented to D.G.E. Hall,* herausgegeben von C.D. Cowan and O.W. Walters, Ithaca, NY, 1976.

Journal of the Muḥyīddīn Ibn ʿArabī Society [JMIAS], Oxford.
Journal of the Royal Asiatic Society [JRAS], Cambridge.
AL-KATTANI, ʿABD AL-HAYY B. ʿABD AL-KABIR: *Fihris al-fahāris wa'l-athbāt wa mu'dscham al-ma'ādschim wa'l-maschyakhāt wa'l-musalsalāt*, herausgegegeben von Ihsan ʿAbbas, Beirut 1982–86.
KEDDIE, N. [Hrsg.]: *Scholars, Saints and Sufis: Muslim Religious Institutions since 1500*, Berkeley 1972.
KHAN, HAFIZ A. GHAFFAR: "Shah Wali Allah: On the Nature, Origin, Definition and Classification of Knowledge" in *Journal of Islamic Studies*, 3:2 1992.
KNYSH, ALEXANDER: "Ibn ʿArabī in the Later Islamic Tradition" in *Muḥyīddīn Ibn ʿArabī: A Commemorative Volume*, herausgegeben von Stephen Hirtenstein und Michael Tiernan, Shaftesbury 1993.
KNYSH, ALEXANDER: *Ibn ʿArabī in the Later Islamic Tradition: The Making of a Polemical Image in Medieval Islam*, Albany, NY, 1999.
KNYSH, ALEXANDER: "Ibn Arabi in the Yemen: His Admirers and Detractors" in *Journal of the Muḥyīddīn Ibn ʿArabī Society* [nachfolgend *JMIAS*], XI 1992.
KNYSH, ALEXANDER: "Ibrahim al-Kurani (died 1101/1690), An Apologist for *waḥdat al-wudschūd*" in *Journal of the Royal Asiatic Society*, Series 3:5:1 1999.
KNYSH, ALEXANDER: *Islamic Mysticism: A Short History*, Leiden 2000.
KRUK, REMKE: "Harry Potter in the Gulf: Contemporary Islam and the Occult" in *British Journal of Middle Eastern Studies*, 32:1 2005.
LAOUST, HENRI: *Essai sur les doctrines sociales et politiques de Taki al-Din Ahmad b. Taimiya*, Kairo 1939.
LEVTZION, NEHEMIA und JOHN O. VOLL [Hrsg.]: *Eighteenth-Century Islamic Renewal and Reform*, Syracuse, NY, 1987.
LIFCHEZ, RAYMOND [Hrsg.]: "The Lodges of Istanbul" in *The Dervish Lodge: Architecture, Art and Sufism in Ottoman Turkey*, Berkeley und London 1992.
Madschmuʿ al-awrād al-kabīr: yaschtamil ʿalā al-ma'thūr ʿan al-a'imma wa'l-aqṭāb min al-ṣalawāt ʿalā al-nabī wa'l-awrād wa'l-adʿiya wa'l-adhkār wa'l-aḥzāb wa'l-istighfārāt, Damaskus, undatiert.
AL-MAQQARĪ, AḤMAD B. MUḤAMMAD: *Nafḥ al-ṭīb min ghuṣn al-Andalus al-raṭīb*, herausgegeben von Ihsan Abbas, Beirut 1968.

Martin B.G.: "A Short History of the Khalwatiyya Order of Dervishes" in *Scholars, Saints and Sufis, Muslim Religious Institutions in the Middle East since 1500,* herausgegeben von Nikki R. Keddie, Berkeley 1972, Seiten 275–305.

McGregor, Richard J.A.: "A Sufi Legacy in Tunis: Prayer and Shadhiliyya" in *International Journal of Middle East Studies [IJMES],* 29 1997.

McGregor, Richard J.A.: *Sanctity and Sainthood in Medieval Egypt: The Wafā' Sufi Order and the Legagcy of Ibn 'Arabī,* Albany, NY, 2004.

Meyer, Wali Ali und Bilal Hyde und Faisal Muqaddam und Shabda Kahn: *Medizin des Herzens: 99 Heilungswege der Sufis,* Weinstadt: Verlag Heilbronn, 2011.

Mottaheded, Roy: Rezension von Richard W. Bulliet: *The Patricians of Nishapur* (Cambridge, MA, 1972) in *Journal of the American Oriental Society,* 95:3 1975.

al-Muḥibbī, Muḥammad b. Faḍlallāh (Amīn): *Khulāṣat al-athar fī a'yān al-qarn al-ḥādī 'aschar,* Kairo 1868.

al-Murādī, Muḥammad Khalīl b. 'Alī: *Silk al-durar fī a'yān al-qarn al-thānī 'aschar,* Kairo 1301 AH.

al-Nābulusī, 'Abd al-Ghanī: *al-Ḥaqīqa wa'l-madschāz fī riḥlat bilād al-Schām wa Miṣr wa'l-Ḥidschāz,* herausgegeben von Riyad 'Abd al-Hamid Murad, Damaskus 1989.

Nafi, Basheer M.: "Abū al-Thanā' al-Ālūsī: An 'Alim, Ottoman Mufti and Exegetist of the Qur'an" in *JMES,* 34 2002.

Nafi, Basheer M.: "He was a Teacher of Ibn 'Abd al-Wahhab: Muhammad Hayat al-Sindi and the Revival of the Traditionist Methodology", unveröffentlichter Aufsatz.

Nafi, Basheer M.: "Tasawwuf and Reform in Pre-Modern Islamic Culture: In Search of Ibrahim al-Kurani" in *Die Welt des Islams,* 42:3 2002.

O'Fahey, R.S.: *Enigmatic Saint: Ahmad b. Idris and the Idrisi Tradition,* London 1990.

O'Fahey, R.S. und Bernd Radtke: "Neo-Sufism Reconsidered" in *Der Islam,* 70:1 1993.

Padwick, Constance E.: *Muslim Devotions: A Study of Prayer-Manuals in Common Use,* Oxford 1996.

al-Quschāschī, Aḥmad: *al-Simṭ al-madschīd fī talqīn al-dhikr wa'l-bay'a wa ilbās al-khirqa wa salāsil ahl al-tawḥīd,* Hyderabad, 1327/28 AH.

Rauf, Bülent: Briefwechsel mit Reshad Feild, Archiv des Chalice Verlags.

Rauf, Bülent: *The Last Sultans,* herausgegeben von Meral Arim und Judy Kearns, Cheltenham 1995.

Rauf, Bülent: *Unterwegs in der Einheit des Seins,* Xanten: Chalice Verlag, 2017.

Reichmuth, Stefan: "Arabic Literature and Islamic Scholarship in the 17th/18th Cenury: Topics and Biographies" in *Die Welt des Islams,* 42:3 2002.

Rizvi, Athar Abbas: *A History of Sufism in India,* Neu-Delhi 1983.

Robinson, Francis: "Technology and Religious Change: Islam and the Impact of Print" in *Modern Asian Studies,* 27:1 1993.

El-Rouayheb, Khaled: "Opening the Gate of Verification: The Forgotten Arab-Islamic Florescence of the 17th Century" in *IJMES,* 38 2006.

Salim, Muḥammad Ibrāhīm Muḥammad [Hrsg.]: *Madschmū' ṣalawāt wa awrād sīdī Muḥyī al-Dīn Ibn 'Arabī raḍiya Allāhu 'anhu,* unbekannter Erscheinungsort, 2000.

Schimmel, Annemarie: *Und Muhammad ist Sein Prophet – Die Verehrung des Propheten in der islamischen Frömmigkeit,* Düsseldorf / Köln 1981.

Schmidt, Garbi: "Sufi Charisma on the Internet" in *Sufism in Europe and North America,* herausgegeben von David Westerlund, London 2004.

Şenocak, Kemaleddin: *Kutbu'l-ārifīn Seyyid Azīz Maḥmūd Hüdāyī (K. S.),* Istanbul 1970.

al-Shatti, Muhammad Jamil: *A'yān Dimaschq fī'l-qarn al-thālith 'aschar wa niṣf al-qarn al-rābi' 'aschar, 1201–1350,* 1972, 2. Ausg.

Sirriyeh, Elizabeth: "Sufi Thought and ist Reconstruction" in *Islamic Thought in the Twentieth Century,* herausgegeben von Suha Taji-Farouki und Basheer M. Nafi, London 2004.

Sirriyeh, Elizabeth: *Sufi Visionary of Damascus: 'Abd al-Ghani al-Nabulusi, 1641–1731,* London und New York 2005.

Taji-Farouki, Suha: *At the Resting-place of the Seal of Saints: Muḥyī al-Dīn Ibn 'Arabī and his Mausoleum-Mosque in Contemporary Damascus,* noch nicht erschienen.

Taji-Farouki, Suha: *Beshara and Ibn 'Arabī: A Movement of Sufi Spirituality in the Modern World,* Oxford: Anqa Publishing, 2007.

Vajda, Georges [Hrsg.]: *Le Dictionnaire des autorités de 'Abd al-Mu'min al-Dimyati,* Paris 1962.

van Bruinessen, Martin: "Kurdish 'Ulama and their Indonesian Disciples" auf https://www.researchgate.net/publication/27703433_Kurdish_Ulama_and_their_Indonesian_disciples.

van Bruinessen, Martin: "Origins and Development of the Sufi Orders (*tarekat*) in Southeast Asia" in *Studia Islamika,* Jakarta, 1:1 1994.

van Bruinessen, Martin: "Shari'a Court, Tarekat and Pesantren: Religious Institutions in the Sultanate of Banten" in *Archipel,* 50 1995.

Voll, John O.: "'Abdallah Ibn Salim al-Basri and 18th Century Hadith Scholarship" in *Die Welt des Islams,* 42:3 2002.

Voll, John O.: "Hadith Scholars and Tariqahs: An Ulama Group in the 18th Century Haramayn and their Impact in the Islamic World" in *Journal of the Asian and African Studies,* XV: 3–4 1980.

Voll, John O.: "Linking Groups in the Networks of Eighteenth Century Revivalist Scholars: The Mizjaji Family in Yemen" in *Eighteenth-Century Islamic Renewal and Reform,* herausgegeben von Nehemia Levtzion und John O. Voll, Syracuse, NY, 1987.

Voll, John O.: "Muhammad Hayya al-Sindi and Muhammad Ibn 'Abd al-Wahhab: An Analysis of an Intellectual Group in the Eighteenth-century Madina" in *Bulletin of the School of Oriental and African Studies,* 38:1 1975.

von Schlegell, Barbara Rosenow: *Sufism in the Ottoman Arab World: Shaykh 'Abd al-Ghanī al-Nābulusī (died 1143/1731),* Phd thesis, Berkley: University of California, 1997.

Weismann, Itzchak: *Taste of Modernity: Sufism, Salafiyya and Arabism in Late Ottoman Damascus,* Leiden 2001.

Wensinck, A.J.: *A Handbook of Early Muhammadan Tradition,* Leiden 1927.

Winter, Michael: *Society and Religion in Early Ottoman Egypt: Studies in the Writings of 'Abd al-Wahhab al-Scha'rani,* New Brunswick, NJ, 1982.

Yahya, Osman: *Histoire et classification de l'œuvre d'Ibn 'Arabī,* Damaskus 1964.

Yapp, M.E.: *The Making of Modern Near East,* London 1987.

Yilmaz, H. Kamil: *Azīz Maḥmūd Hüdāyī: Hayati, Eserleri, Traīkati,* Istanbul 1999.

Yusuf Ali, A.: *The Holy Qur'an: Translation and Commentary,* ohne Ortsangabe, undatiert.

Über die Herausgeberin

Suha Taji-Farouki studierte klassisches Arabisch, Persisch und Islamwissenschaft an den englischen Universitäten von Durham und Exeter und schloss mit einem Doktortitel in Islamistik und Nahostpolitik ab. Danach vertiefte sie ihre Studien am Oxford University Centre for Hebrew and Jewish Studies, am Royal Institute for Interfaith Studies in Amman, Jordanien, am Institute of Ismaili Studies in London sowie am Wissenschaftkolleg zu Berlin. Heute lehrt sie unter anderem an der Universität von Exeter und widmet ihre wissenschaftliche Arbeit dem Themenkomplex der modernen islamischen Gedankenwelt im kolonialen und postkolonialen Kontext und im Spannungsbogen vom traditionellen Sufismus über den liberalen Islam bis hin zum Islamismus. Sie hat sich intensiv mit der Lehre von Muḥyīddīn Ibn ʿArabī auseinandergesetzt und darüber publiziert. Ihr bisher umfangreichstes Werk ist eine Studie über die von Bülent Rauf gegründete Beshara-Bewegung mit dem Titel: *Beshara and Ibn ʿArabī: A Movement of Sufi Spirituality in the Modern World.*

Register und Glossar

Hinweise zur Transkription / Transliteration in diesem Buch

hier verwendet	*englisch*	*DMG*
dsch	j	ǧ
gh	gh	ġ
sch	sh	š
th	th	ṯ

L

M

N

O

P

Q

R

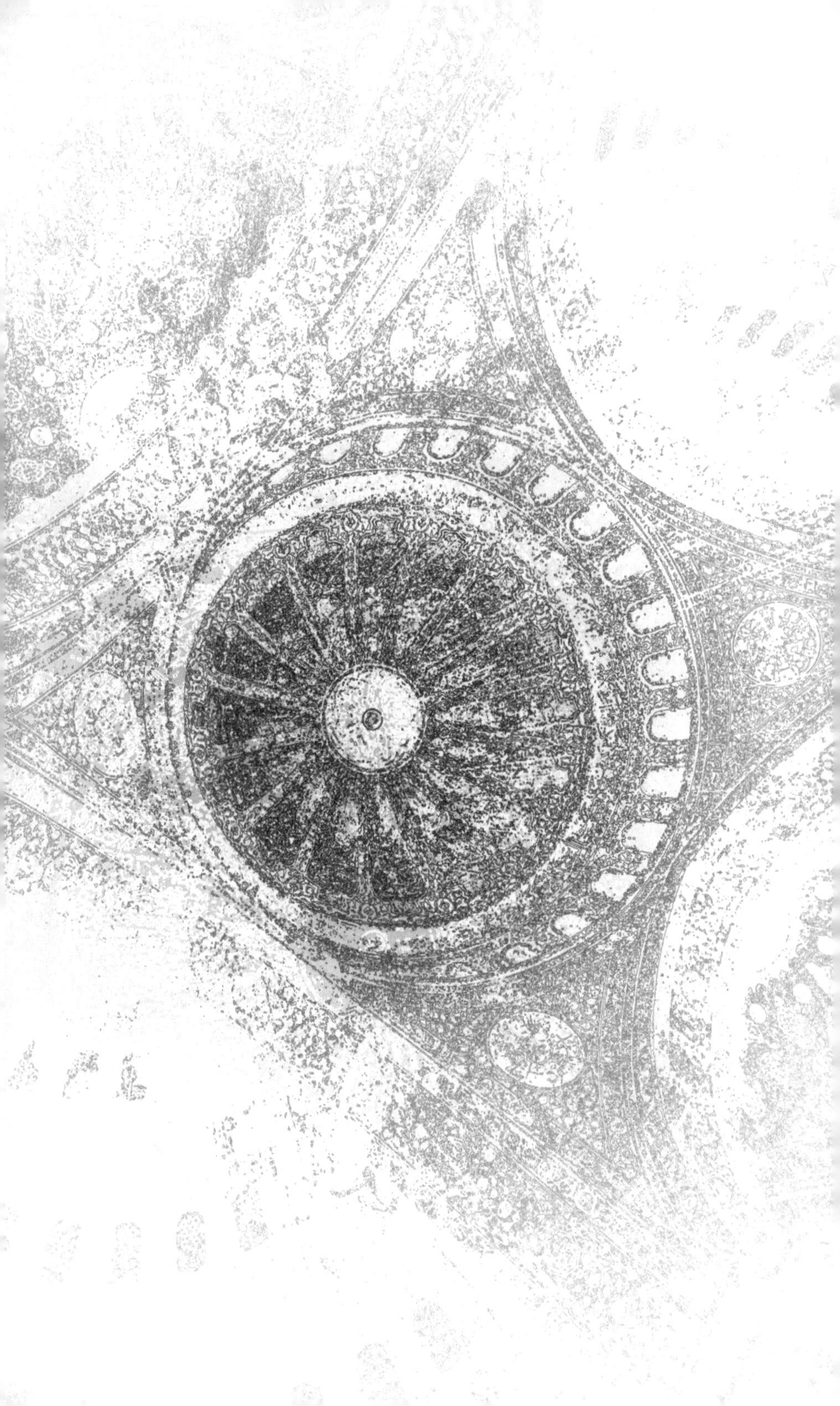

Der Chalice Verlag widmet sich
der Publikation von wertvollen Texten
aus verschiedenen spirituellen Traditionen

Unser gesamtes aktuelles Verlagsprogramm sowie
weiterführende Textbeiträge, Audioaufnahmen und Videos
finden Sie auf unserer Webseite

www.chalice-verlag.com

Wie Sie unsere Arbeit unterstützen können

Gute Bücher mit anspruchsvoller Literatur zu machen,
ist heutzutage ein steiniges Unterfangen, besonders
für kleine Verlage, die knappe finanzielle Mittel
mit umso mehr Herzblut wettmachen müssen.
Wir sind ein nicht-profitorientierter Kleinverlag,
arbeiten für weniger als ein Taschengeld und reinvestieren
alle unsere Erträge in neue Buchprojekte.

Wenn Sie den Chalice Verlag unterstützen möchten,
freuen wir uns natürlich über jeden Kauf und
jede Weiterempfehlung der von uns verlegten Bücher.
Auch falls Sie uns eine Spende zukommen lassen möchten,
die uns neue Buchprojekte ermöglichen hilft und
unsere Verlagsarbeit fördert, danken wir Ihnen von Herzen.

Unsere Bankverbindung:
Iban-Nr. DE89 3545 0000 1150 0050 54 · Bic WELADED1MOR

Unser PayPal-Konto: kontakt@chalice-verlag.com

Chalice Verlag

WEITERE TITEL IM CHALICE VERLAG

Im Vergleich zu seinen berühmten und viel diskutierten theoretisch-systematischen Schriften sind die von Ibn ʿArabī verfassten Gebete insbesondere dem westlichen Publikum weniger bekannt. Doch sie ermöglichen einen echten Einblick in die alltägliche Praxis des mystischen Lebens in der Sufi-Tradition. Zu seinen allerschönsten erbaulichen Texten gehören unzweifelhaft seine vierzehn Tages- und Nachtgebete, die *Awrād al-usbūʿ*, die in der arabischen Welt seit vielen Jahrhunderten geschätzt werden und die mit diesem Buch nun erstmals auch auf Deutsch vorliegen. Diese Sammlung bietet nicht nur ergreifende, poetische Worte der Anrufung und der Lobpreisung Gottes, sondern sie funkelt förmlich aufgrund ihrer tiefen Erkenntnis der Einheit des Seins und ihrer eindrücklichen Bezeugung des Einsseins (*tawḥīd*). Wie die Herausgeber, Pablo Beneito und Stephen Hirtenstein, zwei ausgewiesene Ibn-ʿArabī-Experten, in ihrem ausführlichen Kommentarteil überzeugend erläutern, sind diese Gebete allein schon in ihrer Struktur und harmonischen Aufeinanderfolge ein Ausdruck von tiefer Kontemplation, da für Ibn ʿArabī der Zyklus der Wochentage bereits an sich heilig ist. Die in die Gebete kunstvoll hineinverwobenen Koranverse, Hadith-Zitate und schönsten Gottesnamen zeugen vom imposanten Wissen und von der leuchtenden spirituellen Vision dieses »größten Scheichs« des Sufismus.

ISBN 978-3-942914-43-7

Im spirituellen Schrifttum des Islams stellt die *Abhandlung über die Liebe* einen Höhepunkt dar; sie ist im Ganzen wie im Detail ein vollendetes Meisterwerk. Alles, was vor Ibn ʿArabī zu diesem, insbesondere für das esoterische Verständnis des Korans so zentralen Thema gesagt wurde, fasst der »größte Meister« hier zusammen, geht aber noch weit darüber hinaus. Kein spiritueller Lehrer hat seither derart wirklichkeitsgetreue, ursprüngliche, tiefgründige und vollständige Sichtweisen auf das Wesen und die Essenz der Liebe dargestellt.

In dem hier zum ersten Mal auf Deutsch vorliegenden Kapitel 178 seiner umfangreichen *Mekkanischen Eröffnungen* beleuchtet der »Lehrer der Sufis« alle Formen der Liebe, die natürliche oder physische, die spirituelle und die Göttliche. Die falsche, im Westen – heutzutage wie auch in der Vergangenheit – verbreitete Meinung, der Islam sei lediglich eine Religion der Strenge und formaler Vorschriften, in der Göttliche Transzendenz alles derart aufsauge, dass ein menschliches Wesen nicht einmal mehr an der Liebe teilhaben könne, wird hier mit großer Einblickskraft in die tiefsten Zusammenhänge und in poetischer Sprache richtiggestellt.

ISBN 978-3-905272-74-1
280 Seiten

WEITERE TITEL IM CHALICE VERLAG

Warum wird Mohammed »Siegel der Propheten« genannt? Was ist die spirituelle Bedeutung von Jesus? Worin besteht die Verbindung der Heiligen und Gesandten aller Völker im Licht der absoluten Einheit aller Existenz? Dies sind nur einige der Fragen, die Muḥyīddīn Ibn ʿArabī mit seiner visionären Einsicht und einzigartigen Darstellungskraft beantwortet. Bekannt als der *shaykh al-akbar,* der »größte Meister«, gilt der andalusische Sufi für viele als einer der bedeutendsten Mystiker und Denker in der Geschichte des Islams. Die Wirkung seines enormen Lebenswerks auf Philosophie, Theologie und die Entwicklung der islamischen Spiritualität hallt noch heute unüberhörbar nach. Der in Murcia geborene und in Damaskus begrabene Ibn ʿArabī vereint wie niemand vor oder nach ihm die Weisheiten des Westens und des Ostens in einem ganzheitlichen Bild des Menschen als Krönung einer auf Liebe und Barmherzigkeit beruhenden Schöpfung. Sein tiefes Verständnis der gemeinsamen Wurzeln der abrahamitischen Religionen und der vielfältigen Berührungspunkte ihrer Propheten Moses, Jesus und Mohammed birgt ein unschätzbares Potenzial für den interkulturellen Dialog und die zwischenreligiöse Verständigung. Das vorliegende Buch füllt eine Lücke in der deutschsprachigen Literatur über diesen epochalen Mystiker. Mit ausführlichen Zitaten, luzider Darlegung seiner Grundgedanken und reichem Fotomaterial ist Stephen Hirtenstein ein biografisches Meisterwerk gelungen.

ISBN 978-3-905272-79-6
420 Seiten

Krankheit, Schmerz, und Tod, Naturkatastrophen, Verbrechen, Krieg und Terror – warum lässt Gott das geschehen? Weshalb verhindert ein (all)mächtiger Schöpfer nicht das Leid und das Böse in der Welt? Die Frage nach dem Grund des Übels hat die Menschen seit jeher bewegt, Anhänger monotheistischer Religionen schon immer herausgefordert und Philosophen wie Atheisten als gewichtiges Argument gedient. Wer sich über dieses komplexe Thema, die sogenannte Theodizee, den Kopf zerbricht, gerät schnell in weltanschauliche Untiefen. In diesem anregenden Buch erklärt der Sprach- und Kulturwissenschaftler Selahattin Akti, wie Muḥyīddīn Ibn ʿArabī diese grundlegende Fragestellung beantwortet. Nach einer fundierten Darstellung der unterschiedlichen Lösungswege in der Philosophie sowie in den christlichen und islamischen Theologien erläutert der Autor den Fragenkomplex des Übels aus dem Blickwinkel des mystischen Erkenntnisweges. Dabei gelingt ihm eine hervorragende Einführung in das Denken des »größten Scheichs« und eine verständliche Erklärung von dessen Konzepten zum Verhältnis von Gott, Welt und Mensch, zur Problematik von freiem Willen und Vorbestimmung, zur Schöpfung als permanenter Selbstmanifestation des »verborgenen Schatzes« und als Bewegung der Liebe, zur Unterscheidung von *al-Haqq* (dem Allwahren) und *Allāh* (Gott) sowie zur Funktion der Göttlichen Namen im Schöpfungsprozess und zur Bedeutung des vollkommenen Menschen als Abbild und Statthalter Gottes.

ISBN 978-3-942914-15-4
296 Seiten

Was sind die Grundlagen, Lehren und Begrifflichkeiten der islamischen Mystik? Titus Burckhardt hat den Sufismus nicht nur intellektuell durchdrungen, sondern den »Pfad der Rückkehr« als Mitglied eines marokkanischen Derwischordens jahrzehntelang auch selbst beschritten. Daher ist diese meisterhafte Darstellung der spirituellen Essenz des Korans alles andere als eine trockene Abhandlung und langweilt nicht mit oberflächlich Formalem oder akademischer Theorie. Der genauso brillante wie bescheidene Schweizer Mystiker führt die Leser ohne Umschweife in die Grundzüge der sufischen Weltsicht ein und erklärt anschaulich und überzeugend – vor allem aus der Sicht des genialen Sufis Muḥyīddīn Ibn ʿArabī – die Geist und Herz anregenden philosophisch-spirituellen Ideen von der Einheit des Seins, von der Schöpfung als Selbstoffenbarung Gottes und vom »allheitlichen« Menschen als Dessen potenziellem Ebenbild. Dabei zeigt er auch die inneren Berührungspunkte von Islam, Christentum und Judentum sowie Hinduismus und Buddhismus auf. Dass dieser Autor – anders als viele wissenschaftliche Theoretiker – tatsächlich verstanden hat, worüber er schreibt, bescheinigt die bekannte Islamgelehrte Annemarie Schimmel mit ihrem Lob: »Burckhardt vereint eine tiefe spirituelle Einsicht mit der Liebe zum ewig Wahren. Seine Schriften zeigen, dass diese Wahrheit heute ebenso frisch ist wie vor Jahrtausenden und so lange bestehen wird, wie der Mensch sich nach dem Göttlichen Licht sehnt.«

ISBN 978-3-942914-27-7
172 Seiten

Eine exquisite kleine Sammlung mystischer Liebesgedichte des berühmten persischen Poeten Dschalāl ad-Dīn Rūmī, so kenntnisreich ausgewählt wie einfühlsam übersetzt von der großen Orientalistin Annemarie Schimmel und wunderschön illustriert mit den stilvollen Federzeichnungen der Künstlerin Ingrid Schaar. Die Verse Rūmīs, auf den der Sufi-Orden der »tanzenden Derwische« zurückgeht, haben weit über die islamische Welt hinaus immer wieder Dichter und Denker begeistert und inspiriert: Der neben Hafis bedeutendste Poet persischer Sprache beeindruckte bereits Johann Wolfgang von Goethe und ist heute sogar einer der meistgelesenen Dichter in den USA, der moderne Künstlerinnen und Künstler wie Madonna, Beyoncé, Coldplay oder Tilda Swinton beeinflusst hat. Die brennende Liebe, die Rūmī in seinen bilderreichen Zeilen feiert, gilt vordergründig jenem charismatischen Wanderderwisch Schamseddin, der ihn aus seiner bürgerlichen Existenz hinauskatapultierte und in die tiefsten Geheimnisse der Mystik des Sufismus einweihte, bevor dieser – vermutlich von neidischen Anhängern des Dichters – ermordet wurde. In ihrem Innersten aber sind Rūmīs Liebesgedichte stets eine vertraute Zwiesprache mit dem *wahren* Geliebten, dem einen und einzigen barmherzigen Gott, und ein fortwährendes Umkreisen der Geheimnisse einer Schöpfung, deren erste Ursache und letzte Wirkung die Liebe ist, die jedem Menschen unermüdlich zuruft: »Komm, komm, wer immer du bist…«

ISBN 978-3-942914-41-3
96 Seiten · 15 Abbildungen

»Komm, komm, wer immer du bist…« Das Lebenswerk von Dschalāl ad-Dīn Rūmī (1207–1273), des wohl bekanntesten Vertreters des Sufismus und, neben Hafis, bedeutendsten Dichters persischer Sprache, ist eine Verstand und Herz ergreifende Einladung, die vielfarbige Schönheit und spirituelle Tiefe der islamischen Mystik kennenzulernen. Ob in seinem berühmten Lehrgedicht *Masnawī,* in seinen philosophisch-theosophischen Prosaschriften oder in der auf ihn zurückgehenden Drehtanz-Zeremonie der Mevlevi-Derwische – Rūmīs unerschöpfliche Kreativität ist ein permanentes Umkreisen des Geheimnisses von Gott, dem Geliebten und der Liebe. Wie nachhaltig sein Wirken konfessionelle Schranken und kulturelle Epochen überwand, demonstrieren die Tausenden von Trauernden aus allen Religionsgemeinschaften, die bei der Beisetzung im türkischen Konya an seinem Sarg vorüberzogen, wie auch die Tatsache, dass er noch heute als einer der meistgelesenen Poeten in den Vereinigten Staaten gilt. In dieser exzellenten Biografie zeichnet die renommierte Sufismus-Kennerin ein überzeugendes Bild von Leben und Werk des großen Mystikers und seiner historischen, politischen, kulturellen und theologischen Hintergründe. Sie lässt uns eintauchen in seine Liebes- und Glaubenseinsichten, die sie mit einer exquisiten Auswahl seiner wundervollen Texte illustriert. Entzückt lauschen wir Rūmīs Sehnsuchtsmelodien nach der Einheit und lassen uns in den Bann seiner Gottesfreude ziehen.

ISBN 978-3-942914-19-2
228 Seiten

Wie können wir auf der Suche nach Selbsterkenntnis das Einssein verwirklichen und uns der Einheit des Seins bewusst werden, wie sie insbesondere vom andalusischen Sufi Muḥyīddīn Ibn ʿArabī gelehrt wurde? Der türkische Mystiker Bülent Rauf (1911–1987), vielen Lesern bislang bekannt als die eindrückliche Figur »Hamid« aus dem autobiografischen Roman *Die letzte Schranke – Ich ging den Weg des Derwischs* von Reshad Feild, widmete Jahrzehnte seines Lebens der theoretischen Auslegung und praktischen Vermittlung dieses Wissens. Die von ihm 1975 gegründete Beshara-Schule für intensive esoterische Erziehung in Schottland haben seither Hunderte von Menschen aus aller Welt besucht, um durch gemeinsames Studium und ganzheitliche Zusammenarbeit auf diesem formlosen, nicht religionsgebundenen Erkenntnisweg voranzukommen. Seine hier erstmals auf Deutsch vorliegenden Schriften versammeln erhellende Studientexte zu Grundfragen des Sufismus ebenso wie Interviews und Artikel rund um die Themen gelebte Spiritualität und Selbstvervollkommnung. Weitere autobiografische, historische und kulinarische Texte entführen uns in Bülent Raufs Jugendjahre in Istanbul und Ägypten kurz vor dem Untergang des Osmanischen Reiches, in die Blütezeit des Sufismus in Indien sowie in die türkische Küche, deren Geheimnisse dieser weise Gelehrte, der auch ein begnadeter Koch war, kenntnisreich und unterhaltsam zu schildern versteht.

ISBN 978-3-942914-23-9
216 Seiten

Der erste Teil der autobiografischen Trilogie von Reshad Feild: ein echter Klassiker der modernen spirituellen Literatur und eines der großen Selbstzeugnisse mystischer Sinnsuche, das in den vergangenen vierzig Jahren weltweit Hunderttausende von Lesern beeindruckt hat.

In dieser packend erzählten Geschichte begleiten wir einen jungen Engländer auf seiner abenteuerlichen Suche nach der wirklichen Bedeutung des Lebens und den allerletzten Wahrheiten. Unter der Führung des geheimnisvollen Antiquitätenhändlers Hamid, der sich im Laufe dieses ›metaphysischen Roadmovies‹ als ein strenger spiritueller Lehrer entpuppt, entwickelt sich Reshads Interesse an den Derwischen des Nahen Ostens zu einer äußeren wie inneren Entdeckungsreise zu heiligen Stätten, weisen Menschen und tiefen Einsichten in die Wirklichkeit der Welt. Unter härtesten Prüfungen, die sein westliches Denken erschüttern, wird er in die inneren Lehren des Sufismus eingeführt und mit den Geheimnissen des Atems, der spirituellen Bedeutung der Jungfrau Maria und den gemeinsamen Wurzeln der jüdischen, christlichen und islamischen Traditionen vertraut gemacht. Schritt für Schritt beginnt er, die Heiligkeit allen Lebens zu verstehen, und erfährt die Liebe als die Erste Ursache der Schöpfung, bevor ihm schließlich die Erkenntnis der Einheit des Seins gewährt wird.

»Eine eloquente Orchestrierung, die von sehr hoher Kreativität zeugt« (*The Times*). »Wenn Sie sich für die Weisheit dieses Buches öffnen, wird es Ihr Leben verändern« (Ellen Burstyn).

ISBN 978-3-942914-11-6
216 Seiten